Sara Porreca

Guida per STRANIERI alla LETTERATURA ITALIANA

con audiolettura dei brani

STORIA, AUTORI E TESTI
dalle origini ai nostri giorni

ALMA Edizioni

direzione editoriale: Ciro Massimo Naddeo
redazione: Marco Dominici
layout e copertina: Lucia Cesarone
impaginazione: Sandra Marchetti
illustrazioni: Theo Szczepanski

© 2024 ALMA Edizioni
Tutti i diritti riservati
Printed in Italy
ISBN 978-88-6182-825-4

A pagina 165:
Eugenio Montale, *Ossi di seppia*
© 2024 Mondadori Libri S.p.A., Milano
Published by arrangement with The Italian Literary Agency

A pagina 182:
Dino Buzzati, *Sessanta racconti*
© 2016 Mondadori Libri S.p.A., Milano

A pagina 185:
Italo Calvino, *Se una notte d'inverno un viaggiatore*
© 2015 by Eredi Calvino e Mondadori Libri S.p.A., Milano

A pagina 187:
Dacia Maraini, *La lunga vita di Marianna Ucrìa*
© 2012 BUR Rizzoli, Milano

A pagina 203:
Elena Ferrante, *L'amica geniale*
© 2011 Edizioni e/o, Roma

A pagina 207:
Michela Murgia, *Tre ciotole: rituali per un anno di crisi*
© 2023 Mondadori Libri S.p.A., Milano
Pubblicato in accordo con S&P Literary - Agenzia letteraria Sosia & Pistoia

ALMA Edizioni
via Bonifacio Lupi, 7
50129 Firenze
info@almaedizioni.it
www.almaedizioni.it

L'Editore è a disposizione degli aventi diritto per eventuali omissioni o inesattezze. I diritti di traduzione, di memorizzazione elettronica, di riproduzione e di adattamento totale o parziale, con qualsiasi mezzo, sono riservati per tutti i Paesi. I crediti delle fonti iconografiche sono disponibili sul sito.

INDICE

Introduzione	4
▊ Capitolo 1 • Dalle origini al Duecento	6
▊ Capitolo 2 • Il Trecento	18
▊ Capitolo 3 • Il Quattrocento	38
▊ Capitolo 4 • Il Cinquecento	54
▊ Capitolo 5 • Il Seicento	74
▊ Capitolo 6 • Il Settecento	88
▊ Capitolo 7 • Il primo Ottocento	104
▊ Capitolo 8 • Il secondo Ottocento	120
▊ Capitolo 9 • Tra Ottocento e Novecento	134
▊ Capitolo 10 • Il Novecento delle due guerre	150
▊ Capitolo 11 • Il secondo Novecento	168
▊ Capitolo 12 • Il nuovo millennio	192
Soluzioni degli esercizi	213

INTRODUZIONE

Vuoi imparare a orientarti tra le opere più importanti della letteratura italiana di tutte le epoche, dalle origini fino a oggi? Vuoi scoprire chi sono i protagonisti / le protagoniste della letteratura italiana? Vuoi avere un'idea del contesto storico e culturale in cui sono nati i generi e le correnti fondamentali della storia letteraria d'Italia?

Allora questo è il libro per te.

L'obiettivo di questa guida è infatti accompagnarti in un viaggio alla scoperta delle tappe principali della letteratura italiana in un linguaggio chiaro e in una prospettiva stimolante: il mio intento è offrirti gli strumenti per comprendere dove, e come, approfondire poi in autonomia la tua conoscenza della letteratura, dandoti anche uno sguardo generale sul contesto storico, culturale e linguistico in cui sono nate alcune delle opere più importanti.

Come è strutturata questa guida?

Nella parte introduttiva troverai prima di tutto delle domande che ti daranno un'idea immediata di alcuni argomenti-chiave del capitolo. Poi avrai subito un quadro generale della situazione storico-culturale dell'Occidente, in particolare europeo. È importante però specificare che qui non si vuole avere un punto di vista eurocentrico. Sappiamo bene che ogni cultura, dalla più piccola alla più estesa è ugualmente importante nel grande processo di evoluzione dell'essere umano. Il mio sguardo si è concentrato soprattutto sul mondo occidentale, solo perché è questo il contesto in cui la letteratura italiana si è formata.

Dopo la prima parte di inquadramento, conoscerai i generi letterari caratteristici del periodo, attraverso una panoramica di opere fondamentali e uno sguardo ai loro autori / alle loro autrici.

Infine, esplorerai più da vicino alcune di queste opere, leggendone un estratto integrale e scoprendo poi qualche aspetto interessante del suo autore / della sua autrice.

Questo cammino sarà accompagnato in tutte le sue parti da:

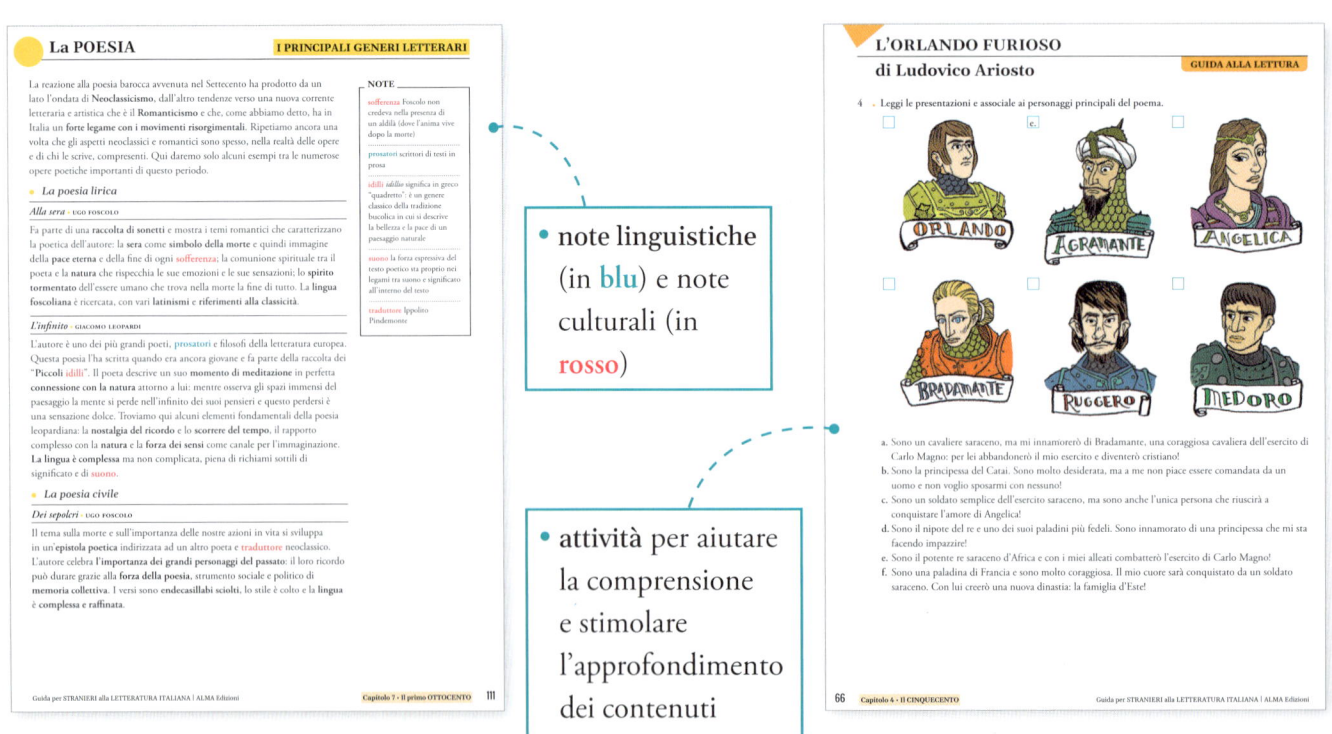

- note linguistiche (in blu) e note culturali (in rosso)

- attività per aiutare la comprensione e stimolare l'approfondimento dei contenuti

Inoltre, in ogni capitolo troverai dei **box** per allargare il tuo sguardo.

- **Connessioni**: film italiani da guardare per immergersi in un particolare periodo storico.

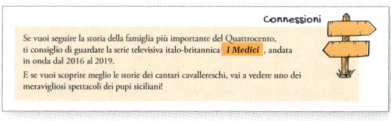

- **Parole in viaggio**: la nascita e lo sviluppo di parole rilevanti per ogni periodo.

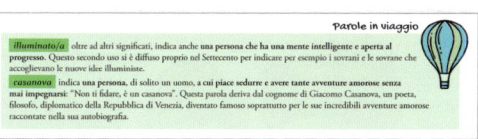

- **La questione della lingua**: un piccolo viaggio attraverso gli argomenti che hanno animato il dibattito attorno alla lingua italiana dalle origini fino ad oggi.

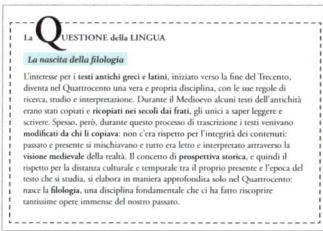

Per aiutarti nella fase di riepilogo, potrai ripercorrere alla fine dei capitoli più complessi la linea del tempo con le opere più significative in ordine cronologico.

E siccome anche i luoghi sono importanti, in molti capitoli scoprirai quali sono le città italiane protagoniste e perché, guardandole direttamente su una mappa.

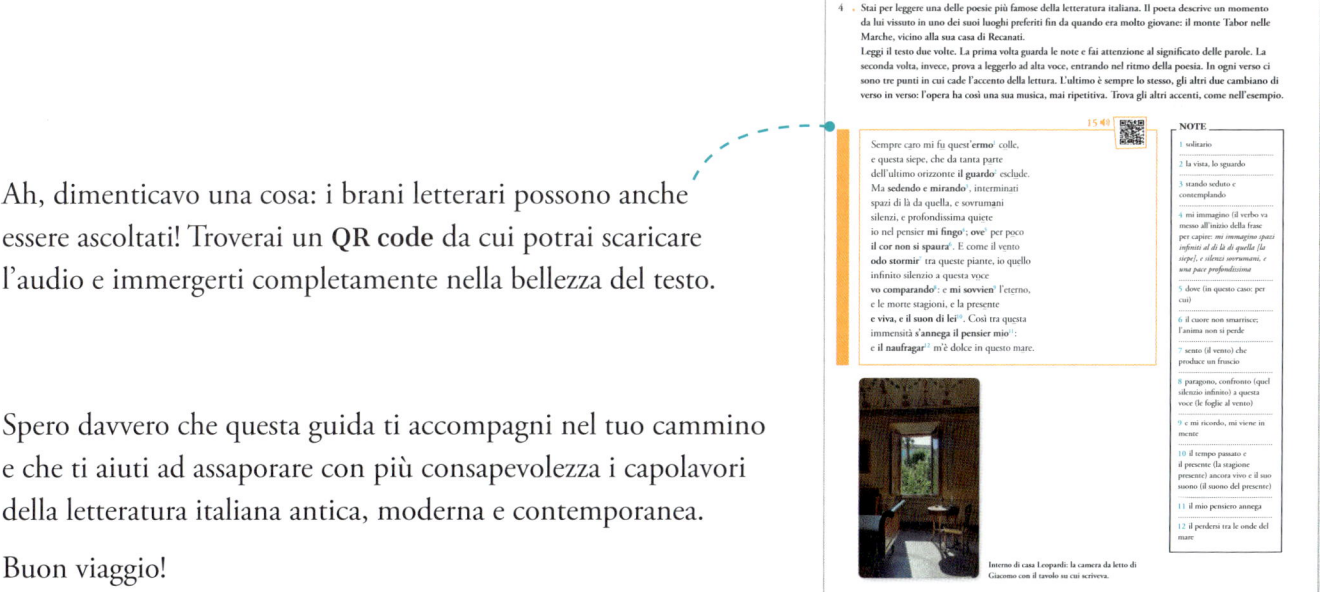

Ah, dimenticavo una cosa: i brani letterari possono anche essere ascoltati! Troverai un **QR code** da cui potrai scaricare l'audio e immergerti completamente nella bellezza del testo.

Spero davvero che questa guida ti accompagni nel tuo cammino e che ti aiuti ad assaporare con più consapevolezza i capolavori della letteratura italiana antica, moderna e contemporanea.

Buon viaggio!
L'Autrice

Dalle ORIGINI al DUECENTO

Mi chiedo...

Come è nata la *lingua italiana*?
Che cos'è la *scuola siciliana*?
Qual è la *prima opera* della letteratura italiana?

Le ORIGINI

NOTE

clerici le persone della Chiesa

latino parlato la lingua che i Romani avevano diffuso durante l'espansione del loro impero

alto Medioevo il periodo che va circa dal V al X secolo

romanze che sono parte della Romània, cioè il territorio dell'ex Impero Romano

basso Medioevo il periodo che va circa dal XI al XIII secolo

ecclesiastici le persone della Chiesa

Dal latino al volgare

La lingua e la letteratura italiane nascono dalla **crisi politica dell'Impero Romano** e dalla fine della sua unità linguistica. Infatti, con la caduta dell'Impero, l'Europa si divide in varie zone, diverse per storia e per cultura. **Il latino resta la lingua ufficiale delle persone colte** – cioè i nobili e i clerici, mentre tutto il resto della popolazione parla una lingua sempre più legata alle caratteristiche del suo territorio e anche alla lingua più antica, che si parlava prima dell'arrivo dei Romani. Così il latino parlato **si trasforma giorno dopo giorno** per diventare uno strumento sempre più efficace e chiaro per chi lo parla nella vita quotidiana. Nel corso dell'alto Medioevo nascono le lingue neolatine o romanze: le principali sono il francese e il provenzale per la Francia, l'italiano per l'Italia, lo spagnolo e il catalano per la Spagna, il portoghese per il Portogallo e il rumeno per la Romania. **Le nuove lingue si chiamano anche lingue volgari, perché parlate dal "vulgus" che in latino significa** *popolo*. L'uso letterario di queste nuove lingue, cioè la creazione di opere ufficiali di letteratura, si svilupperà nel basso Medioevo.

Due figure chiave: il predicatore e il giullare

In Italia ci sono due figure molto importanti per **la formazione e la diffusione della cultura tra la gente comune**, cioè il popolo, e quindi non solo tra nobili ed ecclesiastici.

La prima è quella del **predicatore**: un uomo di chiesa che **va in giro per i villaggi e racconta i Vangeli nella lingua parlata dalle persone del popolo**. I predicatori usano tecniche comunicative molto efficaci che imparano nelle scuole degli ordini mendicanti, soprattutto i Domenicani e i Francescani.

> **NOTE**
>
> **ordini mendicanti** ordini religiosi che vivevano di elemosine, cioè donazioni spontanee

L'altra figura importantissima, soprattutto per la diffusione orale delle prime opere in lingua volgare, è quella del **giullare**: un giocoliere e cantastorie che **va in giro per le corti e per le piazze per far divertire la gente**. Racconta storie di eroi, cavalieri, dame, santi, ma anche di persone del popolo. L'importante è che siano divertenti.

PER CAPIRE

1. Abbina ogni frase al titolo giusto.

   1. il latino • **2.** le lingue neo-latine o romanze • **3.** il predicatore • **4.** il giullare

   a. ☐ È un cantastorie e giocoliere che racconta storie e fa divertire la gente.
   b. ☐ È un uomo di Chiesa che gira per i villaggi e racconta i Vangeli in una lingua comprensibile.
   c. ☐ Resta la lingua ufficiale delle persone della Chiesa e dei nobili.
   d. ☐ Si chiamano anche "volgari" perché parlate dal "vulgus", cioè dal popolo.

Il DUECENTO

STORIA, CULTURA E SOCIETÀ

• *La società cortese*

Nel XIII secolo (cioè dal 1200 al 1299) i valori dei Cavalieri non sono più legati solo all'onore e alle battaglie. I nobili abbracciano nuovi concetti importanti: **la cortesia e il culto della figura femminile**, che diventa l'oggetto di un amore puro e di altissimo valore. Un amore che nobilita l'animo di chi ama. **La donna è un essere perfetto e irraggiungibile**. Il poeta non vedrà mai il suo amore realizzato, ma non è questo l'obiettivo. Per lui è **l'amore stesso lo strumento per elevarsi e diventare nobile veramente, e non per questioni di nascita**.
Si sviluppa il concetto di **amore cortese**, così importante per la nascita delle prime grandi poesie della letteratura italiana.

> **NOTE**
>
> **cavalieri** uomini di nobili origini che possono permettersi di possedere un cavallo (vedi immagine *m* a pagina 12)
>
> **cortesia** è un concetto più preciso rispetto ad oggi, un misto di generosità e senso della misura, anche nella vita di tutti i giorni

NOTE

libri la stampa non è ancora stata inventata e il libro è molto diverso da come lo conosciamo oggi

....

copisti persone che per mestiere ricopiano molte volte dei testi letterari importanti del passato e del presente

....

laici che non appartengono alla Chiesa

....

cosa pubblica gli spazi, i servizi e le istituzioni della città

● *Le botteghe dei copisti*

In questo secolo nasce anche una **nuova cultura dei libri**, grazie soprattutto alle botteghe dei copisti. Non ci sono più quindi solo i monasteri dove i frati copiano in latino le opere letterarie più importanti secondo la Chiesa.
Si sviluppano **centri di cultura laici** – per esempio scuole, università e corti – **dove si insegnano materie nuove** e **nascono botteghe dove si copiano testi** sia in latino sia nelle nuove lingue volgari. Sono libri per un pubblico nuovo: **mercanti, banchieri e artigiani** che vogliono un loro posto nella nuova società che si sta formando.

● *Sud Italia: la corte di Federico II di Svevia*

Un altro importante tassello per il nostro quadro è sicuramente la figura dell'imperatore "poeta" Federico II di Svevia. Infatti quest'uomo **rivoluzionario, coltissimo e innamorato della cultura e delle bellezze dell'Italia** fonda a Napoli nel 1224 la prima università statale d'Europa. Il suo grande impero ha come centro il Regno di Sicilia e in particolare Palermo. Qui **Federico accoglie intellettuali da tutto il mondo.** La sua corte diventa un'importante centro culturale.

● *Nord Italia: i Comuni*

Dopo l'anno Mille la società italiana inizia un cambiamento radicale: l'isolamento dell'Alto Medioevo finisce e al Nord **le città tornano a commerciare e a comunicare tra loro**, sono più indipendenti e creano nuova ricchezza. Nascono **i Comuni**, luoghi dove la "cosa pubblica" è gestita "in comune", cioè dai cittadini più importanti, **senza un sovrano**.

PER CAPIRE

2 ● Indica se le frasi sono vere o false.   V   F

a. Nella società cortese l'amore per la donna è un sentimento che ha come obiettivo l'unione e il matrimonio con l'amata. ☐ ☐

b. Per il poeta della società cortese l'amore è uno strumento per nobilitare la sua anima. ☐ ☐

c. Nel Duecento nascono centri di cultura e botteghe di copisti non legati direttamente alla Chiesa. ☐ ☐

d. Sta nascendo un nuovo pubblico, fatto soprattutto di dame e cavalieri. ☐ ☐

e. La corte di Federico II in Sicilia riunisce poeti e letterati da tutto il mondo. ☐ ☐

f. I Comuni si sviluppano soprattutto nel Sud Italia. ☐ ☐

g. I Comuni sono città indipendenti del Nord Italia dove non esiste un sovrano. ☐ ☐

La POESIA

I PRINCIPALI GENERI LETTERARI

● *La scuola siciliana*

Alla corte di Federico si sviluppa la famosa Scuola siciliana: **una scuola di poeti** dove lo stesso sovrano e altri **intellettuali di vari paesi e culture**, anche molto diverse tra loro, **compongono poesie in una lingua raffinata e musicale.** Queste opere sono scritte infatti in una versione sofisticata ed elegante del volgare siciliano e **riprendono i temi dell'amore cortese** della poesia provenzale. L'amore per una donna perfetta che non ricambierà mai il sentimento. Ma non importa. È l'amore che conta, **un amore che nobilita e rende migliori.** Nascono qui le prime opere di poesia in lingua italiana. La forma di poesia siciliana più diffusa è il sonetto.

● IACOPO DA LENTINI ● PIER DELLA VIGNA ● GUIDO DELLE COLONNE

● *La poesia toscana*

Con la morte di Federico II, **la poesia siciliana è ripresa e rielaborata in Toscana.** La visione e lo stile restano. Cambia la lingua, che diventa il volgare toscano.

● GUITTONE D'AREZZO ● BONAGIUNTA ORBICCIANI ● CHIARO DAVANZATI

● *Il "dolce stil novo"*

Uno stile dolce e nuovo: Dante definisce così nella sua opera più importante, la *Commedia*, un modo di fare poesia quando era più giovane insieme ad alcuni suoi amici. Nell'Ottocento si decide di usare questa bellissima definizione per indicare **lo stile poetico di un gruppo di giovani scrittori vivaci, colti e talentuosi, soprattutto toscani, del secondo Duecento.** Riprendono la visione dell'amore cortese e la approfondiscono: il sentimento non è più personale, ma universale. Lo studiano, lo esplorano, lo descrivono con intensità psicologica e filosofica. **Nello** Stilnovismo, **l'amore non è più solo un sentimento, ma è una virtù, trasforma l'anima, la purifica. E la donna amata è un angelo che fa da ponte tra il poeta e Dio.** I suoi strumenti di illuminazione sono lo sguardo e il saluto. La lingua resta il volgare toscano, ma i poeti fanno una meticolosa **ricerca sui suoni e sui significati** per ottenere un risultato di bellezza e levatura sia concettuale che formale.

● GUIDO GUINIZZELLI ● GUIDO CAVALCANTI ● DANTE ALIGHIERI

● *La poesia comica*

Nel secondo Duecento si sviluppa anche una **poesia di opposizione alla società cortese** e che riprende **la tradizione dei giullari e dei predicatori.** **Il linguaggio è studiato molto attentamente per risultare semplice e immediato** e gli argomenti sono spesso volgari o paradossali e parlano di realtà rilevanti per la gente povera. Si parla e si ride di tutto, sacro e profano che sia!

NOTE

sonetto tipo di poesia in versi **endecasillabi** (11 sillabe) formata da quattro **strofe** (gruppi di versi): due **quartine** (quattro versi) e due **terzine** (tre versi) in **rima alternata.** Per esempio (a ogni rima diversa corrisponde una lettera):

_____A
_____B
_____A
_____B

_____A
_____B
_____A
_____B

_____C
_____D
_____C

_____D
_____C
_____D

Stilnovismo dolce stil novo, stil novo, stilnovo: sono tutte espressioni equivalenti

levatura livello di intelligenza, capacità intellettuale

paradossali assurdi, in forte contrasto con il buon senso

rilevanti importanti

sacro e profano argomenti religiosi e argomenti di realtà materiale

NOTE

misogini contro la figura della donna

versi sono le righe dei testi poetici

laudes in latino significa "lodi"

L'opera più importante di questo genere sono **i Carmina Burana** il cui autore è anonimo. Purtroppo in queste opere emergono spesso contenuti misogini.

• CECCO ANGIOLIERI • CIELO D'ALCAMO • RUSTICO DI FILIPPO

La poesia didattica e religiosa

Soprattutto nel Nord Italia un gruppo di scrittori adatta dal latino e traduce in volgare gli insegnamenti religiosi e morali, spesso anche qui con contenuti misogini. Sono opere soprattutto in versi. Si formano inoltre nuovi movimenti di diffusione del messaggio di Dio che si ispirano a San Francesco e agli ordini mendicanti in generale, soprattutto i Francescani, appunto, e i Domenicani. Si diffondono le laudes. Canti spesso in forma di dialogo dove si rappresentano e si celebrano i personaggi della Bibbia. Presto queste lodi vengono **raccolte in testi scritti, i Laudari**, dove i contenuti sono organizzati per argomento e in base alle feste religiose. Sono in genere anonimi, con qualche importante eccezione.

• IACOPONE DA TODI • GIACOMINO DA VERONA

PER CAPIRE

3. Per ogni genere letterario della lista, trova le parole chiave giuste. Attenzione: alcuni generi vanno abbinati a più parole.

1. La scuola siciliana • 2. La poesia toscana • 3. Il *dolce stil novo*

4. La poesia comica • 5. La poesia didattica e religiosa

a. ☐ Federico II
b. ☐ amore come virtù
c. ☐ lingua siciliana raffinata
d. ☐☐☐ amore cortese
e. ☐ donna angelo
f. ☐ tradizione dei giullari e dei predicatori
g. ☐ insegnamenti religiosi e morali
h. ☐ laudes

Parole in viaggio

cortese viene dalla lingua d'Oc, cioè il provenzale, nel Sud della Francia, una delle prime lingue della letteratura europea; significa letteralmente: "che ha le qualità tipiche di una persona della corte" (medievale), cioè nobiltà, gentilezza, generosità. **Oggi indica una persona gentile, rispettosa ed educata.**

volgare viene dal latino e significa letteralmente: "che è del volgo, cioè del popolo". Nel Medioevo indicava tutte le lingue neo-latine, parlate soprattutto da quelli che non erano nobili o membri della Chiesa. **Oggi indica qualcuno che non ha cultura, educazione o eleganza, oppure qualcosa di non raffinato e di cattivo gusto.**

La PROSA

I PRINCIPALI GENERI LETTERARI

La prosa in volgare si sviluppa prima di tutto a Bologna e in Toscana. Lo scopo delle opere è **istruire la nuova classe media**. I generi principali sono tre.

• *Le cronache*

Sono testi che raccontano gli avvenimenti del passato e del presente, ma cambia il punto di vista. Lo sguardo è più vicino ai lettori e meno legato alla provvidenza divina. In quest'ottica si diffondono anche **i racconti di viaggio**, risultato dell'aumento dei commerci anche in terre lontane, con la conseguente scoperta di culture a volte molto diverse da quella del proprio Paese.

• **BONVESIN DE LA RIVA**

• *I trattati*

Sono **scritti scientifici, morali o retorici** in forma di saggio che mirano a formare la cultura della nuova classe media.

• **BRUNETTO LATINI**

• *Le novelle*

Sono **racconti** che derivano dagli exempla medievali, ma che con il tempo non hanno più come tema principale gli insegnamenti e la morale, ma la vita e le vicende dei protagonisti. L'esempio più importante è il cosiddetto *Novellino*, **la prima vera opera di narrativa della letteratura italiana**: cento storie su Oriente e Occidente, miti classici e leggende di cavalieri, eventi storici e fatti contemporanei. Il linguaggio è snello e comprensibile, rivolto al **nuovo pubblico borghese**.

• **ANONIMO DEL NOVELLINO**

NOTE

classe media nella società sono le persone né molto ricche, né povere

provvidenza divina il disegno che Dio ha del mondo e delle vite degli uomini

retorici sull'arte del parlare e dello scrivere

saggio un testo in cui si sviluppa un determinato argomento

exempla medievali racconti che vogliono mostrare come essere un buon cristiano / una buona cristiana

morale il giusto comportamento

borghese "che abita in un borgo". È la nuova classe sociale dei lavoratori / delle lavoratrici delle città

PER CAPIRE

4. Completa ogni definizione con le parole giuste. Attenzione: ci sono due parole in più!

i santi • gli avvenimenti • la vita • la chiesa • gli insegnamenti

a. La cronaca racconta _____ del passato e del presente.
b. Il trattato è un saggio in cui si trattano _____ morali, scientifici o retorici.
c. La novella racconta _____ e le vicende dei protagonisti.

CANTICO DI FRATE SOLE
di Francesco d'Assisi

GUIDA ALLA LETTURA

1. Secondo te, quali di questi elementi sono nominati nel Cantico di San Francesco?

a. ☐ luna
b. ☐ pianeti
c. ☐ stelle
d. ☐ cavalli
e. ☐ acqua
f. ☐ uccellini
g. ☐ fuoco
h. ☐ montagne
i. ☐ frutti
l. ☐ fiori
m. ☐ cavalieri
n. ☐ vento

La QUESTIONE della LINGUA

Il primo documento della lingua italiana

La prima testimonianza ufficiale in lingua italiana scritta è il *Placito di Capua* del 960, un atto notarile, cioè un documento che indica chi per legge deve ricevere un'eredità.
In questo documento il testo è **quasi tutto in latino, ma compare una frase in volgare: una breve dichiarazione di testimonianza**.
Sono poche parole, ma la differenza dal resto del testo è chiara: **una nuova lingua sta già nascendo!** Bisognerà poi aspettare più di due secoli per avere le prime opere letterarie in italiano.

2 . Ora leggi il Cantico e sottolinea gli elementi delle immagini del punto 1, nominati da San Francesco. Attenzione: alcune parole sono un po' diverse dall'italiano di oggi. Riesci a riconoscerle lo stesso? Sono sicura di sì!

1 🔊

> Altissimu, onnipotente, bon Signore,
> Tue so' le laude, la gloria e l'honore et onne benedictione.
>
> Ad Te solo, Altissimo, se konfano,
> et nullu homo ène dignu Te mentovare.
>
> Laudato sie, mi' Signore, cum tucte le Tue creature,
> spetialmente messor lo frate Sole,
> lo qual' è iorno, et allumini noi per lui.
> Et ellu è bellu e radiante cum grande splendore:
> de Te, Altissimo, porta significatione.
>
> Laudato si', mi' Signore, per sora Luna e le stelle,
> in celu l'ai formate clarite et pretiose et belle.
>
> Laudato si', mi' Signore, per frate Vento
> et per aere et nubilo et sereno et onne tempo,
> per lo quale a le Tue creature dài sustentamento.
>
> Laudato si', mi' Signore, per sor' Aqua,
> la quale è multo utile et humile et pretiosa et casta.
>
> Laudato si', mi' Signore, per frate Focu,
> per lo quale ennallumini la nocte:
> ed ello è bello et iocundo et robustoso et forte.
>
> Laudato si', mi' Signore, per sora nostra matre Terra,
> la quale ne sustenta et governa,
> et produce diversi fructi con coloriti flori et herba.
>
> Laudato si', mi' Signore, per quelli ke perdonano per lo Tuo amore,
> et sostengo infirmitate et tribulatione.
>
> Beati quelli ke 'l sosterrano in pace,
> ka da Te, Altissimo, sirano incoronati.
>
> Laudato si', mi' Signore, per sora nostra Morte corporale,
> da la quale nullu homo vivente pò skappare:
> Guai a cquelli ke morrano ne le peccata mortali;
> beati quelli ke trovarà ne le Tue sanctissime voluntati,
> ka la morte secunda no 'l farrà male.
>
> Laudate et benedicete mi' Signore et rengratiate
> et serviateli cum grande humilitate.

3 . Quali parole che indicano gli elementi delle immagini a pagina 12 sono uguali all'italiano di oggi?

_____   _____
_____   _____

È incredibile, vero? Questo testo ha quasi ottocento anni!

4. Ora rileggi la prima parte del testo a sinistra e trova la giusta versione nell'italiano di oggi, a destra.

a. Altissimu, onnipotente, bon Signore, Tue so' le laude, la gloria e l'honore et onne benedictione.	**1.** Sii lodato, mio Signore, per sorella Luna e le stelle; le hai create in cielo luminose, belle e preziose.
b. Ad Te solo, Altissimo, se konfano, et nullu homo ène dignu Te mentovare.	**2.** Sii lodato, mio Signore, per sorella Acqua, che è molto utile e umile e preziosa e incontaminata.
c. Laudato sie, mi' Signore, cum tucte le Tue creature, spetialmente messor lo frate Sole, lo qual' è iorno, et allumini noi per lui. Et ellu è bellu e radiante cum grande splendore: de Te, Altissimo, porta significatione.	**3.** Sii lodato, mio Signore, per la nostra sorella Madre terra, che ci nutre e ci dà vita, e produce molti frutti con fiori colorati e foglie.
d. Laudato si', mi' Signore, per sora Luna e le stelle, in celu l'ai formate clarite et pretiose et belle.	**4.** Signore buono, altissimo ed onnipotente, tue sono le lodi, la gloria, l'onore e ogni tipo di benedizione.
e. Laudato si', mi' Signore, per frate Vento et per aere et nubilo et sereno et onne tempo, per lo quale a le Tue creature dài sustentamento.	**5.** Sii lodato, o mio Signore, per mezzo di tutte le tue creature, e in particolare per fratello Sole, che è il giorno, e tu illumini noi attraverso di lui. E lui è bello e raggiante con gran splendore: per merito tuo, Altissimo, lui ha un significato.
f. Laudato si', mi' Signore, per sor' Aqua, la quale è multo utile et humile et pretiosa et casta.	**6.** Sii lodato, mio Signore, per fratello Fuoco, con cui illumini la notte: ed esso è bello, felice, vivido e robusto.
g. Laudato si', mi' Signore, per frate Focu, per lo quale ennallumini la nocte: ed ello è bello et iocundo et robustoso et forte.	**7.** Sii lodato, mio Signore, per fratello Vento e per il cielo sia nuvoloso sia sereno e per ogni fenomeno atmosferico, per cui dai sostentamento alle tue creature.
h. Laudato si', mi' Signore, per sora nostra matre Terra, la quale ne sustenta et governa, et produce diversi fructi con coloriti flori et herba.	**8.** A te solo, Altissimo, si addicono e nessun uomo è degno di nominarti.

5. Ora vai in rete, cerca il testo intero del Cantico e una sua versione cantata (per esempio quella dei Frati Minori di Assisi) e prova a seguire le parole del testo. Buon ascolto!

Lo sapevi?

San Francesco

Assisi 1181 – 1226

- Da giovane è un ragazzo vivace e ribelle, figlio di un ricco mercante e di una donna francese, colta e raffinata. Da lei viene il suo nome "Francesco" in onore delle sue origini franche, cioè francesi.

- Quando il padre non accetta la sua scelta di vivere in povertà e lo denuncia davanti al Vescovo, Francesco si toglie i vestiti davanti a tutti, li restituisce al padre e dichiara che il suo vero padre non è lui ma "Colui che è nei Cieli", cioè Dio.

- Francesco vuole mangiare come i poveri. Se quindi si trova davanti a un piatto troppo elaborato, aggiunge cenere oppure acqua per togliere un po' di sapore.

- Fra i suoi seguaci e amici più cari c'è Santa Chiara, una giovane ragazza di una nobile famiglia di Assisi che come lui sceglie di ribellarsi alla società borghese e fonda nel 1212 l'ordine francescano delle Clarisse, dal nome latino Clara, cioè Chiara.

Statua di San Francesco d'Assisi.

- Francesco vuole diffondere il suo messaggio nel mondo e per questo arriva fino in Egitto, dove viene accolto con grande benevolenza dal Sultano.

- Si ammala varie volte nella sua vita e gli ultimi anni sono molto faticosi, soprattutto per una grave malattia agli occhi che lo rende progressivamente cieco.

- Secondo vari biografi negli ultimi giorni della sua vita, cieco e malato, ha una visione in cui Dio approva e benedice il suo operato. Il giorno dopo compone la musica e il testo del "Cantico di Frate Sole".

- Il Cantico di Frate Sole è conosciuto anche come *Laudes creaturarum* cioè "Cantico delle Creature" in latino, ovvero un canto in cui si lodano tutte le creazioni di Dio.

Connessioni

Attorno alla figura di San Francesco sono nate molte opere d'arte: pittura, scultura, letteratura, ma anche teatro, cinema, fumetti, ecc.
Prova a cercarle in rete.
Qui ti segnalo due film italiani:
Fratello Sole e Sorella Luna di Franco Zeffirelli (1972).
Francesco di Liliana Cavani (1989).
Nel 2016 Renaud Fely e Arnaud Louvet, due registi francesi, hanno realizzato un film con Elio Germano, un importante attore italiano che interpreta San Francesco. Il titolo è *Il sogno di San Francesco*.

L'ITALIA DEL DUECENTO

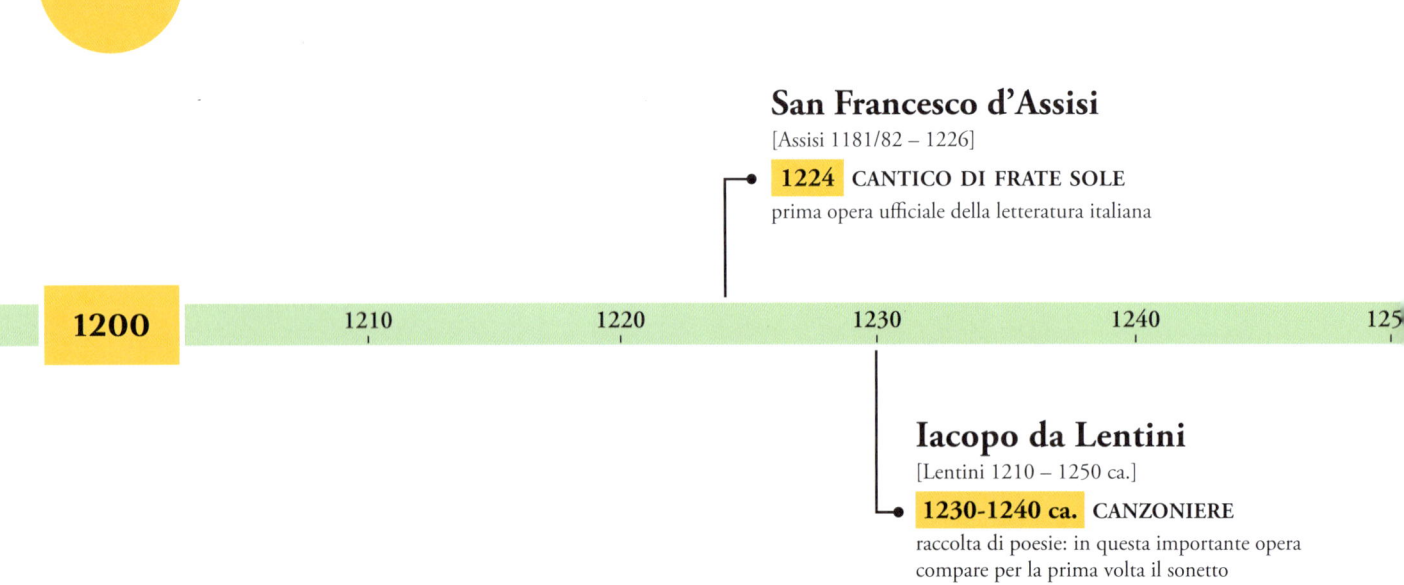

LINEA DEL TEMPO di alcune delle principali opere italiane

San Francesco d'Assisi
[Assisi 1181/82 – 1226]

1224 CANTICO DI FRATE SOLE
prima opera ufficiale della letteratura italiana

1200 — 1210 — 1220 — 1230 — 1240 — 125

Iacopo da Lentini
[Lentini 1210 – 1250 ca.]

1230-1240 ca. CANZONIERE
raccolta di poesie: in questa importante opera compare per la prima volta il sonetto

1 Padova
Città vivace e piena di centri culturali, ospita dal 1222 la seconda università più antica d'Italia.

2 Bologna
Qui vivono e si trovano la sera a bere, chiacchierare e divertirsi i poeti più importanti del Duecento, tra cui quelli dello Stilnovo Guinizzelli e Cavalcanti. Ospita dal XI secolo la prima università del mondo occidentale.

3 Firenze
È una delle città più ricche d'Europa e il centro culturale più importante della nuova letteratura in volgare.

4 Arezzo
Città culturalmente molto vivace e con un'importante università. Qui nasce Guittone, il più importante poeta della scuola toscana.

5 Assisi
Centro importantissimo della Cristianità, qui si riuniscono i maggiori esponenti umbri della poesia religiosa: Francesco d'Assisi e Iacopone da Todi.

6 Napoli
Qui Federico II fonda la prima università statale d'Europa. È una città ricca e vivace. Molti artisti e intellettuali provenienti da tutto il mondo passano di qui.

7 Palermo
È la sede ufficiale della corte di Federico II e per questo diventa uno dei centri culturali più importanti di tutto il Mediterraneo. Qui nasce la poesia della scuola siciliana.

> "Beato l'uomo che offre un sostegno al suo prossimo per la sua fragilità, in quelle cose in cui vorrebbe essere sostenuto da lui, se si trovasse in un caso simile."
>
> **San Francesco da Assisi** dalle sue *Ammonizioni* – XVIII

Guido Guinizzelli
[Bologna 1230/40 – 1276]
1265-1275 ca. CANZONIERE
5 canzoni e 15 sonetti in perfetto "stil novo"

Iacopone da Todi
[Todi 1230/36 – 1306]
1280-1300 ca. LAUDE
poesia didattica-religiosa: raccolta di componimenti di tema religioso

1260 — 1270 — 1280 — 1290 — **1300** — 1310

Guittone D'Arezzo
[Arezzo 1235 – 1294 ca.]
1260-1275 ca. RIME
raccolta di poesie, scuola toscana

Cecco Angiolieri
[Siena 1260 – 1313]
1280-1300 ca. RIME
raccolta di poesie in cui si esalta una vita ribelle e anticonformista

Il TRECENTO

Mi chiedo...

Perché *Dante* è il padre della lingua italiana?
Che cosa racconta la *Divina Commedia*?
Chi è il primo vero *narratore in prosa* della letteratura italiana?
Che cos'è il *Petrarchismo*?

CRISI e CAMBIAMENTI

> **NOTE**
>
> **carestie** mancanza generale di cibo che causa la morte di moltissime persone
>
> **epidemie** malattie mortali molto contagiose che causano la morte di una grande parte della popolazione

La crisi dell'Impero e del Papato

Il Trecento è un secolo importantissimo per la letteratura italiana, e anche un **periodo di grande crisi**: carestie, epidemie, lunghe guerre. In questa fase di **forti cambiamenti**, i due principali centri di potere del Medioevo, **l'Impero e il Papato, perdono sempre più la loro autorità**. Da un lato l'imperatore non riesce più a controllare in Italia la nuova forza politica dei Comuni e poi delle Signorie. Dall'altro il papa deve cedere agli obiettivi di espansione delle nuove monarchie europee.

Dai Comuni alle Signorie

Il passaggio di alcuni Comuni del Nord Italia a **Signorie** segna per l'Italia un **cambiamento sia politico che culturale**. Tra le città che resistono e restano repubbliche fino al Quattrocento c'è **Firenze**, che è **una delle realtà** culturali e commerciali **più ricche e importanti d'Europa**. In molte **altre città**, invece, tutto il potere di **governo si concentra in un solo "signore"**. Da qui viene il nome Signoria per indicare questi regni, che spesso si estendono oltre la città. **I signori** sono quasi sempre dei **mecenati**, cioè sostengono, proteggono e **accolgono nella propria corte artisti e intellettuali** da tutta Italia e dal mondo per rafforzare e aumentare il prestigio del loro potere. Si sviluppa così una sorta di **competizione tra le Signorie più potenti**, per produrre opere letterarie, artistiche e architettoniche sempre più belle e raffinate.

La nuova figura del letterato professionista

La figura di letterato professionista alla corte di un signore o di un re rappresenta per gli scrittori un modo nuovo di lavorare. Il legame con la propria città e l'impegno politico perdono importanza, il loro atteggiamento diventa politicamente più distaccato e culturalmente più cosmopolita. Si viaggia molto e si realizzano opere su commissione. E intanto lo scrittore lavora spesso per il signore che lo ospita anche come diplomatico e ambasciatore. Il prestigio dei letterati cresce ogni giorno di più, anche perché la letteratura diventa il simbolo più importante dell'umanità con una sempre più diffusa attenzione ai grandi autori dell'antichità classica. Inizia a formarsi quel concetto di *humanitas* che porterà presto alla nascita dell'Umanesimo.

NOTE

su commissione per richiesta di una persona che ne paga la realizzazione

diplomatico chi gestisce le relazioni ufficiali del suo Stato – in questo caso Signoria – con gli altri regni e con le altre città

PER CAPIRE

1. Abbina gli eventi con la corretta fase storica.

a. 1353: Petrarca va a vivere e lavorare a Milano per vari anni, ospite della famiglia dei Visconti.

b. 1395: Gian Galeazzo Visconti diventa Signore di Milano e il suo regno arriva fino al centro Italia.

c. 1304: Grazie alla figura del suo signore Cangrande della Scala, Verona diventa uno dei centri culturali più importanti d'Italia.

d. 1309: Il re francese riesce a far spostare la sede del papato da Roma ad Avignone per quasi settant'anni.

e. 1303: Dante in esilio è accolto a Verona dalla potente famiglia degli Scaligeri dove resta a lavorare e scrivere per vari anni.

f. 1312: L'imperatore Enrico VII prova a riconquistare i suoi territori in Italia ma è sconfitto prima dai Comuni e poi da un'alleanza tra il Papa, il re di Francia e il re di Napoli.

1. La crisi dell'Impero e del Papato ☐ ☐
2. Dai Comuni alle Signorie ☐ ☐
3. La nuova figura del letterato professionista ☐ ☐

DANTE, il PADRE della LINGUA e della LETTERATURA ITALIANA

I TRE GRANDI DEL TRECENTO

> **NOTE**
>
> **prosimetro** opera in parte in versi e in parte in prosa
>
> **Beatrice** probabilmente Beatrice Portinari, figlia di una ricca famiglia di banchieri fiorentini
>
> **medievale** segue la teoria sui generi letterari del filosofo greco Aristotele
>
> **registri** tipo di lingua usato in base alla situazione in cui ci si trova

Dante Alighieri è **una delle figure più importanti della cultura italiana** perché è il primo che attraverso le sue opere spiega e poi dimostra **la dignità, la ricchezza e la varietà del volgare** come lingua letteraria.

● *L'amore per Beatrice in perfetto Stilnovo: la Vita nova*

Come abbiamo visto nel capitolo precedente, Dante è stato uno dei poeti più importanti del "dolce stil novo". L'ha definito proprio lui così, l'ha sviluppato in molte poesie e poi

Statua di Dante Alighieri a Firenze.

l'ha teorizzato in modo approfondito nella *Vita nova* (cioè nuova), un'opera dedicata alla figura femminile più importante della sua vita. È un **prosimetro**, cioè **una raccolta di poesie con spiegazioni e commenti in prosa** in cui il giovane Dante racconta il suo **amore per Beatrice**. Ha nove anni quando la incontra per la prima volta a Firenze e da allora il suo sentimento di amore in perfetto stil novo **cresce sempre di più e continua anche dopo la morte** improvvisa della ragazza. Proprio in quel momento di enorme sofferenza, Dante decide di mettere insieme le sue poesie e di comporre quest'opera. Il suo desiderio è **spiegare il significato spirituale** di questo cammino per arrivare a Dio che parte dall'amore per Beatrice e poi si concentra sempre di più sul sentimento stesso: l'Amore, nato e cresciuto grazie a Beatrice. Un Amore che lo porta, appunto, in una **nuova** fase della sua **vita**.

● *La Divina Commedia*

Oltre alla *Vita nova* Dante ha composto altre opere, sia in latino sia in lingua volgare. Ma la *Commedia* è senza dubbio la più importante: **la prima grande opera in lingua italiana** e una delle più famose della letteratura mondiale. Un lettore moderno si potrebbe chiedere: perché questo titolo? Oggi infatti la parola "commedia" indica un'opera comica, cioè che fa ridere. Ma dal punto di vista **medievale** e quindi anche di Dante, la *Commedia* è un'opera che nei contenuti **inizia male** (l'Inferno) e **finisce bene** (il Paradiso) e in teoria ha uno stile linguistico medio, cioè né troppo alto, né troppo basso. In realtà quest'opera **comprende registri di tutti i tipi, dal più basso al più alto.** L'aggettivo "Divina", invece, è in realtà un'idea di Boccaccio che dopo la morte di Dante definisce così la *Commedia* per il suo immenso valore letterario.

• Storia di un viaggio per la salvezza

La *Divina Commedia* è la storia di **un viaggio attraverso l'Inferno, il Purgatorio e il Paradiso**. **Dante** è a metà della sua esistenza (circa 35 anni) quando **si perde in una foresta buia**. Vede in lontananza una collina illuminata, ma non può raggiungerla perché davanti a lui **ci sono tre animali feroci** che gli bloccano il passaggio: una lupa, un leone e una *lonza* (variamente interpretata come una lince o un ghepardo). Per fortuna **arriva l'anima di Virgilio**, il grande poeta latino. Virgilio gli spiega che è **venuto per aiutarlo** su richiesta di tre donne del Paradiso (tra cui la sua amata Beatrice). Ma Dante, prima di poter raggiungere la salvezza, dovrà attraversare i tre regni dell'aldilà (Inferno, Purgatorio e Paradiso) dove **incontrerà anime di ogni epoca** che gli racconteranno la **loro storia** e gli mostreranno la **loro condizione nell'oltretomba. Nei primi due regni avrà come guida Virgilio**: nell'**Inferno** troverà i **dannati**, cioè persone che hanno commesso peccati di vario genere; nel **Purgatorio** incontrerà le anime di persone che **non hanno commesso peccati gravi**, ma che prima di salire al Paradiso **devono purificarsi**. E alla fine, in **Paradiso**, saluterà il suo maestro Virgilio e incontrerà finalmente **Beatrice**, l'unica in grado di **guidarlo** attraverso tutti i cieli fino alla visione estatica di Dio.

• Un sistema complesso di numeri e strutture

La *Divina Commedia* è un poema composto da **3 cantiche**, cioè **raccolte di canti**: l'**Inferno**, il **Purgatorio** e il **Paradiso**. Ogni cantica ha **33 canti**, più **uno di introduzione** all'inizio dell'Inferno. I canti sono i "capitoli" del poema.

Il verso utilizzato è l'endecasillabo, le strofe sono **terzine** (cioè composte da tre versi) con un sistema di **rime incatenate**: ABA, BCB, CDC, DED e così via fino alla fine del poema (il primo verso A fa rima con il terzo; il secondo, B, con il quarto e così via).

Ci sono simboli della Cristianità e numeri che si ripetono: il **TRE** come la trinità cattolica del Padre, del Figlio e dello Spirito Santo e l'**UNO** come l'unicità della perfezione divina. Sono numeri molto presenti anche all'interno dei tre regni.

NOTE

oltretomba letteralmente: *oltre la tomba*, cioè il regno dei morti

estatica completamente immersa nella bellezza del divino, assoluta

poema un racconto in versi

endecasillabo verso formato da undici sillabe

La *Divina Commedia* è un'opera che fa largo uso dell'**allegoria**, una figura retorica con cui l'autore nasconde importanti concetti astratti dietro un'immagine, una cosa o un'azione.
Ecco le principali allegorie della *Commedia* dantesca:
foresta buia – il peccato
collina illuminata – la speranza
tre animali – i tre peccati capitali (= i più gravi)
lupa – avidità
leone – superbia
lonza – avarizia
Virgilio – la ragione
Beatrice – la fede
viaggio di Dante – espiazione dei peccati
guida di Beatrice nel Paradiso – la ragione e la conoscenza non possono raggiungere la salvezza divina. Solo la fede può farlo.

Nell'Inferno ci sono **9** cerchi (**3** volte **3**) più l'Antinferno (**9 + 1**) e l'ottavo cerchio è diviso in dieci Bolge (ancora **9 + 1**).
Il Purgatorio è diviso in **3** parti. [vedi pagina 28]
Il Paradiso ha **9** cerchi più l'Empireo (di nuovo **9 + 1**).
Le sue anime sono divise in **3** categorie. [vedi pagina 24]
E così via… Ma se vuoi, puoi trovare molte altre corrispondenze numeriche dentro la *Divina Commedia*. Sono tantissime!

Schema dell'Inferno dantesco.

NOTE

selva oscura sono le parole esatte di Dante per definire la foresta buia

dedalo sistema complicato di vie in cui è facile perdersi. Dedalo è in realtà il personaggio di un famoso mito greco. Lo conosci?

• *Piani di lettura*

La *Divina Commedia* è un'opera molto complessa, con **diversi piani di lettura**: letterale, allegorico, morale, politico, religioso… Per esempio, la lupa che Dante incontra nella **selva oscura** è **letteralmente** un animale, ma è anche l'**allegoria medievale** del peccato della cupidigia (cioè un desiderio che non si placa mai), **moralmente** rappresenta l'incapacità della natura umana di governare i propri desideri, **politicamente** è simbolo di Roma e indica quindi il Papato e la sua sete infinita di potere… Questo tipo di lettura su più livelli riguarda tutti gli ambienti e i personaggi della *Divina Commedia*. Un **dedalo complicatissimo di rimandi, simbologie e richiami**. Prova tu a trovarne altri!

• *Temi universali*

Come abbiamo più volte detto, l'opera di Dante è **medievale nella sua struttura** e quindi è regolata da leggi precise sia nella forma sia nell'organizzazione dei contenuti. È chiaro che questo tipo di struttura non è sempre comprensibile in tutti i suoi significati per le lettrici e i lettori di oggi. Il pubblico del Trecento invece capiva perfettamente la maggior parte dei concetti e dei riferimenti danteschi. Per esempio, **le critiche alla politica del tempo** e ai personaggi storici del presente e del passato, **la vita terrena solo come breve momento di passaggio, l'aldilà come unica, vera destinazione** dell'essere umano, la struttura fisica e geografica dell'universo con la Terra al centro e la sua origine divina.
Eppure c'è qualcosa della *Divina Commedia* che arriva fino a noi, anche senza tutte le conoscenze necessarie: è l'umanità raccontata con profondità in tutte le sue sfumature, dalle più tremende alle più sublimi.

Dante Alighieri

Firenze 1265 – Ravenna 1321

- Alcuni studiosi hanno scoperto che il suo naso non era così grande come lo conosciamo attraverso i dipinti e le sculture della tradizione. Se volete avere un'idea di come poteva essere il suo viso, andate a Firenze o su Internet e cercate il ritratto fatto da Giotto nell'affresco del Paradiso (Cappella della Maddalena, Museo del Bargello).

- Ama talmente tanto la sua città che decide di entrare in politica. Ma il partito rivale prende il potere e lo accusa ingiustamente mentre lui non è a Firenze. Per questo non potrà mai più tornare a casa e vivrà in esilio fino alla fine dei suoi giorni.

- Non abbiamo nessun suo scritto originale! Solo copie manoscritte da altri. In particolare abbiamo tante copie della *Commedia*, che diventa già nel Trecento un grande successo letterario. Tra i primi copisti, lettori e commentatori ci sono i suoi figli, Jacopo e Pietro, e poi naturalmente Boccaccio, uno dei suoi più grandi studiosi e ammiratori.

- Il viaggio della *Commedia* dura una settimana. Inizia il venerdì santo (il venerdì prima di Pasqua) e finisce il giovedì dopo. In poco più di un giorno Dante percorre tutto l'Inferno e all'alba di domenica arriva ai piedi del Purgatorio. Sale per tre giorni e mezzo fino alla cima. In un giorno e mezzo percorre i cieli del Paradiso e arriva finalmente all'incontro con Dio.

Lo sapevi?

PER CAPIRE

2. Completa il testo sulla *Vita nova* scegliendo l'opzione giusta.

La *Vita nova* è un **poema / prosimetro**, cioè una raccolta di **poesie / prose** con spiegazioni e commenti in **poesia / prosa**. Racconta l'amore di Dante per Beatrice. La prima volta che la incontra Dante è un **bambino / giovane adulto**. Il suo sentimento da allora **diminuisce / cresce** sempre più e attraversa varie **tappe / pause**. Il legame con il sentimento dell'Amore attraverso Beatrice **finisce / non finisce** quando la ragazza muore. È un percorso di crescita **dello spirito / dell'opera** di Dante fino all'illuminazione completa: l'incontro del poeta con Dio.

3. Completa oralmente con una compagna o un compagno queste frasi sulla *Divina Commedia*. Un consiglio: non andate subito a guardare il testo, provate a ricordare e a ricostruire le informazioni insieme!

titolo
Si chiama così perché…
----

trama
È la storia di…

significati
La selva oscura rappresenta…
Virgilio rappresenta…
Le tre bestie feroci rappresentano…
Beatrice rappresenta…

4. Dividetevi in gruppi.
Uno o due gruppi per ogni cantica.
Per rispondere alle domande fate
delle piccole ricerche in rete.

Inferno

a. Le pene delle anime dell'Inferno sono regolate dalla legge del **contrappasso**, cioè una corrispondenza tra la colpa e la pena. Come funziona?
b. Scegliete un'anima famosa dell'Inferno e descrivete la sua pena.

Scherma del Purgatorio dantesco.

Purgatorio

c. Come funziona l'**espiazione dei peccati** nel Purgatorio? Cosa devono fare le anime?
d. Scegliete un'anima famosa del Purgatorio e spiegate perché si trova lì.

Paradiso

e. Che cos'è il **Primo Mobile**? Perché si chiama così?
f. Scegliete un'anima famosa del Paradiso e raccontate chi era in vita.

Scherma del Paradiso dantesco.

Una domanda per tutti i gruppi: qual è la parola finale della vostra cantica?

PETRARCA, il poeta modello

Francesco Petrarca è **il primo poeta della letteratura italiana**. La sua visione della poesia e della letteratura ha posto **le basi del pensiero umanista** e i suoi sonetti sono diventati **un modello per letterati e letterate** dal Quattrocento all'Ottocento: il cosiddetto movimento internazionale del Petrarchismo.

Il Canzoniere

La maggior parte delle opere di Petrarca è in lingua latina. È la lingua dei grandi classici che lui ama e studia per tutta la vita, ma è anche la lingua della Chiesa, di cui lui è membro; per questo pensa che le sue opere in latino siano le uniche degne di essere ricordate dopo la sua morte. **Lo Stil novo è l'unico movimento letterario in lingua volgare per lui interessante**. A questo si ispira quando compone la sua opera più famosa: il *Canzoniere*. Tuttavia, mai avrebbe pensato che sarebbe stato ricordato più per questa raccolta di rime in volgare che per le sue opere in latino!

La verità sul titolo

Il titolo originale dell'opera è latino: ***Rerum Vulgarium Fragmenta***, cioè "frammenti di cose volgari". Ma i letterati scelgono di chiamarlo *Canzoniere*, cioè raccolta di poesie, perché per loro l'opera di Petrarca diventa l'unico Canzoniere da considerare come modello.

Un diario in versi della propria interiorità

Il *Canzoniere* è un vero e proprio **diario in versi** che racconta **l'evoluzione dell'amore di Petrarca per** Laura attraverso centinaia di poesie (in totale sono 366) e si divide in due parti: **rime in vita** e **rime in morte**. Infatti, come Dante con Beatrice, anche Petrarca vive la tragedia della morte della sua amata. Dai suoi versi sembra però che Laura sia già una donna matura quando muore. Come per Dante, anche per Petrarca **il suo sentimento attraversa varie fasi**, da quella iniziale terrena, legata alla presenza della sua donna, fino all'ultima fase, puramente spirituale e rivolta alla comunione con la Madonna e quindi con Dio. Petrarca lavorerà fino alla morte alla sua opera con continue correzioni e modifiche.

La struttura e la lingua del sonetto petrarchesco

Ben 317 delle poesie del *Canzoniere* sono **sonetti**, cioè poesie formate da **due quartine** e **due terzine** con struttura ABBA ABBA CDE CDE. Il verso è l'**endecasillabo** della tradizione prima cortese e poi stilnovista. Questo schema diventa subito un **modello formale** nella storia della poesia **dall'Umanesimo in poi**.

Anche la lingua petrarchesca diventa un punto di riferimento: un **volgare fiorentino "ripulito"** di ogni parola troppo locale, troppo popolare o troppo vivace. Rispetto a Dante, Petrarca ha un vocabolario molto più ridotto. La sua è una **lingua lontana dal quotidiano**, eppure mai inutilmente complicata, sempre

---

NOTE

Petrarchismo movimento letterario in cui i poeti seguono il modello di poesia e la visione poetica di Petrarca

....

Laura gli studiosi non sono d'accordo sull'identità di Laura. Alcuni credono persino che sia solo un nome simbolico, legato alla pianta sacra dei poeti: l'alloro

....

matura di età non giovane. Laura muore di peste nel 1348

....

ridotto nella Commedia il lessico è di quasi 30.000 parole, mentre nel *Canzoniere* sono poco più di 3.000!

NOTE

ossimoro accostamento di due parole che richiamano realtà opposte o comunque molto lontane tra loro

attenta all'armonia dei suoni e amante dell'equilibrio. Per esempio, Petrarca ama molto l'**ossimoro**: per lui Laura è un *dolce error* (dolce errore, due termini in contrasto) e la vita di chi ama è un *dilettoso male* (piacevole male). Inoltre, il poeta gioca molto con i richiami al nome della sua amata: usa spesso la parola *lauro*, cioè alloro, la pianta simbolo di Apollo, dio della poesia, e per questo usata da sempre per incoronare i poeti; *l'aura*, cioè l'aria preziosa che dalla sua amata arriva fino al poeta; e *l'auro*, cioè l'oro, come la luce dorata del sole che illumina la bellezza di Laura.

Francesco Petrarca

Arezzo 1304 – Arquà 1374

Lo sapevi?

- Vive quasi sempre in Provenza, in Francia: in particolare ad Avignone, dove passa la sua infanzia e la sua giovinezza.

- Come molti letterati del suo tempo, per avere una solidità economica decide verso i trent'anni di entrare nella Chiesa: prende i voti minori, cioè diventa un chierico. Nonostante l'obbligo del celibato (cioè non sposarsi e non avere figli) diventa padre varie volte.

- Gli autori da lui più amati scrivono in latino: per esempio Virgilio e Cicerone tra i classici e Sant'Agostino tra gli autori cristiani. Lo studio delle loro opere pone le basi per la nascita della filologia moderna, cioè la ricerca, l'esplorazione, il confronto e l'interpretazione dei testi della tradizione letteraria.

- Diventa presto famoso in tutta Europa. Sia Parigi sia Roma lo invitano lo stesso giorno per celebrarlo con la cerimonia più importante: l'incoronazione con l'alloro. Lui sceglie Roma e dopo tre giorni di valutazione delle sue conoscenze e delle sue doti, viene incoronato poeta in Campidoglio.

PER CAPIRE

5 . **Leggi le affermazioni su Petrarca e il *Canzoniere* e indica se sono vere o false.**

V F

a. La poesia di Petrarca è stata un modello per molti scrittori e molte scrittrici in Italia e in Europa fino al XIX secolo.
b. Il Petrarchismo è una corrente letteraria che si sviluppa in Italia nell'Ottocento.
c. Petrarca scrive soprattutto in latino perché è l'unica lingua parlata da tutti.
d. Il *Canzoniere* non è il titolo ufficiale della raccolta di poesie di Petrarca.
e. *Rerum vulgarium fragmenta* significa "frammenti di cose volgari".
f. Come è successo a Beatrice, anche Laura muore quando è ancora giovane.
g. L'amore di Petrarca parte come sentimento terreno, ma alla fine diventa il mezzo per una ricerca puramente spirituale di comunione con Dio.
h. Tutte le poesie del *Canzoniere* sono sonetti.
i. La lingua di Petrarca segue la varietà e la vivacità del modello dantesco.
l. Il nome della sua amata è spesso al centro di giochi di parole.

BOCCACCIO, il primo grande NARRATORE in PROSA

I TRE GRANDI DEL TRECENTO

Con Giovanni Boccaccio si apre una nuova fase in cui **il rapporto tra letterato e pubblico di lettori e lettrici cambia profondamente**. Gli uomini e le donne della borghesia cittadina trovano in lui **il primo autore che capisce e racconta il loro punto di vista sulla realtà**. E lo fa in prosa e in una lingua viva e vicina a chi legge.

● Il Decameron

Boccaccio ha scritto molte opere, soprattutto in lingua volgare. Quella più importante è senza dubbio il *Decameron*, **una raccolta di cento racconti**. I protagonisti di queste storie sono **personaggi vari, provenienti da tutto il mondo** e **da tutte le epoche**.

● Il proemio: il titolo e la dedica alle "donne"

Decameron è una parola greca che significa "**dieci giorni**": le cento novelle sono infatti raccontate nell'arco di dieci giorni.
Nel proemio, Boccaccio dà tutte le **informazioni fondamentali** sulla sua opera. Prima di tutto la **dedica al pubblico femminile**. In realtà è un suo modo per indicare il tipo di **lettori e lettrici della borghesia cittadina** a cui vuole parlare: non è un pubblico di letterati, ma è comunque colto, raffinato e interessato all'amore. **Il suo** intento come narratore non è elevare lo spirito, ma **divertire** e magari **dare qualche consiglio sentimentale**. C'è poi un'interessante riflessione sulle condizioni della donna: a quei tempi aveva molte meno possibilità di uscire di casa rispetto all'uomo e quindi aveva più bisogno della lettura di storie come possibilità di evasione. Molti hanno voluto vedere in queste parole un **atteggiamento femminista** di Boccaccio, anche se in realtà nella sua vita, soprattutto negli ultimi anni, questo autore dimostra esattamente il contrario. È vero però che in varie novelle del *Decameron* compaiono figure femminili forti e interessanti.

● La cornice: una fuga in campagna

Siamo a **Firenze nel 1348**. Un'**epidemia di peste** sta uccidendo molti abitanti della città. Le strade sono piene di morti e ovunque è caos e sofferenza. **Un gruppo di dieci amici**, tre ragazzi e sette ragazze, decide allora di **rifugiarsi nella casa di campagna** di una delle ragazze. Qui possono tornare a godersi la vita: giocano, ballano, cantano e soprattutto si raccontano delle storie. **Le giornate seguono rituali e regole** precise: ogni giorno gli amici eleggono tra loro **un re o una regina** che sceglie l'argomento delle storie. Questa cornice ci mostra qualcosa: la capacità degli esseri umani di affrontare e superare le difficoltà della vita usando le proprie abilità e la propria intelligenza. A Firenze c'è la morte, ma questo gruppo riesce a ricreare con intelligenza e operosità una vita gioiosa. L'Umanesimo prenderà spunto proprio da questa capacità dell'essere umano di costruire il proprio destino.

NOTE

novelle racconti brevi

proemio introduzione dove l'autore spiega scopo e argomento dell'opera

intento intenzione e scopo

elevare portare in alto

evasione fuga dalla realtà

contrario negli ultimi anni della sua vita, in crisi spirituale e lontano dalla vita pubblica, Boccaccio compone il *Corbaccio*, un'opera contro le donne

città vari amici e familiari di Boccaccio muoiono di peste

storie l'unico che ha sempre scelta libera è Dioneo, il più giovane della compagnia. La prima e la nona giornata sono a tema libero

operosità la capacità di usare l'intelligenza in modo pratico, per fare delle cose

NOTE

ballata un tipo di poesia scritta per essere, appunto, ballata

● *La struttura: la storia nella storia nella storia*

La struttura narrativa del *Decameron* è molto complessa. Ci sono almeno tre livelli.

1. **La voce dell'autore**: Boccaccio **parla direttamente a chi legge** nel proemio, nelle introduzioni ad ogni giornata e alla fine dell'opera, con spiegazioni e commenti.
2. **L'organizzazione delle giornate**:
   a. si elegge il re o la regina che deciderà l'argomento;
   b. ognuno racconta la sua novella;
   c. dopo ogni novella ci sono i commenti e le riflessioni del gruppo sulla storia;
   d. alla fine della giornata ci sono i commenti generali e una ballata.
3. **Le novelle**: storie di epoche e culture vicine e lontane, ma anche contemporanee all'autore. Qualche volta anche i protagonisti delle storie stesse raccontano a loro volta una storia.

● *La lingua e i temi principali*

Nel Decameron Boccaccio celebra **l'essere umano con le sue fragilità e le sue virtù**, tra cui emergono soprattutto **l'amore e l'intelligenza** in tutte le loro sfumature, positive e negative. C'è poi la costante presenza di **Natura** e **Fortuna**, le due forze principali che regolano i destini del mondo. La prima provoca desideri, bisogni e tensioni, l'altra spesso ostacola questi desideri con eventi improvvisi e inaspettati. A questo punto **intelligenza e strategia diventano fondamentali** per riprendere in mano il proprio destino. E tutto questo in una lingua agile, ricca e varia sia nella scelta delle parole che nella costruzione delle frasi. Una **lingua che ha assorbito e sviluppato la lezione dantesca**.

Giovanni Boccaccio

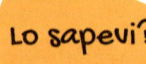

Certaldo 1313 – 1375

- Nasce dalla relazione tra un mercante, già sposato, e una donna di origini umili. Suo padre lo riconosce come figlio solo dopo vari anni. Da quel giorno Giovanni sarà accolto in famiglia. Le sue origini gli provocano per anni vergogna e sofferenza, e cerca per molto tempo di nasconderle.

- Passa la sua giovinezza alla corte di Napoli tra feste, amori e letteratura. Quando torna a Firenze, la sua vita diventa più disciplinata: comincia a studiare seriamente e a lavorare. Studia i classici latini e continua fino alla morte a dedicarsi allo studio e alla diffusione della "divina" *Commedia*.

- Quando ha quasi cinquant'anni ha una crisi esistenziale molto forte e decide di diventare chierico come Petrarca. Scrive un'opera estremamente misogina e lontanissima dal *Decameron*: il *Corbaccio*.

- Il padre di Petrarca conosce bene Dante e Francesco Petrarca probabilmente lo incontra più di una volta. Boccaccio non incontra mai Dante, ma visita la sua casa e incontra la figlia. Petrarca e Boccaccio invece diventano presto collaboratori e grandissimi amici.

PER CAPIRE

6. Completa la descrizione del *Decameron* con le parole mancanti.

La cornice

storie • Firenze • giornate • peste • ore

a. Dieci giovani, tre ragazzi e sette ragazze, decidono di andare via da _____ durante l'epidemia di _____ e si rifugiano in campagna.

b. Le _____ passano serene tra balli, canti e scherzi e nelle _____ più calde del pomeriggio il gruppo si riunisce per raccontarsi delle _____.

La struttura narrativa

campagna • personaggio • introduzione • storia • fine • novelle

c. Autore (Boccaccio): introduzione generale e commento finale.

d. Narratore di I grado (Boccaccio): _____ ad ogni giornata e narrazione della vita in _____ dei dieci giovani.

e. Narratori di II grado (il gruppo di giovani): racconto delle _____ e commenti alla _____ di ogni giornata.

f. Narratori di III grado (protagonisti delle novelle): a volte capita che il _____ di una novella racconti a sua volta una _____ .

I temi delle novelle

scherzo • fine • tema • scherzi • genere • salvarsi

libero • innamorati • ingegno • amori

g. Prima giornata: tema _____.

h. Seconda giornata: storie a lieto _____.

i. Terza giornata: uso dell'_____ per superare degli ostacoli.

l. Quarta giornata: _____ infelici.

m. Quinta giornata: felicità degli _____ dopo avventure o disavventure straordinarie.

n. Sesta giornata: risposte ingegnose per _____ da una situazione complicata o pericolosa.

o. Settima giornata: _____ fatti dalle donne ai loro mariti per amore o per salvarsi.

p. Ottava giornata: qualsiasi tipo di _____ fatto da una persona a un'altra.

q. Nona giornata: _____ libero.

r. Decima giornata: storie d'amore o di altro _____ vissute con gentilezza e generosità.

Manoscritto del *Decameron* del XV secolo.

7. Leggi i nomi delle sette ragazze e dei tre ragazzi del *Decameron*. Se fai una ricerca in rete noterai che sono tutti nomi con un significato specifico. Scegli quello che pensi ti rappresenti di più e spiega il perché a un tuo compagno o a una tua compagna.

Panfilo, Filomena, Neifile, Fiammetta, Pampinea, Emilia, Lauretta, Elissa, Dioneo, Filostrato

TANTO GENTILE E TANTO ONESTA PARE
tratto dalla *Vita Nova*

di Dante Alighieri

GUIDA ALLA LETTURA

1. Com'era Beatrice? Immagina le caratteristiche che secondo te potrebbero comparire anche nel sonetto.

   gentile • vivace • onesta • elegante • ironica • umile • originale • ultraterrena

2. Leggi il testo e <u>sottolinea</u> le qualità di Beatrice. Quali di queste avevi già trovato?

   a. Tanto gentile e tanto onesta pare
   la donna mia **quand'ella altrui saluta**,
   ch'ogne lingua deven **tremando** muta,
   e li occhi **no l'ardiscon** di guardare.

   b. **Ella si va**, sentendosi laudare,
   benignamente d'umiltà **vestuta**;
   e **par** che sia una cosa venuta
   da cielo in terra a **miracol** mostrare.

   c. **Mostrasi** sì piacente a chi la **mira**,
   che **dà** per li occhi una dolcezza **al core**,
   che **'ntender** no la può chi no la prova;

   d. e **par** che de la sua labbia* **si mova**
   un spirito **soave** pien d'amore,
   che **va dicendo** a l'anima: Sospira.

   * Dante qui dice "labbia" (labbra) ma secondo il codice stilnovistico e in generale lo stile poetico, spesso si usa una parte del corpo per indicarne una parte più ampia, in questo caso il viso o, per alcuni critici, l'intera persona.

3. Leggi di nuovo il testo e poi associa ogni parte del testo originale (a. / b. / c. / d.) alla parafrasi giusta.

   ☐ **Si mostra** così piena di bellezza (piacente) a chi la **osserva**, che **dona** (dà) attraverso i suoi occhi una dolcezza **al cuore**, che **comprendere** (intendere) non la può chi non la prova;

   ☐ Tanto distinta (onesta) e tanto nobile d'animo (gentile) appare la mia amata (donna mia) **quando lei saluta gli altri**, che ogni voce (lingua), **per il tremore** (tremando), diventa (diviene) muta, e gli occhi **non hanno il coraggio** di guardar**la**.

   ☐ e **sembra** (pare) che dal suo viso (dalle sue labbra) si diffonda (si muova) uno spirito **dolce** (soave) pieno di amore, che **suggerisce** (va dicendo) all'anima: Sospira.

   ☐ **Lei prosegue** (va avanti), sentendosi lodare, **vestita** di un'umiltà **che rivela la sua bontà** (benignamente); e **sembra** (pare) che sia una creatura (cosa) venuta dal cielo sulla terra a mostrare un **miracolo**.

PAOLO E FRANCESCA
tratto dalla *Commedia* (Canto V dell'Inferno, vv. 121-138)

di Dante Alighieri

GUIDA ALLA LETTURA

4. **Conosci la storia di Paolo e Francesca? È una storia vera, anche se alcuni aspetti sono avvolti nella leggenda. Lavora con una compagna o un compagno e prova a ricostruire la loro vicenda.**

   a. [1] Per questioni di interesse politico, i genitori della giovane Francesca da Polenta decidono di darla in sposa a Giovanni, detto "Gianciotto", della potente famiglia dei Malatesta, un uomo brutto, più vecchio di lei e con un pessimo carattere.

   b. [ ] Poco dopo Francesca scopre l'inganno, ma ormai è troppo tardi. E così va a vivere con il crudele Gianciotto e diventa presto madre di una figlia. La sua vita è una prigione.

   c. [4] Così Francesca si innamora subito del ragazzo di fronte a lei nella cerimonia e accetta di sposarsi.

   d. [ ] Quando Paolo va a trovare il fratello e vede la tristezza negli occhi di Francesca, si pente di averla ingannata e i due ragazzi si innamorano segretamente.

   e. [ ] In quel momento, nella stanza entra Gianciotto: sconvolto dal tradimento della moglie e del fratello, li uccide entrambi con violenza e senza pietà.

   f. [ ] Sapendo che la ragazza non avrebbe accettato quel matrimonio, le due famiglie decidono di ingannarla: alla cerimonia delle nozze non partecipa Gianciotto, ma il fratello minore Paolo, un ragazzo giovane, bellissimo e dai modi gentili.

   g. [ ] Quando si incontrano di nascosto, Paolo e Francesca leggono dei libri di storie d'amore "cortese". È il loro modo di stare insieme e di amarsi.

   h. [ ] Infatti la legge permette il matrimonio per procura, cioè la partecipazione alla cerimonia invece dello sposo di un'altra persona di fiducia che può firmare i documenti al posto suo.

   i. [ ] Un giorno, mentre stanno leggendo la storia dell'amore segreto tra la regina Ginevra e il cavaliere Lancillotto, la scena del bacio tra i due innamorati li emoziona e li coinvolge così profondamente che alla fine si baciano anche loro.

5. **Ora leggi le terzine in cui Francesca racconta come è nato l'amore con Paolo e inserisci le parole mancanti nella versione in prosa al posto giusto.**

l'origine • della bocca sorridente • nei momenti di tristezza
mi baciò • per divertimento • per più volte

3

E quella a me: "Nessun maggior dolore
che ricordarsi del tempo felice
ne la miseria; e **ciò sa 'l** tuo dottore.

Ma s'a conoscer la prima radice
del nostro amor tu hai **cotanto affetto**,
dirò come colui che piange e dice.

Noi leggiavamo un giorno per diletto
di Lancialotto **come amor lo strinse**;
soli eravamo e sanza alcun sospetto.

Per più fiate li occhi ci sospinse
quella lettura, e **scolorocci il viso**;
ma solo un punto fu quel che ci vinse.

Quando leggemmo il disïato riso
esser basciato da **cotanto amante**,
questi, che **mai da me non fia diviso**,

la bocca mi basciò tutto tremante.
Galeotto fu 'l libro e chi lo scrisse:
quel giorno più non vi leggemmo avante".

E quella [Francesca] mi rispose:
"Non c'è un dolore più grande
(maggiore) che ricordarsi del tempo felice
(1)_____ (miseria), e **questo** (ciò)
lo sa il tuo maestro (il tuo dottore, [Virgilio]).

Ma se hai **tanto a cuore** conoscere
(2)_____ del nostro amore te lo
dirò, ma parlerò piangendo (come chi piange e
parla contemporaneamente).

Noi un giorno stavamo leggendo,
(3)_____ (diletto), la storia di
Lancillotto e di **come si innamorò**; eravamo
soli e senza nessun sospetto [del nostro amore].

Quella lettura ci spinse (4)_____
a guardarci l'un l'altra e piano piano **ci ha fatto
diventare pallidi** in viso (ci ha scolorito il viso),
ma solo un punto fu quello che non ci fece più
resistere (ci vinse).

Quando leggemmo [la scena]
(5)_____ [di Ginevra] essere
baciata da **un simile amante** [Lancillotto]
questo [Paolo], **che non sarà mai più separato
da me**,

(6)_____ la bocca tutto tremante.
Galeotto* fu il libro e chi lo scrisse:
quel giorno non continuammo più a leggere."

* *nel box* Parole in viaggio *scoprirai di più su questa parola.*

6. **Ti ricordi in quale cerchio dell'Inferno sono Paolo e Francesca? Qual è la loro punizione? Lavora con una compagna o un compagno per rispondere a queste domande e poi verificate le vostre risposte con l'aiuto di Internet. Mi raccomando, selezionate bene le fonti che consultate online!**

ERANO I CAPEI D'ORO A L'AURA SPARSI
tratto dal *Canzoniere*

di Francesco Petrarca

GUIDA ALLA LETTURA

7. Il primo verso del sonetto è per convenzione il titolo: qual è secondo te la versione giusta nell'italiano di oggi?
   a. ☐ I capelli di Laura erano cosparsi di oro.
   b. ☐ I capelli d'oro erano sparsi al vento.

8. Leggi il sonetto: qual è il suo schema delle rime (schema metrico)? Scegli tra le opzioni date.
   a. ☐ ABAB ABAB CDC CDC
   b. ☐ ABBA ABBA CDE DCE
   c. ☐ ABCA ABCA DED EDE

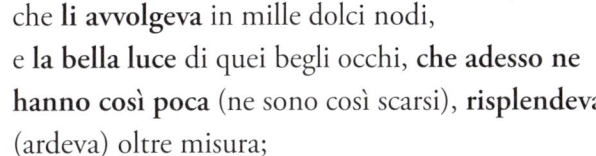

Erano i capei d'oro **a l'aura** sparsi
che 'n mille dolci nodi **gli avolgea**,
e 'l **vago lume** oltra misura **ardea**
di quei begli occhi, **ch'or ne son sì scarsi**;

e 'l viso **di pietosi color' farsi**
non so se vero o falso, mi parea:
i' che l'ésca amorosa al petto avea
qual meraviglia se **di subito arsi**?

Non era **l'andar suo** cosa mortale,
ma **d'angelica forma**; et le parole
sonavan altro, che pur voce humana.

Uno spirto celeste, un vivo sole
fu quel ch'i' vidi: et se non fosse or tale
piaga per allentar d'arco **non sana**.

I capelli d'oro erano sparsi **al vento** (all'aria)
che **li avvolgeva** in mille dolci nodi,
e **la bella luce** di quei begli occhi, **che adesso ne hanno così poca** (ne sono così scarsi), **risplendeva** (ardeva) oltre misura;

e **mi sembrava** (mi pareva) che il suo viso, **non so se veramente o per una mia illusione**, assumesse **un'espressione di pietà** (si colorasse di pietà):
che c'è da stupirsi (quale meraviglia c'è) se io, **che avevo nel petto la predisposizione ad amare** (l'esca amorosa), **bruciai** (arsi) **subito** di amore per lei?

Il suo camminare (il suo andare) non era quello di una creatura mortale (cosa mortale), ma era di **un angelo** (di forma angelica); e le sue parole **suonavano in modo diverso** da quello di una voce umana.

Quello che io vidi fu uno spirito del cielo (celeste), un sole vivo: **e se anche ora non fosse più così**, la ferita (piaga) **non guarisce** perché l'arco* si è allentato (per l'allentare dell'arco).

* da cui era partita la freccia (come per la tradizione classica fa il dio dell'amore Cupido per fare innamorare)

9. In questo sonetto Petrarca esprime un concetto importante sull'amore: "piaga per allentar d'arco non sana". Che cosa significa esattamente questo verso finale? Lavora con un compagno o una compagna e provate a spiegare con le vostre parole questo concetto sull'amore. Siete d'accordo? Riflettete insieme e provate poi a dare la vostra opinione.

TANCREDI E GHISMUNDA
tratto dal *Decameron*

di Giovanni Boccaccio

GUIDA ALLA LETTURA

10. Leggi la trama della novella. Quale parte vorresti come estratto da leggere?

   a. Il principe di Salerno, Tancredi, ha un legame molto stretto con la figlia Ghismunda e fa di tutto per tenerla accanto a sé.

   b. Alla fine la ragazza si sposa ma dopo poco il marito muore e così torna a casa dal padre. Non è felice di questo suo isolamento e vorrebbe innamorarsi di nuovo.

   c. E in effetti si innamora presto di Guiscardo, un giovane e bravo ragazzo a servizio del padre. Anche lui si innamora e i due cominciano a incontrarsi di nascosto di notte nella camera di Ghismunda.

   d. Purtroppo però una notte il padre arriva per i soliti saluti della buonanotte, ma la figlia non è in camera. Così si siede dietro il letto e si addormenta.

   e. Successivamente, la figlia arriva nella sua camera e poco dopo riceve come ogni notte il suo amato senza notare il padre addormentato. Tancredi si sveglia e scopre tutto, ma decide di non farsi vedere.

   f. Il giorno dopo arresta Guiscardo e lo chiude in una cella. Poi chiama la figlia e la accusa di aver fatto una cosa moralmente inaccettabile, ma soprattutto di aver scelto un uomo di classe sociale inferiore e quindi assolutamente non adatto a lei.

   g. Ghismunda allora fa un lungo discorso a suo padre in cui sostiene prima di tutto il suo diritto come essere umano ad amare e a provare di nuovo le sensazioni che aveva già conosciuto quando era sposata, e poi difende le doti di Guiscardo: la vera nobiltà non dipende dalla nascita, ma dal valore della persona. Alla fine conclude dicendo al padre che se lui ucciderà Guiscardo, anche lei si toglierà la vita.

   h. Dopo il discorso della figlia, la rabbia del padre è ancora più violenta: è sicuro che la figlia non si ucciderà e così decide di far ammazzare Guiscardo e di far portare il suo cuore in una coppa d'oro alla figlia con un biglietto crudele.

   i. Ghismunda, che già aveva capito le intenzioni del padre e aveva preparato il veleno per uccidersi, quando riceve la coppa con il cuore di Guiscardo, fa un ultimo discorso d'amore all'amato morto. Poi versa il veleno sul cuore di Guiscardo e beve dalla coppa. Si stende sul letto, avvicina il cuore dell'amato al suo e aspetta la morte.

   l. Il padre è avvertito dalla servitù del gesto della figlia e corre da lei ma ormai è troppo tardi. Prima di morire, Ghismunda chiede al padre di essere seppellita vicino al suo amato. Tancredi è pentito e disperato: accontenterà la figlia e seppellirà i due amanti nella stessa tomba.

   Ora leggi il testo: a quale parte del riassunto corrisponde? È la stessa che avevi scelto tu?

Egli è il vero[1] che io ho amato ed amo Guiscardo, e quanto io viverò, che sarà poco, l'amerò, e se **appresso**[2] la morte s'ama, non **mi rimarrò**[3] d'amarlo: ma a questo non m'indusse tanto la mia feminile fragilità, quanto **la tua poca sollecitudine del maritarmi e la vertú di lui**[4].

Esserti dovè, Tancredi, manifesto[5], essendo tu di carne, aver generata figliuola di carne e non di pietra o di ferro; e ricordarti dovevi e **dèi**[6], quantunque tu ora sii vecchio, **chenti**[7] e quali e con che forza vengano le leggi della giovanezza: e **come che**[8] tu, uomo, in parte ne' tuoi migliori anni **nell'armi esercitato ti sii**[9], non dovevi di meno conoscere quello che gli ozi e le dilicatezze possano ne' vecchi, **non che**[10] ne' giovani.

Sono adunque, sí come da te generata, di carne, e **sí poco vivuta**[11], che ancor son giovane, e per l'una cosa e per l'altra, piena di **concupiscibile disidèro**[12], al quale maravigliosissime forze hanne dato l'aver giá, per essere stata maritata, conosciuto qual piacer sia a cosí fatto disidèro dar compimento[13] […].

Guiscardo non per accidente tolsi[14], come molte fanno, ma con diliberato consiglio elessi innanzi ad ogni altro, e con **avveduto**[15] pensiero a me lo 'ntrodussi, e con **savia**[16] perseveranza di me e di lui **lungamente goduta sono del mio disio**[17]. […]

Dirai adunque che io con uomo di bassa condizion mi sia posta? Tu non dirai il vero: **ma per avventura se tu dicessi con povero**[18], con tua vergogna si potrebbe **concedere**[19], che cosí hai saputo un valente uomo tuo servidore mettere in buono stato; ma la povertá non toglie gentilezza ad alcuno, **ma sí avere**[20].

Molti re, molti gran prencipi furon giá poveri, e molti di quegli che la terra zappano e guardan le pecore giá ricchissimi furono, e **sonne**[21]. […] Or via, va' con le femine a spander le lagrime, ed **incrudelendo**[22], con un medesimo colpo e lui e me, se cosí ti par che meritato abbiamo, uccidi.

NOTE

1 È vero
2 dopo
3 smetterò
4 la tua poca voglia che io mi sposi e le virtù di Guiscardo
5 deve esserti chiaro, Tancredi, che...
6 devi
7 quanti
8 siccome
9 ti sei esercitato nelle armi
10 oltre che
11 così poco vissuta
12 desiderabile desiderio
13 (a questo mio desiderio) ha dato forze straordinarie il fatto che ho già conosciuto, essendo stata già sposata, quale piacere ci sia nel soddisfare questo mio desiderio
14 non presi Guiscardo per caso
15 attento e riflessivo
16 saggia
17 ho goduto a lungo del mio desiderio
18 ma se per caso tu dicessi (che mi sono messa) con un povero
19 ammettere
20 ma al contrario l'avere (il fatto di avere delle ricchezze)
21 sono
22 con crudeltà (diventando crudele)

11 . Ora prova anche tu a metterti nei panni di Ghismunda: ami una persona, ma la tua famiglia non è d'accordo. Scrivi una lettera in cui:
- confessi il tuo amore
- difendi il tuo diritto di amare chi vuoi
- descrivi la persona che ami, evidenziando le sue qualità e la bellezza del suo animo!

Connessioni

Per avvicinarti al mondo dei grandi del Trecento, ti consiglio tre film:
- *Decameron* di Pier Paolo Pasolini (1971).
- *Meraviglioso Boccaccio* di Vittorio e Paolo Taviani (2015).
- *Dante* di Pupi Avati (2022).

Tre figure femminili del trecento

BEATRICE PORTINARI: ICONA DELLO STILNOVO E GUIDA DELL'AMORE DANTESCO

Non tutti gli studiosi sono d'accordo sul fatto che sia proprio lei la Beatrice di Dante. Vive in realtà nella seconda metà del XIII secolo e appartiene alla ricca borghesia di Firenze. In casa tutti la chiamano Bice. È una ragazza bellissima molto più matura della sua età. A Firenze i suoi ammiratori sono tanti, ma sarà Dante a renderla una figura immortale con le sue opere, soprattutto dal Trecento in poi. I due però non avranno mai nessun tipo di relazione. Lei si sposerà con un uomo importante di Firenze e morirà pochi anni dopo, a soli 24 anni, probabilmente di parto.

CATERINA DA SIENA: SANTA, FILOSOFA E RIVOLUZIONARIA

Importantissima figura religiosa, politica e culturale, viaggia moltissimo e si impegna in tutti i modi per diffondere il suo messaggio di rinnovamento della Chiesa e della società.
Impara a leggere da sola, ma non saprà mai scrivere. Ecco perché le sue famose lettere, indirizzate a papi, re, regine e discepoli, sono tutte in realtà dettate a uno scrivano. La sua influenza sui personaggi importanti del Trecento è molto forte.
Nella sua vita ha molte visioni e rivelazioni divine e per questo è considerata una delle figure mistiche più importanti.
È Santa Caterina dal 1491.

ELEONORA D'ARBOREA: POLITICA E LEGISLATRICE MODERNA

Nasce in una famiglia molto potente, proprietaria di varie terre tra la Spagna e la Sardegna. Come tutte le donne dell'epoca non è coinvolta dal padre nei ruoli di governo, al contrario di suo fratello. Quando però il fratello muore, sale lei al potere per tutelare l'eredità al regno di suo figlio, che è ancora piccolo. Qui inizia la sua importantissima carriera come legislatrice, giudice e governatrice: scrive in volgare la famosa "Carta de logu", un documento così moderno nei contenuti che rimane valido in Sardegna, con poche modifiche, fino al XIX secolo!

> "E chi avesse voluto conoscere Amore, fare lo potea, mirando lo tremare de li occhi miei.
>
> **Dante** da *Vita nova* – XI

La QUESTIONE della LINGUA

La nascita della questione della lingua

Durante il suo esilio Dante compone molte opere. In una di queste, il **De vulgari eloquentia**, cioè (*il trattato*) *sulla lingua volgare*, spiega in lingua latina, la lingua ufficiale degli studiosi e dei letterati, perché il volgare debba essere la nuova lingua ufficiale della letteratura. Nasce così la **questione della lingua**, ovvero **un confronto continuo tra gli intellettuali italiani**, dal Trecento in poi, **su quale debba essere la lingua più adatta per comporre opere letterarie**. Nel suo trattato Dante spiega le varianti principali del volgare attraverso un'analisi approfondita dei vari dialetti della penisola italiana e cerca di stabilire le regole del volgare ideale. Questo volgare "illustre" deve, secondo lui, essere il simbolo di un'unità linguistica e culturale dell'Italia che, sostiene Dante, manca totalmente sul piano politico. La sua teorizzazione rimane però incompiuta. Infatti Dante ha iniziato a scrivere **un'altra opera letteraria, questa volta in volgare fiorentino, dove sperimenta una lingua più complessa rispetto a quella che ha teorizzato**. Una lingua con una forte base fiorentina, ma anche ricca di influenze dal latino e da altri dialetti e altre lingue. Una lingua che comprenderà tutti gli stili e i toni possibili. Dal più basso al più alto. **Una lingua totale, vivace e ricchissima: la lingua della *Commedia*.**

Tullio De Mauro, uno dei linguisti italiani più importanti, ha calcolato che il 15% delle parole in italiano contemporaneo sono state usate per la prima volta proprio nella *Commedia* di Dante! Questo significa che la lingua del Trecento è molto più simile a quella di oggi, a differenza di altre lingue nazionali europee. Questo perché l'enorme successo della *Commedia*, e in generale della figura di Dante sia come teorico della lingua sia come letterato, fa sì che il suo volgare fiorentino diventi un modello di partenza per tutti i letterati, da Petrarca e Boccaccio in poi.

Parole in viaggio

laureato / laureata letteralmente significa "incoronato / incoronata con la pianta dell'alloro". Un'abitudine nata nell'antica Roma per onorare con la pianta sacra al dio Apollo i poeti migliori, ma anche gli imperatori e i comandanti vincitori. Oggi i laureati e le laureate sono **le persone che concludono con successo il corso di studi universitari e ricevono documento ufficiale: la laurea**. Durante la cerimonia finale, ancora oggi molte ragazze e molti ragazzi decidono di indossare una corona di foglie di alloro.

galeotto oggi indica **qualcuno (o qualcosa) che favorisce la relazione d'amore tra due persone**. Questo significato è entrato nella lingua italiana grazie a Dante. Infatti, nella *Divina Commedia*, Francesca definisce Galeotto il libro (e anche il suo autore) che ha portato lei e Paolo a baciarsi proprio mentre stanno leggendo un brano in cui Lancillotto e Ginevra si baciano. Dante crea qui un gioco di parole e di equilibri tra realtà parallele: Galeotto, infatti, è la versione italiana del nome francese Galehault, l'amico di Lancillotto che nel libro aiuta il cavaliere a vivere in segreto la sua relazione con la regina Ginevra, moglie di Re Artù.

Un laureato con la sua corona d'alloro.

Il QUATTROCENTO

Mi chiedo...

Che cos'è l'*Umanesimo*?
Che cosa significa *Medioevo*?
Perché *Lorenzo de' Medici* è diventato così famoso?

L'INIZIO del RINASCIMENTO

> **NOTE**
>
> **svolta** cambiamento grande e importante
>
> **Medioevo** *medio evo*, cioè "epoca di mezzo"
>
> **Rinascita** questo processo comincia in realtà già alla fine del Trecento con i letterati che si riuniscono attorno a Petrarca e a Boccaccio

La definizione delle epoche

Il Quattrocento è il secolo dell'**Umanesimo**, un periodo di **grande svolta** per la **civiltà**. Crolla la concezione medievale della centralità di Dio. **Il cambiamento parte dall'Italia** già dalla seconda metà del Trecento. Si preparano le basi per l'inizio dell'**età moderna**, che per molti studiosi comincia ufficialmente nel 1492, anno della scoperta dell'America. Ma ovviamente questa è una data simbolica.

Una cosa è certa, **nel Quattrocento nasce tra gli studiosi italiani il concetto di Medioevo**: una lunga epoca considerata "buia" che inizia con la caduta dell'Impero Romano e finisce con l'Umanesimo. Gli intellettuali del Quattrocento considerano il loro periodo storico come una vera **Rinascita**. Ecco perché gli studiosi moderni hanno usato la parola **Rinascimento** per definire **tutto questo periodo, fino alla metà del Cinquecento**. In realtà il Medioevo rappresenta, soprattutto grazie agli studi più recenti, un'epoca ricca di profondi contenuti culturali e di grandi opere letterarie e artistiche.

L'Italia nel Quattrocento e la centralità di Firenze

Il Quattrocento è il **periodo delle grandi Signorie**, che in poco tempo **diventano veri e propri Stati regionali**. Queste potenti famiglie ci hanno lasciato in eredità splendidi palazzi e meravigliose opere d'arte che possiamo visitare ancora oggi. Qualche esempio? Gli Sforza a Milano, i Gonzaga a

Mantova, gli Estensi a Ferrara e i Montefeltro a Urbino.
Lo splendore artistico e architettonico caratterizza anche altre zone d'Italia: **le grandi Repubbliche**, come per esempio Venezia, Genova e Siena, dominate in realtà da **un gruppo di famiglie nobili**, il grande **Stato della Chiesa** nel centro Italia con la sua capitale a Roma, e infine il **regno degli Aragonesi** che comprende tutto il Sud Italia e ha la sua capitale a Napoli.

Firenze è già il centro culturale più vivo d'Italia e rimane una repubblica fino alla metà del Quattrocento.
Quando la famiglia de' Medici sale al potere, diventa **la capitale ufficiale dell'Umanesimo**. Alla corte di **Lorenzo de' Medici** lavorano i migliori architetti, artisti, letterati e filosofi del secolo. Lo chiamano tutti "**il Magnifico**" perché questo signore non è solo un mecenate, ma anche, come vedremo, un raffinato intellettuale. Grande merito della sua formazione culturale e della sua grandezza politica va sicuramente dato alla madre, **Lucrezia Tornabuoni**, anche lei talentuosa scrittrice e abile politica.

L'Italia nel Quattrocento.

• *Lo splendore isolato delle corti*

Nel Quattrocento si indebolisce lo spirito intraprendente della borghesia cittadina e cresce il desiderio di un potere stabile, tipico dell'aristocrazia. Si preferisce l'acquisto di nuove terre ai commerci. E così le ricchezze aumentano e le corti fioriscono, ognuna isolata nel proprio universo, dove si cerca di mettere in pratica gli ideali di bellezza, eleganza ed equilibrio del mondo classico. Si realizzano opere per un pubblico colto e ristretto. Si legge, si canta e si recita di fronte ai cortigiani e alle cortigiane. Si organizzano feste e spettacoli privati. I letterati e gli artisti viaggiano di corte in corte, mettendo il loro sapere e il loro talento a servizio di sovrane e sovrani. In questo modo le idee circolano e si diffondono, creando una profonda omogeneità culturale, anche se di nicchia. Tutto infatti accade soprattutto all'interno delle mura dei palazzi. Poco di tutto questo arriva al popolo.

NOTE

terre infatti si parla spesso per questo periodo di "rifeudalizzazione": un ritorno alla coltivazione dei terreni (feudi) come fonte di ricchezza
....
fioriscono dinventano sempre più ricche e potenti
....
di nicchia riservata a poche persone privilegiate

PER CAPIRE

1. **Indica se le frasi sono vere o false.**

   V F
   a. Il Quattrocento è un secolo di grande cambiamento che caratterizza tutta l'Europa. ☐ ☐
   b. Il Medioevo è per gli umanisti tutto il periodo che va dalla caduta dell'Impero romano all'Umanesimo. ☐ ☐
   c. Nel Quattrocento l'Italia è interamente composta da grandi Signorie. ☐ ☐
   d. Tutto il Sud Italia fa parte di un unico grande stato controllato dalla Chiesa. ☐ ☐
   e. Firenze può essere considerata la capitale ufficiale dell'Umanesimo. ☐ ☐
   f. Lucrezia Tornabuoni è stata una figura importante del Rinascimento. ☐ ☐
   g. Le opere letterarie di questo periodo hanno un pubblico molto ampio, che comprende larga parte del popolo. ☐ ☐

L'UMANESIMO

NOTE

si autodefiniscono definiscono sé stessi

classici i testi degli antichi Greci e Romani

centro dell'universo si parla in questo caso di *antropocentrismo*

Platone importante filosofo greco di epoca classica, studiato e preso come riferimento da molti umanisti

Neoplatonica che recupera la filosofia di Platone e di altri filosofi che hanno sviluppato la sua visione del mondo

pedagoghi educatori

stampa una delle prime stamperie è proprio a Venezia con Aldo Manuzio, il primo grande editore moderno della storia. Ne parleremo meglio nel prossimo capitolo

stampatori è importante ricordare che in questo periodo gli stampatori non stampano semplicemente i libri, ma sono spesso editori, cioè scelgono anche quali libri stampare

• L'essere umano al centro di tutto

Gli studiosi del Quattrocento **si autodefiniscono** "umanisti", cioè **studiosi delle *humanae litterae***. Le "umane lettere" sono gli studi letterari sul modello dei **classici** per educare **l'essere umano**, che ritrova di nuovo il suo posto al **centro dell'universo**. In questa ottica l'uomo e la donna dell'Umanesimo possono realizzarsi anche nella loro esistenza terrena, non solo nell'aldilà, come si pensava nel Medioevo. **La vita va vissuta e celebrata, senza sensi di colpa.** (1) ☐

Il destino non è già deciso e tutti possono affrontare la realtà usando intelligenza e conoscenza: letteratura, storia, filosofia e autori classici compongono la formazione culturale perfetta.

• I nuovi luoghi della cultura

Oltre alle grandi **corti** e alle **università**, la cultura umanista si sviluppa anche altrove. Vediamo in breve dove.

Accademie
Seguono il modello dell'Accademia di **Platone**. (2) ☐
Tra le più importanti c'è l'Accademia **Neoplatonica** di Firenze voluta da Lorenzo de' Medici.

Scuole umanistiche
Gli umanisti sono spesso anche insegnanti e sviluppano una visione didattica più moderna, che recupera in realtà il pensiero dei grandi **pedagoghi** antichi. Il percorso verso la conoscenza coinvolge tutti gli aspetti dell'essere umano: intellettivo, morale, fisico ed emotivo. In queste scuole si sviluppa la cosiddetta **pedagogia umanistica**, valida ancora oggi: protagonista del processo formativo non è più l'insegnante, ma chi impara.

Botteghe degli artisti
Realizzare dipinti e sculture non è più un mestiere da artigiani. L'artista è spesso anche una figura intellettuale. Le botteghe diventano quindi preziosi luoghi di nuove scoperte e dibattiti culturali. (3) ☐

Botteghe degli stampatori
In Germania verso la metà del secolo arriva… la **stampa**! Questa invenzione importantissima porterà a una grande rivoluzione culturale legata a una maggiore diffusione dei libri. Nascono anche in Italia numerose botteghe di **stampatori** dove molti studiosi si incontrano.

Biblioteche
Non sono più solo quelle dei grandi letterati o della Chiesa.
Diventano **pubbliche** e sono frequentate da molti umanisti.
(4) ☐

La lingua dei letterati

Il culto per la classicità porta i letterati a tornare, soprattutto nella **prima metà del secolo**, al **latino** come lingua ufficiale sia per le loro discussioni teoriche sia per la maggior parte delle loro opere. (5) ☐

Dalla seconda metà del secolo si torna però gradualmente al **volgare**. La Firenze di Lorenzo de' Medici guida il ritorno della lingua di Dante, Petrarca e Boccaccio, i tre grandi autori del Trecento. Ma la precedente ripresa del modello del latino classico porta nel fiorentino trecentesco una nuova complessità nella costruzione delle frasi e l'introduzione di molti latinismi. Inoltre gli scrittori umanisti amano sperimentare, elaborano nuove espressioni e mescolano diversi stili.

> **NOTE**
>
> **fiorentino** l'italiano parlato a Firenze
>
> **latinismi** parole latine usate nella lingua italiana

PER CAPIRE

2. Nei paragrafi precedenti mancano delle frasi (indicate da ☐). Leggi le informazioni qui sotto e prova a metterle nel paragrafo giusto.
   a. Non si tratta però del latino medievale, ma di quello classico, su modello di Cicerone per la prosa e di Virgilio e altri poeti del per la poesia.
   b. È giusto e sano creare una famiglia, essere felici e godere delle proprie ricchezze, perché sono la dimostrazione delle proprie qualità umane.
   c. Due esempi importanti sono la creazione della Biblioteca Laurenziana a Firenze e della Biblioteca Vaticana a Roma.
   d. Qui i pensatori si trovano per mangiare insieme (i famosi cenacoli), discutere e studiare.
   e. Un esempio? Filippo Brunelleschi, inventore della prospettiva e fondatore dell'architettura moderna!

La PROSA — I PRINCIPALI GENERI LETTERARI

Non esiste ancora la rigida codificazione (cioè un preciso sistema di regole) dei generi letterari, che arriverà solo nel Cinquecento. In generale, **gli scrittori del Quattrocento sperimentano molto**. Riprendono alcuni generi della classicità greca e romana, ripropongono modelli trecenteschi e creano nuove forme, ricorrendo anche alla cultura popolare.

> **NOTE**
>
> **cancelleria** l'ufficio del comune dove si scrivevano le lettere ufficiali e si curavano le relazioni diplomatiche della città

Epistole e trattati

Come abbiamo detto, **la lingua** della prosa umanistica è **soprattutto latina**, specialmente nel primo Quattrocento, e ha come centro culturale la cancelleria di Firenze. Bruni, Bracciolini, Salutati, Valla sono solo alcuni dei nomi fondamentali di questa prima fase così importante per la nascita del pensiero umanista.

NOTE

tesi la propria visione su un determinato argomento

alle sue spalle di nascosto, senza mostrarglielo

morale insegnamento su quale sia il comportamento giusto e quale quello sbagliato in una determinata situazione

In questo periodo aumenta la scrittura di **epistole**, cioè **lettere** che gli umanisti si mandano per **discutere dei temi più importanti** e promuovere le loro idee. Non sono però messaggi privati, ma testi a disposizione di tutti gli studiosi. Si discute soprattutto di filosofia, politica e storia.

Un altro genere molto diffuso è quello dei **trattati**: opere di studio che sviluppano un argomento particolare. Storia, filosofia, critica letteraria, filologia... Oggi li chiameremmo **saggi**.

Un particolare tipo di trattato, che riprende un modello tipico dei pensatori greci e latini, è il **dialogo**. È un testo dove diversi personaggi discutono su un tema specifico, ognuno con la propria tesi. Il cuore dell'Umanesimo è tutto qui: **la verità non è data dall'alto, ma si cerca insieme, attraverso il confronto e la discussione**. Tra i temi principali ci sono la dignità dell'essere umano, l'importanza della famiglia, del corpo e dei piaceri, l'imprevedibilità della Fortuna, ma anche la capacità umana di affrontarla.

• *Novelle*

Il **modello narrativo di Boccaccio in lingua volgare** è ripreso molto in questo secolo. Si continuano quindi a scrivere sia **raccolte di novelle**, con o senza cornice, sia **novelle singole**. Frequente è l'elemento della **beffa**, cioè uno scherzo fatto a uno dei personaggi del racconto con lo scopo di ridere alle sue spalle.

Novellino • MASUCCIO SALERNITANO

Una delle raccolte più importanti di novelle, in cui ogni racconto è dedicato a un diverso personaggio importante dell'epoca e si conclude con una morale. Una di queste novelle ha ispirato la composizione del *Romeo e Giulietta* di Shakespeare!

PER CAPIRE

3. Leggi la sintesi di queste opere e abbinale al titolo giusto.
   - ☐ *De voluptate* di Lorenzo Valla
   - ☐ *Novellino* di Masuccio Salernitano
   - ☐ *Historia florentina* di Poggio Bracciolini
   - ☐ *Fatum et fortuna* di Leon Battista Alberti

   a. L'autore esplora il concetto di destino e fortuna, discute su come questi elementi influenzino la vita umana e sottolinea l'importanza della virtù e della prudenza nell'affrontare le sfide della vita.
   b. L'autore sviluppa il concetto di piacere umano e la sua relazione con la moralità. Secondo lui il piacere è un elemento naturale e inevitabile nella vita umana.
   c. L'autore racconta la storia di Firenze dalla sua fondazione fino alla sua epoca, con un particolare focus sulle vicende politiche e sociali della città.
   d. Quest'opera contiene una serie di storie brevi che spaziano da temi amorosi a episodi umoristici e satirici. L'autore utilizza le sue novelle per esplorare le complesse dinamiche sociali e morali del suo tempo.

La POESIA

I PRINCIPALI GENERI LETTERARI

• *Poesia classica e poesia trecentesca*

Soprattutto nella prima metà del secolo si diffonde **la poesia in latino** sul modello dei grandi **poeti del periodo classico**, come Virgilio, Orazio e Ovidio. La poesia lirica **in volgare** invece preferisce **imitare i sonetti trecenteschi**, soprattutto di Petrarca, a volte con variazioni nello stile e nei temi. Resta infatti, come abbiamo detto, un atteggiamento diffuso di **sperimentalismo e mescolanza di stili** che si perderà nel Cinquecento. Molti poeti di questo periodo scrivono rime petrarchesche, compreso Lorenzo de' Medici.

• *Poesia bucolica e poesia popolare*

Un genere che riprende una tradizione classica è la **poesia** bucolica, chiamata anche "pastorale": infatti protagonisti sono la campagna, i pastori e le loro storie d'amore. Lo stile è a volte raffinato altre volte popolare. L'idea di base è dare a chi legge o ascolta una sensazione di **fuga in un mondo più semplice e puro**, fatto di natura e sentimenti, lontano dalle angosce della vita cittadina. Un importante autore di questo genere è stato il grande poeta latino Virgilio con le sue *Bucoliche*.

Arcadia • SANNAZZARO

Da questa ambientazione nasce un'opera nuova e moderna, in prosa e in versi (prosimetro) con le caratteristiche del romanzo autobiografico: il protagonista, Sincero, scappa dalla confusione di Napoli (la città dove vive anche l'autore), si rifugia in Arcadia e diventa un pastore. Amori, gelosie, rivalità e gare poetiche tra pastori sono raccontate in una lingua raffinata e colta. Sannazzaro segna con quest'opera l'inizio di un nuovo genere che si svilupperà nei secoli successivi.
Un altro genere nuovo è quello dei **Canti** carnascialeschi: il signore di Firenze ama molto le feste e organizza spesso anche eventi e manifestazioni aperte a tutto il popolo. Durante queste celebrazioni si canta, si balla e ci si maschera. E così nascono questi componimenti legati alle feste di Carnevale.
Questi canti sono accompagnati da musica, mentre le maschere dei personaggi presentati nel canto sfilano sui carri per le strade della città. Gli argomenti sono tantissimi: dal sesso alle virtù, dai mestieri all'astrologia, fino alla mitologia classica…

Trionfo di Bacco e Arianna • LORENZO DE' MEDICI

Lorenzo il Magnifico è il primo autore di questo genere poetico. Potrai leggere questo canto carnascialesco tra poco, nella parte dedicata ai testi.

NOTE

lirica poesia in cui il poeta esprime pensieri e sentimenti personali

bucolica che riguarda la vita di campagna

pastori uomini che curano le bestie, soprattutto pecore e capre

ascolta tutte queste opere erano spesso recitate con un accompagnamento musicale

Arcadia regione della Grecia antica simbolo di una civiltà che viveva in totale armonia con la natura

carnascialeschi da Carnasciale, cioè Carnevale in volgare fiorentino

ci si maschera si indossano una maschera e dei vestiti per diventare qualcos'altro o qualcun altro

sfilano sui carri si mostrano alla folla sopra grandi carri che si muovono per le vie principali e che si chiamano "trionfi"

NOTE

satirica relativo alla satira, genere nato nella letteratura latina in cui si scherza su temi, personaggi e abitudini della società

antimedicei contro la signoria dei de' Medici

• *Poesia burlesca*

Fuori dalle corti continua la tradizione della poesia burlesca, cioè comica e **satirica**: non c'è nessuna la ricerca di nobiltà, eleganza e armonia tipica della poesia cortigiana. La parodia di personaggi famosi e lo scherzo a volte volgare divertono le piazze e popolano le feste tradizionali di paese.

Sonetti • DOMENICO DI GIOVANNI

L'autore è chiamato da tutti **Burchiello**: la "burchia" è la barca che trasporta le merci, che di solito sono raccolte in modo caotico. Così come caotici sembrano i suoi versi, basati soprattutto **su giochi di parole e di suono**.
Burchiello è un uomo brillante e fa il barbiere: nel suo negozio si ritrova con i suoi amici, tutti **antimedicei** come lui. Dalle loro battute e chiacchierate nasce la sua raccolta di poesie, un'opera giocosa, ma anche profondamente legata all'attualità del tempo. Quest'opera di Burchiello ha subito un **grande successo**, tanto che si parla di un vero e proprio genere: la poesia "burchiellesca".

PER CAPIRE

4. Leggi questi brani originali del Quattrocento e indica il genere di opera per ognuno.

1.
Mentre che Amor con dilettoso inganno
nudria il mio cor ne le speranze prime,
la mente con pietose e dolci rime
mostrar cercava al mondo il nostro affanno.

2.
Rose spinose, e cavolo stantìo,
Sentenze vecchie, e sangue di bucato
Vennero in visione a un soldato,
Perch'egli avea bevuto vin restìo.

3.
Donne siam, come vedete
Fanciullette vaghe, e liete.
Noi ci andiam dando diletto,
Come s'usa il Carnasciale.

4.
Itene all'ombra degli ameni faggi,
Pasciute pecorelle, omai che 'l sole
Sul mezzo giorno indrizza i caldi raggi.

a. ☐ CANZONIERE (poesia trecentesca)
b. ☐ ARCADIA (poesia bucolica)
c. ☐ CANTO CARNASCIALESCO (poesia popolare)
d. ☐ RIME BURCHIELLESCHE (poesia comica)

- *Poesia narrativa*

Come abbiamo visto con Dante, quando la poesia è un lungo racconto in versi, parliamo di **poema**. Questo genere ha origini antichissime e può avere diversi scopi. Spesso l'obiettivo principale del letterato del Quattrocento è celebrare il proprio committente: in questo caso parliamo di poemi (o poemetti, se sono brevi) **encomiastici**.

Stanze per la giostra • POLIZIANO

Il titolo completo è più lungo; la "giostra" era una rappresentazione giocosa del torneo tra i cavalieri medievali. L'opera di Poliziano è un poemetto incompiuto composto per Giuliano de' Medici, il fratello di Lorenzo il Magnifico. Qui i membri della famiglia diventano **figure della mitologia classica** in un mondo ideale, dove l'amore è l'unico mezzo per avvicinarsi alla perfezione.

Il pubblico dei poemi e dei poemetti è quello limitato della corte. Le storie, oltre alla mitologia classica, possono ispirarsi ai racconti biblici della tradizione cristiana, oppure ai racconti cavallereschi della tradizione medievale.
In particolare hanno un grande successo i poemi che raccontano le imprese e gli amori dei cavalieri della corte di re Artù (ciclo bretone o arturiano) e dell'esercito di Carlo Magno (ciclo carolingio). Sono soprattutto due i **poemi cavallereschi** più importanti di questo periodo.

Orlando innamorato • MATTEO MARIA BOIARDO

L'opera racconta **l'amore** del cavaliere Orlando **per Angelica**.
I valori cavallereschi sono ripresi con entusiasmo e adattati a quelli della **società cortigiana**: Orlando è un eroe nobile e intelligente che sa affrontare gli ostacoli della Fortuna grazie alle sue qualità. Il suo amore non è "cortese", ma pieno di **gioiosa sensualità**. Anche la figura di Angelica è lontana dalle dame del Trecento. È una **donna reale**, capricciosa e appassionata, intelligente e determinata. Grande importanza hanno anche le **scene comiche** e l'**ironia** espressa in vari momenti dall'autore. Quest'opera ispirerà un altro importantissimo poema cavalleresco del Cinquecento, che vedremo nel prossimo capitolo.

NOTE

cavallereschi che raccontano storie di cavalieri

carolingio in questo periodo torna l'importanza delle crociate (le guerre della Chiesa cattolica contro i popoli di religione musulmana) per contrastare l'espansione dell'Impero Ottomano

NOTE

cantari cavallereschi racconti popolari in rima recitati nelle piazze da attori e musicisti girovaghi. Il ciclo carolingio e quello bretone si mescolano, gli eventi storici perdono importanza e si punta molto sull'effetto sorpresa, l'elemento fantastico e il lato comico

fiaba genere letterario antichissimo basato su un racconto in un passato lontano e non definito con personaggi ed eventi magici

Il Morgante • LUIGI PULCI

Il poema si ispira ai **cantari cavallereschi**. Lo scopo del poema è divertire la corte medicea e in particolare **la committente, Lucrezia Tornabuoni**, la madre di Lorenzo de' Medici. Il protagonista dell'opera è sempre Orlando che in una delle sue tante avventure incontra e vince in battaglia il terribile **gigante pagano Morgante**, che si converte al cristianesimo e diventa il suo bizzarro e fedele compagno: **fiaba**, avventura, comicità e assurdo si mescolano in un ritmo narrativo velocissimo e appassionante. Tuttavia, **nessun personaggio ha profondità psicologica**. La lingua imita quella dei cantari, ma esprime anche la varietà dei contenuti: un toscano parlato, ricco di espressioni dialettali e modi di dire, giochi di parole e di suono, latinismi e termini colti. Il *Morgante* ispirerà altre opere, tra cui uno dei poemi europei più importanti del Cinquecento: *Gargantua e Pantagruel*.

PER CAPIRE

5. Trova su Internet qualche informazione sui due poemi e poi osserva i personaggi: a quale opera appartengono?

ORLANDO INNAMORATO
☐ ☐

MORGANTE
☐ ☐

1 Il mezzo gigante Margutte

2 Il guerriero musulmano Ruggero

3 La cavaliera cristiana Bradamante

4 Il diavolo Astarotte

TRIONFO DI BACCO E ARIANNA
di Lorenzo de' Medici

GUIDA ALLA LETTURA

1. Come vedrai tra poco, nel testo sono presentati i personaggi che sfilano e ballano sul carro. Chi sono? Lavora insieme a una tua compagna o a un tuo compagno: trovate per ogni personaggio il disegno giusto e la descrizione corretta, come nell'esempio. Attenzione! C'è un disegno in più.

Bacco: **C** **2**   Arianna: ☐ ☐   Satiri: ☐ ☐   Ninfe: ☐ ☐
Sileno: ☐ ☐   Mida: ☐ ☐   *disegno in più*: ☐

a.

b.

c.

d.

e.

f.

g.

1. Dèi minori legati al dio Bacco. Vivono nei boschi e rappresentano la forza della natura e i piaceri del corpo.

2. Per gli antichi Romani è il dio del vino e dei piaceri. Gli antichi Greci lo chiamano Dioniso.

3. Re della mitologia classica greca, ossessionato dalla ricchezza: ottiene da Dioniso di poter trasformare in oro tutto quello che tocca.

4. Dee minori che vivono nei boschi insieme ai Satiri e sono legate agli elementi della natura, come fiumi, laghi ecc.

5. Per la mitologia classica è la principessa di Creta e la moglie di Bacco. Famosa soprattutto per la sua storia d'amore con Teseo, l'uccisore del Minotauro.

6. Antico dio del vino, esisteva già prima di Bacco.

2 Ora leggi il testo: i versi hanno tutti lo stesso numero di sillabe. Quante? Prova a leggere i primi quattro versi ad alta voce insieme a un tuo compagno o una tua compagna, fino a impararli a memoria. Ricorda, è una canzone! Il segreto quindi è trovare il ritmo.

	Parafrasi
Quant'è bella giovinezza, **che si fugge tuttavia!** Chi vuol esser **lieto**, sia: **di doman non c'è certezza.**	Com'è bella la giovinezza **che passa sempre (tuttavia) in fretta!** Chi vuole essere **felice**, sia felice: **non c'è nessuna certezza del futuro.**
Quest'è Bacco e Arianna, belli, e **l'un dell'altro ardenti:** perché 'l tempo fugge e inganna, sempre insieme **stan** contenti. Queste ninfe ed altre genti sono allegre tuttavia. Chi vuol esser lieto, sia: di doman non c'è certezza.	Questi sono Bacco e Arianna, belli e **innamorati uno dell'altra**: siccome il tempo passa in fretta e inganna, **stanno** sempre insieme e sono contenti. Queste ninfe e questi altri personaggi sono allegri tutto il tempo (tuttavia). Chi vuole essere felice, sia felice: non c'è nessuna certezza del futuro.
Questi lieti **satiretti**, delle ninfe innamorati, per caverne e per boschetti **han lor posto cento agguati; or da Bacco riscaldati, ballon, salton tuttavia.** Chi vuol esser lieto, sia: di doman non c'è certezza.	Questi **piccoli satiri**, innamorati delle ninfe, **si sono nascosti e poi hanno cercato di catturare le ninfe per cento volte** tra caverne e boschetti; **ora riscaldati dal vino di Bacco, ballano, e saltano in continuazione.** Chi vuole essere felice, sia felice: non c'è nessuna certezza del futuro.
Queste ninfe, **anche hanno caro da lor essere ingannate: non può fare a Amor riparo, se non gente rozze e ingrate;** ora insieme mescolate suonon, canton tuttavia. Chi vuol esser lieto, sia: di doman non c'è certezza.	Anche a queste ninfe **piace essere catturate: solo le persone rozze (senza cultura ed eleganza) e ingrate (che non sanno apprezzare e ringraziare per i piaceri della vita) possono trovare riparo dall'amore (evitare l'amore)**; ora tutte insieme suonano, cantano in continuazione. Chi vuole essere felice, sia felice: non c'è nessuna certezza del futuro.
Questa **soma**, che vien dietro sopra l'asino, è Sileno: così vecchio è **ebbro** e lieto, **già di carni e d'anni pieno;** se non può star **ritto**, almeno ride e gode tuttavia. Chi vuol esser lieto, sia: di doman non c'è certezza.	Questo **peso** (= corpo pesante), che sta arrivando dietro agli altri sopra l'asino, è Sileno: così vecchio è **ubriaco** e felice, **già pieno di cibo e di anni;** anche se non riesce a stare **in piedi**, ride e si diverte in continuazione. Chi vuole essere felice, sia felice: non c'è nessuna certezza del futuro.

Mida vien **drieto a costoro**: / ciò che tocca, oro diventa. / **E che giova aver tesoro, / s'altri poi non si contenta?** / Che dolcezza vuoi che senta / chi ha sete tuttavia? / Chi vuol esser lieto, sia: / di doman non c'è certezza.	Mida viene **dietro a questi**, / quello che tocca diventa oro. / **Quale vantaggio si ha ad essere ricchi se non si condivide quello che si ha con gli altri?** / Che dolcezza vuoi che senta chi ha sempre sete? / Chi vuole essere felice, sia felice: non c'è nessuna certezza del futuro.
Ciascun apra ben gli orecchi, / **di doman nessun si paschi;** / **oggi sian**, giovani e vecchi, / **lieti ognun**, femmine e maschi. / **Ogni tristo pensier caschi:** / facciam festa tuttavia. / Chi vuol esser lieto, sia: / di doman non c'è certezza.	Ognuno apra bene le orecchie, **nessuno si faccia illusioni sul futuro**; / siano **tutti**, giovani e vecchi, **felici** adesso, donne e uomini. / **Vadano via tutti i pensieri tristi**: facciamo festa tutto il tempo. / Chi vuole essere felice, sia felice: non c'è nessuna certezza del futuro.
Donne e giovinetti amanti, / viva Bacco e viva Amore! / Ciascun suoni, balli e canti! / **Arda di dolcezza il core!** / Non fatica, non dolore! / **Ciò c'ha a esser, convien sia.** / Chi vuol esser lieto, sia: / di doman non c'è certezza.	Donne e giovani amanti, / viva Bacco e viva Amore! / Ognuno suoni, balli e canti! / **Il cuore bruci di dolcezza!** / Nessuna fatica, nessun dolore! / **Quello che deve succedere, è meglio che succeda.** / Chi vuole essere felice, sia felice: non c'è nessuna certezza del futuro.

3. La struttura di questo canto si chiama *ballata* o *canzone a ballo*, cioè una canzone da ballare. Le sette strofe principali si chiamano *stanze* e poi c'è una strofa in più che si chiama *ritornello* o *ripresa*, perché si deve ripetere dopo ogni stanza. Riguarda il testo: qual è secondo te la *ripresa*?

4. Per questo canto carnascialesco Lorenzo de' Medici si è ispirato a una poesia del grande poeta latino Orazio in cui compare il famoso *carpe diem*: "cogli l'attimo", cioè "goditi il presente" (perché non sai che cosa succederà nel futuro). Quale coppia di versi in particolare riprende questo concetto? E tu, che cosa ne pensi? Scrivi un breve testo in cui spieghi che cosa significa per te *cogliere l'attimo* nella tua vita.

Lorenzo de' Medici

Firenze 1449 – 1492

- Sua madre, Lucrezia Tornabuoni, è una figura molto importante nella sua vita: lo educa fin da piccolo alla letteratura, all'arte e alla strategia politica. Grazie a lei arrivano a corte Botticelli, Poliziano e il grande filosofo Pico della Mirandola.

- La madre organizza il suo matrimonio con Clarice Orsini e in questo modo lega i Medici a una delle famiglie più potenti di Roma. Con la moglie Lorenzo avrà dieci figli e una vita serena, ma resterà per sempre legato al suo unico vero amore: Lucrezia Donati, a cui dedicherà il suo *Canzoniere*.

- Fonda il Giardino di San Marco, considerato da molti la prima vera accademia d'arte d'Europa. Qui raccoglie in poco tempo una splendida collezione di statue antiche. I giovani artisti che arrivano a corte possono così riunirsi, esercitarsi e imparare a dipingere e a scolpire.
Tra loro c'è il piccolo Michelangelo, che viene presto accolto in famiglia e vivrà infatti a Firenze, dai Medici, fino alla morte di Lorenzo.

- Nel 1478, Lorenzo e suo fratello Giuliano sono aggrediti durante una messa nella chiesa di Santa Maria del Fiore. Lorenzo sopravvive. Il fratello muore. È la famosa "Congiura dei Pazzi". I Pazzi erano una storica famiglia fiorentina, rivale dei Medici. Le due famiglie erano legate dal matrimonio tra Bianca, sorella di Lorenzo, e Guglielmo de' Pazzi.

- Dopo soli due anni dalla morte di Lorenzo, la famiglia de' Medici deve lasciare Firenze: il frate domenicano Girolamo Savonarola, uno dei predicatori più potenti e importanti della storia del cattolicesimo, convince i fiorentini a ristabilire la Repubblica. Ma non durerà. I discorsi in piazza e i trattati del frate contro la corruzione della Chiesa non piacciono al papa: dopo quattro anni Savonarola sarà arrestato, ucciso e poi bruciato in piazza.

Lo sapevi?

Connessioni

Se vuoi seguire la storia della famiglia più importante del Quattrocento, ti consiglio di guardare la serie televisiva italo-britannica *I Medici*, andata in onda dal 2016 al 2019.

E se vuoi scoprire meglio le storie dei cantari cavallereschi, vai a vedere uno dei meravigliosi spettacoli dei pupi siciliani!

Leonardo e Leon Battista: due esempi di intelligenza umanistica

Ci sono due figure che rappresentano perfettamente lo spirito del loro tempo: **Leonardo da Vinci**, uno degli uomini più geniali di tutti i tempi, e **Leon Battista Alberti**, l'umanista più colto del Quattrocento. Tutti e due hanno avuto un ruolo fondamentale nell'evoluzione della conoscenza, sviluppando e sperimentando nuove teorie in tante discipline diverse: **arte**, **architettura**, **ingegneria**, **matematica**, **scienza**... Tutti e due ci hanno lasciato tracce importanti della loro arte e del loro genio, che si possono ammirare ancora oggi. A te il compito di scoprirle! Puoi partire dal meraviglioso Cenacolo di Leonardo a Milano oppure andare a Mantova per visitare la splendida basilica di Sant'Andrea progettata da Alberti.

La famosa *Ultima Cena* di Leonardo da Vinci a Santa Maria delle Grazie di Milano.

L'esterno della basilica di S. Andrea progettata da Leon Battista Alberti.

Parole in viaggio

discipline umanistiche come abbiamo visto, durante l'Umanesimo si recupera lo studio del greco, del latino e di tutte le discipline promosse dagli educatori dell'antichità classica per formare l'essere umano perfetto. Oggi, in Italia, questa espressione indica **un percorso di studio che comprende principalmente la letteratura, la storia, la filosofia, le lingue classiche (greco e latino) e la storia dell'arte.**

La QUESTIONE della LINGUA

La nascita della filologia

L'interesse per i **testi antichi greci e latini**, iniziato verso la fine del Trecento, diventa nel Quattrocento una vera e propria disciplina, con le sue regole di ricerca, studio e interpretazione. Durante il Medioevo alcuni testi dell'antichità erano stati copiati e **ricopiati nei secoli dai frati**, gli unici a saper leggere e scrivere. Spesso, però, durante questo processo di trascrizione i testi venivano **modificati da chi li copiava**: non c'era rispetto per l'integrità dei contenuti: passato e presente si mischiavano e tutto era letto e interpretato attraverso la **visione medievale** della realtà. Il concetto di **prospettiva storica**, e quindi il rispetto per la distanza culturale e temporale tra il proprio presente e l'epoca del testo che si studia, si elabora in maniera approfondita solo nel Quattrocento: nasce la **filologia**, una disciplina fondamentale che ci ha fatto riscoprire tantissime opere immense del nostro passato.

L'ITALIA DEL QUATTROCENTO

1 *Milano*

Grazie alla Signoria dei **Visconti** e poi degli **Sforza**, è una città molto viva e produttiva. In particolare **Ludovico Sforza** detto "il **Moro**" ospita per molti anni **Leonardo da Vinci** che qui realizzerà importanti opere, tra cui il **Cenacolo** nella chiesa di Santa Maria delle Grazie.

LINEA DEL TEMPO di alcune delle opere italiane principali

Masuccio Salernitano
[Salerno 1410 – 1475]
1476 NOVELLINO
raccolta di novelle

Luigi Pulci
[Firenze 1432 – Padova 1484]
1478 e 1483 MORGANTE
poema cavalleresco comico

Lorenzo de' Medici
[Firenze 1449 – 1492]
1480/90 ca. I CANTI CARNASCIALESCHI
canzoni scherzose da cantare e ballare

Agnolo Poliziano
[Montepulciano 1454 – Firenze 1494]
1475-1578 STANZE PER LA GIOSTRA
poemetto incompiuto in onore di Giuliano de' Medici

Matteo Maria Boiardo
[Scandiano 1441 – 1494]
1483 ORLANDO INNAMORATO
poema cavalleresco

2 Venezia

Per secoli una delle repubbliche marinare più ricche e importanti, possiede gran parte delle coste dell'Adriatico.
Qui, grazie ad **Aldo Manuzio**, si sviluppa **una delle prime stamperie d'Italia**.

3 Mantova

La Signoria dei **Gonzaga** è molto potente e raffinata. Qui nascerà in questo secolo una delle **scuole umanistiche** più importanti d'Italia, fondata da **Vittorino da Feltre**, grande studioso e insegnante illuminato.

4 Ferrara

Qui la **corte Estense** è da tempo attiva culturalmente e accoglie in questo secolo molti umanisti, tra cui **Boiardo** che scriverà il suo **Orlando Innamorato** proprio per onorare il suo Signore Ippolito d'Este.

5 Firenze

È il centro più importante dell'**Umanesimo**, grazie alla presenza di letterati come **Poliziano**, **Pulci** e **Alberti** e artisti come **Donatello**, **Brunelleschi** e in seguito **Leonardo**, **Michelangelo** e **Raffaello**.

6 Urbino

La potente Signoria dei **Montefeltro** acquista ancora più prestigio culturale durante il governo di **Federico da Montefeltro**, che accoglie alla sua corte grandi letterati e artisti come **Raffaello** e **Piero della Francesca**.

7 Roma

Con il rientro del papa da Avignone, la **corte pontificia** cerca di promuovere il ritorno alla grandezza della città non solo politicamente, ma soprattutto sul piano culturale e artistico. Nascono la **Biblioteca Vaticana** e l'**Accademia Romana**, importanti centri di studio e recupero dei grandi classici greci e latini.

8 Napoli

La **corte aragonese** promuove i nuovi studi umanistici e li diffonde anche in Europa. Accoglie studiosi da tutto il mondo e crea l'importante **Accademia Pontina**, fondata appunto dal politico e umanista **Giovanni Pontano** e frequentata anche da **Sannazzaro**.

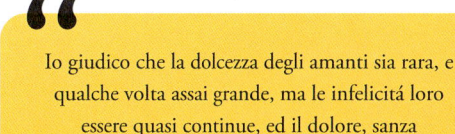

> *Io giudico che la dolcezza degli amanti sia rara, e qualche volta assai grande, ma le infelicità loro essere quasi continue, ed il dolore, sanza comparazione, maggiore.*
>
> **Lorenzo de' Medici** dal Comento sopra alcuni de' suoi sonetti

Jacopo Sannazaro
[Napoli 1456 circa – 1530]
1504 ARCADIA
romanzo pastorale

Domenico di Giovanni, detto il Burchiello
[Firenze, 1404 – Roma, 1449]
1553 RIME
raccolta di poesie divertenti, dette "alla burchia" perché apparentemente confusionarie

Il CINQUECENTO

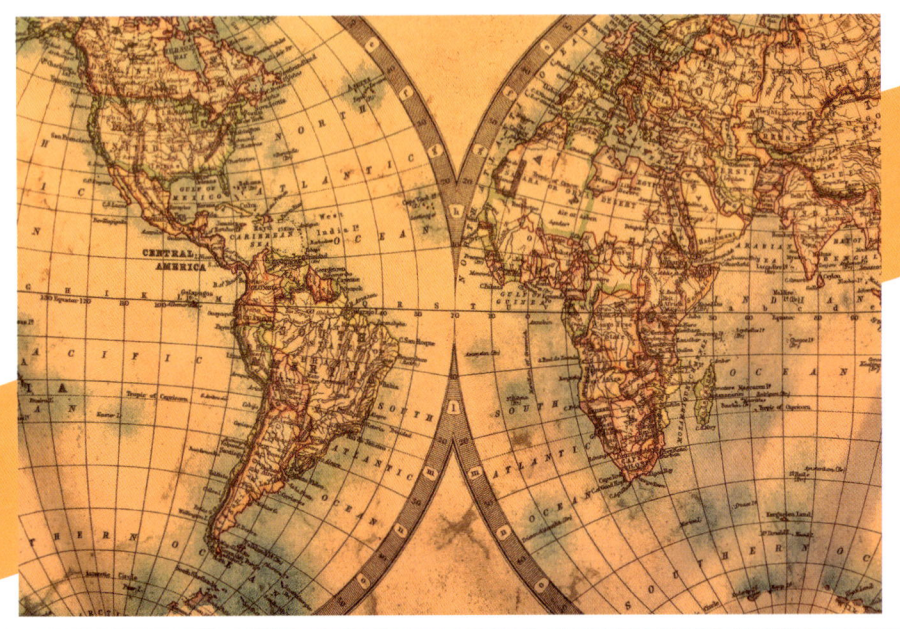

Mi chiedo…

Quali sono le caratteristiche del *Rinascimento*?
Che cos'è il *poema cavalleresco*?
Perché *Pietro Bembo* è così importante per la storia della lingua italiana?

Un SECOLO di CONTRASTI

NOTE

invasioni da *invadere*, cioè occupare con la forza una terra straniera

sacco (saccheggio) l'azione di rubare in massa e distruggere un centro abitato

Martin Lutero teologo tedesco che ha dato inizio alla Riforma della Chiesa cattolica, chiamata appunto Riforma luterana

anticlericali contro il clero e la Chiesa

L'Italia occupata e i nuovi Stati nazionali

Alla fine del Quattrocento **finisce il periodo italiano di pace ed equilibrio**: **Francia e Spagna** sono gli stati principali che **combattono per il dominio dell'Italia**. Il papa si oppone alle invasioni, ma con poco successo. Carlo V, re di Spagna e poi imperatore del Sacro Romano Impero Germanico, alla fine riesce a conquistare quasi tutto il Paese. Nel 1527, il suo esercito è protagonista del famoso sacco **di Roma**, che resterà nella memoria degli italiani come **uno degli eventi più terribili e sanguinosi** della storia della capitale. Intanto in Europa, oltre a **Francia** e **Spagna**, nascono altri due importanti stati nazionali: l'**Inghilterra** e l'**Olanda**.
Le guerre tra vecchie e nuove potenze caratterizzano tutta la seconda metà del secolo.

La Riforma protestante e la Controriforma

Nei primi anni del Cinquecento, in Germania il teologo Martin Lutero inizia a diffondere l'idea di una **cristianità diversa**, più vicina alle persone e **senza la mediazione del clero**, considerato ormai corrotto e lontano dal messaggio cristiano delle origini. Le sue idee, diffuse in poco tempo in tutta Europa grazie alla stampa, sono lo stimolo per la nascita di altri importanti movimenti anticlericali che promuovono la riforma della Chiesa. Per combatterli definitivamente il papa organizza verso la metà del secolo un evento che durerà anni e segnerà per secoli la storia e la cultura europea e americana: è il **Concilio di Trento**, una riunione dei membri più importanti del Cattolicesimo **per riformare dall'interno la Chiesa** e fissare i concetti chiave della dottrina cattolica. Tutti quelli che non rispetteranno le regole stabilite saranno puniti duramente. Questa reazione ai movimenti di riforma si chiama appunto **Controriforma** e segna l'inizio di una lunga e sanguinosa **guerra tra cattolici e** protestanti. Il nuovo organo di controllo ufficiale della Chiesa è il **tribunale dell'Inquisizione**, che ha lo scopo di far rispettare tutte le idee e le regole stabilite nel Concilio di Trento.

• *Nuove scoperte e nuove oppressioni*

Un altro aspetto molto importante di questo periodo sono le nuove scoperte geografiche e scientifiche. Infatti nel 1492 per la prima volta **un gruppo di europei guidati da Cristoforo Colombo raggiunge** senza saperlo **un nuovo mondo: il continente americano**. Questo evento è l'inizio di una nuova, **terribile fase per i popoli** nativi **americani**. La distruzione sistematica di quelle culture millenarie comincia qui. Dall'altro lato, per l'Europa queste nuove conquiste significano un aumento incredibile di risorse, ricchezza e potere. Il concetto di un "nuovo mondo" si può applicare in questo periodo anche alla scienza: **la teoria eliocentrica di Copernico** dimostra infatti che è il sole, e non la terra, al centro dell'universo conosciuto. Ma questa teoria va contro gli insegnamenti della Bibbia, e il tribunale dell'Inquisizione la combatte con durezza. È l'inizio del **conflitto tra Scienza e Fede**, che porta alla fine della libertà di pensiero, e che colpisce soprattutto personalità dell'arte, della filosofia e della letteratura.

NOTE

dottrina teoria

protestanti tutti i cristiani che promuovono una chiesa diversa da quella ufficiale

senza saperlo Cristoforo Colombo è convinto di essere arrivato sulla costa dell'Asia orientale

nativi locali, nati in quel luogo

risorse elementi naturali preziosi, come per esempio l'oro

PER CAPIRE

1. **Trova per ogni paragrafo le giuste espressioni chiave.**

   Carlo V • Inghilterra e Olanda • condanne pubbliche • invasioni in Italia • nativi americani
   Tribunale dell'Inquisizione • nuova scienza • Chiesa corrotta • movimenti anticlericali

   a. L'Italia occupata e i nuovi stati nazionali
   _____ _____ _____

   b. La Riforma protestante e la Controriforma
   _____ _____ _____

   c. Nuove scoperte e nuove oppressioni
   _____ _____ _____

Il RINASCIMENTO e la sua FINE

NOTE

Indice dei libri proibiti è rimasto ufficialmente attivo fino alla metà del Novecento!

cortigiane *honorate* erano le prostitute più famose e rispettate. Colte, libere e padrone del proprio mestiere; a Venezia avevano anche un catalogo ufficiale

streghe donne con poteri sovrannaturali (secondo la Chiesa dimostrano il loro legame con il diavolo)

arrestate messe in prigione

norma regola accettata da tutti

Gesuiti o *compagnia di Gesù*, fondata dal sacerdote e militare spagnolo Ignazio di Loyola

● *Dalla nascita dell'editoria all'Indice dei libri proibiti*

Come abbiamo visto nel capitolo precedente, l'**invenzione della stampa** in Europa avviene verso la metà del Quattrocento, grazie allo **stampatore tedesco Gutenberg**. In Italia si diffonde subito dopo, prima a Roma e poi a Venezia, dove, grazie allo **stampatore, editore e umanista Aldo Manuzio**, nasce l'oggetto libro come lo conosciamo oggi. Dopo il Concilio di Trento, la **Repubblica di Venezia** diventerà, insieme all'Olanda, uno dei centri più importanti per la **produzione e la diffusione in Europa dei libri vietati** dalla Chiesa e inseriti nell'**Indice dei libri proibiti**, una lista delle opere letterarie considerate contrarie alla morale cattolica. I libri proibiti sono sequestrati e poi modificati o bruciati in piazza: è la fine del pensiero umanista e dei suoi principi più profondi.

Johannes Gutenberg.

● *Dall'affermazione delle letterate all'arrivo dei Gesuiti*

La diffusione della cultura letteraria anche tra le donne, cominciata già nel periodo umanista, continua anche nella prima metà del Cinquecento. Cresce inoltre l'importanza della **figura della cortigiana**: una donna che **fa della sua sessualità** una professione, scegliendo liberamente i propri clienti. Le cortigiane sono anche musiciste e letterate, frequentano le Accademie e organizzano feste e cene esclusive. **Venezia** è senza dubbio la città più libera e viva in questo senso e infatti ospita le **cortigiane** *honorate* più importanti.

Questa libertà finisce con l'arrivo della Controriforma. **Molte donne** libere e intelligenti sono **accusate di essere delle streghe** e vengono **arrestate**, torturate e bruciate in piazza. E ugualmente sono **arrestate** tutte quelle persone che sono in qualche modo diverse dalla **norma**, e per questo considerate pericolose. Nasce così un ordine religioso che aiuta la Chiesa sia nel suo controllo della società, sia nella sua **riforma educativa e culturale**: la **compagnia dei Gesuiti**. Saranno loro ad occuparsi anche dell'imposizione violenta della religione cattolica e di tutte le sue regole di vita tra le popolazioni native del Nuovo Mondo.

La parabola del Rinascimento

Come tutte le altre arti, anche la letteratura nel corso del Cinquecento attraversa due fasi fondamentali. Nel **primo Cinquecento** i letterati vogliono stabilire **regole precise e modelli universali** per i vari generi, imitando i **classici** antichi e i grandi **del Trecento** così come già indicato dagli umanisti del Quattrocento. Ecco perché si parla di **classicismo rinascimentale**.
Nella **seconda metà del secolo**, l'arte e la letteratura tornano sotto il **controllo della Chiesa**, che stabilisce come devono essere le opere (di poesia, prosa e teatro), interpretando a suo vantaggio una grande opera classica: la *Poetica* **di Aristotele**, il trattato del grande filosofo greco. Le nuove regole, in sintesi, sono: l'**arte deve imitare la realtà** (quindi si dà meno spazio alla fantasia); lo scopo non è più celebrare l'essere umano, ma insegnargli a **rispettare la morale cattolica**. Si passa quindi dai principi umanisti del Rinascimento, espressi così bene dal poema cavalleresco di Ariosto, alle leggi severe della Controriforma rappresentate, come vedremo, dal poema eroico di Tasso.

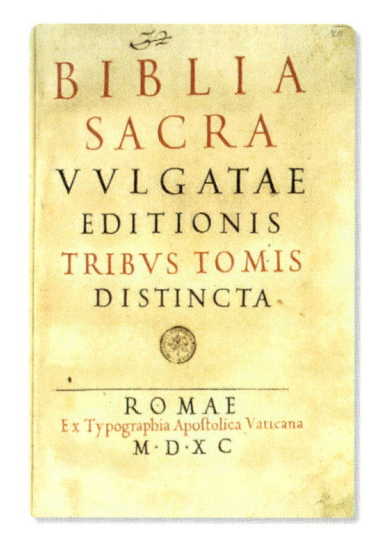

La Bibbia Vulgata, cioè tradotta in latino, fu approvata dalla Controriforma.

PER CAPIRE

2. Leggi e completa le frasi.

   donne • libro • classici antichi • cortigiana • Concilio di Trento
   Poetica di Aristotele • Germania • Compagnia dei Gesuiti

   a. La stampa in Europa è stata inventata in _____ da Gutenberg.
   b. Aldo Manuzio è l'inventore del _____ come lo conosciamo oggi.
   c. Dopo il _____, la Repubblica di Venezia diventerà una delle stamperie più importanti d'Europa.
   d. Nel Cinquecento continua la diffusione della letteratura tra le _____.
   e. La _____ è anche una musicista e una letterata, frequenta le Accademie e organizza feste.
   f. Nasce la _____, un ordine religioso che aiuta la Chiesa nel suo controllo della società e nella sua riforma culturale.
   g. Il classicismo rinascimentale stabilisce come modelli i _____ e i grandi del Trecento.
   h. Nella seconda metà del secolo, le regole e i modelli letterari si basano sulla _____.

La PROSA

I PRINCIPALI GENERI LETTERARI

Il Cinquecento è, come abbiamo visto, un secolo diviso a metà.
Nella prima parte si discutono le norme da seguire e si scelgono i modelli ufficiali della classicità e del Trecento: la letteratura è soprattutto un mezzo di divertimento e celebrazione dell'essere umano.
Nella seconda parte del secolo, invece, la Chiesa stabilisce la nuova funzione delle arti: celebrare la grandezza della religione cattolica e diffondere quanto più possibile i suoi insegnamenti.

Papa Pio V, uno dei protagonisti della Controriforma.

Il trattato

In questo secolo di grandi discussioni continua la tradizione del trattato, soprattutto in forma di **dialogo**. Ecco alcuni esempi importanti.

Lingua e letteratura

Le prose della volgar lingua • PIETRO BEMBO

L'autore racconta la **storia delle origini della lingua volgare** e propone il **modello del fiorentino trecentesco**, modello per tutte le opere letterarie dal Cinquecento in poi.

Comportamento sociale

Galateo • GIOVANNI DELLA CASA

L'autore cerca di stabilire **cosa sia giusto e che cosa sia sbagliato dire, fare e mostrare** nelle varie situazioni in società. Quest'opera, ben organizzata e piena di consigli pratici, diventa subito un vero best seller in tutta Europa.

Politica

Il Principe • NICCOLÒ MACHIAVELLI

Il vero titolo è *De principatibus*, cioè (trattato) "sui principati". Opera unica nel suo genere, è dedicata al nipote di Lorenzo il Magnifico, uno degli uomini più potenti d'Italia in quel momento. L'autore gli dà consigli su come conquistare e mantenere il potere politico. Una delle idee chiave del libro è la separazione tra la politica e la morale. Per la prima volta la **politica è descritta e analizzata in modo realistico** in ogni suo aspetto, senza l'idealizzazione tipica della tradizione classica.

● *Filosofia*

Dialoghi • GIORDANO BRUNO

Testi fondati su una **visione profondamente moderna** e innovativa della realtà e della spiritualità. Qualche piccolo cenno: **il nostro universo è solo uno degli infiniti universi possibili**; l'essere umano non è più il centro dell'universo, ma è una parte del tutto come ogni altro elemento della natura. Per queste e altre teorie fondamentali, nonostante Giordano Bruno fosse un ecclesiastico (era un frate dominicano), sarà arrestato e **condannato al rogo** in piazza Campo de' Fiori a Roma, il 17 febbraio 1600. Nel luogo della sua esecuzione c'è ora una statua che lo ricorda.

> **NOTE**
>
> rogo letteralmente: *incendio*. Era la condanna prevista dalla Chiesa per coloro che considerava eretici, streghe e infedeli. La persona veniva legata a un palo e alla base si accendeva un grande fuoco

PER CAPIRE

3. Trova per ogni citazione l'opera giusta.

   ☐ *Prose della volgar lingua*
   di Pietro Bembo

   ☐ *Il Principe*
   di Niccolò Machiavelli

   ☐ *Galateo*
   di Giovanni Della Casa

   ☐ *Dialoghi*
   di Giordano Bruno

   a. [...] io incomincerò da quello che per aventura potrebbe a molti parer frivolo: cioè quello che io stimo che si convenga di fare per potere, in comunicando et in usando con le genti, essere costumato e piacevole e di bella maniera:[...]
   b. Non bisogna dunque cercare, se estra il cielo sia loco, vacuo o tempo; perché uno è il loco generale, uno il spacio inmenso che chiamar possiamo liberamente vacuo.
   c. Che sí come i Romani due lingue aveano, una propria e naturale, e questa era la latina, l'altra straniera, e quella era la greca, cosí noi due favelle possediamo altresí, l'una propria e naturale e domestica, che è la volgare, istrana e non naturale l'altra, che è la latina.
   d. Tutti gli Stati, tutti i dominii che hanno avuto, e hanno imperio sopra gli uomini, sono stati e sono o Repubbliche o Principati.

La statua di Giordano Bruno in Campo de' Fiori, Roma.

La POESIA

I PRINCIPALI GENERI LETTERARI

> **NOTE**
>
> **circoli** gli ambienti letterari
>
> **conosciuti** Bembo, Della Casa, Ariosto, Tasso e altri autori importanti del Cinquecento compongono rime petrarchesche
>
> **mondana** legata a feste e altri divertimenti sociali

● *Lirica petrarchesca e oltre*

Grazie alle *Prose della volgar lingua* di Bembo, la **poesia lirica di Petrarca** si conferma come **l'unico vero modello** da seguire, con le sue regole e le sue strutture. La diffusione di quest'opera anche fuori dai circoli ufficiali porta in questo periodo a una vasta produzione di sonetti petrarcheschi. L'**amore raccontato però non è più solo quello di un uomo per una donna**, ma anche quello di una donna per un uomo, o di un uomo per un altro uomo. Nonostante le censure della Chiesa Cattolica, elementi di forte sensualità, malinconia e follia entrano sempre di più nel linguaggio poetico, preparando il terreno per lo stile barocco del Seicento.

Tra le poetesse e i poeti più interessanti di questo periodo, oltre ai più conosciuti, troviamo:

GASPARA STAMPA **una persona piena di talenti artistici.** Vive a Venezia **una vita libera**, sofisticata e mondana. Ha varie relazioni ma non si sposerà mai. Nei suoi sonetti racconta con passione e grande profondità psicologica **le sue relazioni sentimentali**, con uno sguardo particolare alle **gelosie, sofferenze e delusioni** d'amore. Analizzeremo un suo componimento nella parte dedicata ai testi.

VITTORIA COLONNA **una delle letterate e mecenati più influenti del Cinquecento.** Nel suo castello a Ischia si riuniscono le migliori personalità letterarie e artistiche, tra cui **Michelangelo**, che diventa presto **uno dei suoi amici più stretti**. Le sue poesie diventano subito un caso letterario. Bellissima quella dedicata al **marito** in guerra, in forma di lettera *"Excelso mio signore, questa ti scrivo…"*

MICHELANGELO BUONARROTI uno degli scultori più grandi di tutti i tempi. Oltre alle sue **immortali opere d'arte**, ci ha lasciato molti scritti, tra cui **vari sonetti** dedicati alla sua amica più stretta, **Vittoria Colonna**, e a uno dei suoi più grandi amori, il giovane **Tommaso de' Cavalieri**.

● *Il poema cavalleresco*

La tradizione della poesia narrativa ispirata ai **cantari cavallereschi** continua in questo inizio secolo con un testo che traduce perfettamente le regole del **classicismo bembiano** e diventa l'opera più famosa di questo genere.

L'Orlando furioso • LUDOVICO ARIOSTO

Poeta e **commediografo** tra i più grandi della letteratura italiana, rappresenta con le sue opere il Rinascimento del Cinquecento. Come **Boiardo** è al servizio della famiglia degli Estensi a Ferrara e **si ispira** per la sua opera **proprio all'***Orlando Innamorato*. Ariosto riprende la storia proprio da dove l'ha lasciata Boiardo. **Guerra, amore, avventura e magia si intrecciano in un labirinto narrativo pensato in ogni piccolo dettaglio**, con una forte presenza della voce dell'autore che, tra ironia, critica e riferimenti a fatti e personaggi dell'**attualità**, crea un **legame stretto con le sue lettrici e i suoi lettori**. Le principali tematiche del poema sono tre: **la guerra** tra saraceni (cioè musulmani) e cristiani, **l'amore folle di Orlando verso Angelica e l'unione tra la cavaliera cristiana Bradamante e il guerriero musulmano Ruggero**, che per amore diventerà cristiano e con la sua sposa **fonderà la casata** d'Este di Ferrara. Grazie alla stampa, la circolazione dell'opera va oltre la corte ferrarese e raggiunge un pubblico più ampio, diventando presto **un vero best seller** in tutte le corti d'Europa. Ne esploreremo le prime righe tra poco.

• Il poema eroico

Nella seconda metà del secolo invece si sviluppa un tipo diverso di poesia narrativa, dove la volontà della Chiesa e i **principi della poetica di Aristotele** sono applicati con grande attenzione: nasce il **poema eroico**.
Uno in particolare diventerà l'opera modello della Controriforma.

La Gerusalemme liberata • TORQUATO TASSO

Nella tradizione letteraria questo inquieto poeta e **drammaturgo** diventa **il grande antagonista di Ariosto**. Come lui al servizio della corte di Ferrara, **rappresenta** perfettamente **il doloroso passaggio tra il primo e il secondo Cinquecento**: è attratto dai valori del Rinascimento, ma deve anche seguire le nuove linee guida della Controriforma. In questo poema sceglie quindi di raccontare un **evento storico** fondamentale per la storia della Chiesa: la fase finale della **prima crociata** contro i musulmani per conquistare Gerusalemme. Siamo nel XI secolo e il protagonista, **Goffredo di Buglione**, è un eroe cristiano realmente esistito. La vicenda è molto complessa, ma l'autore cerca di non perdersi nelle tante storie parallele, conservando il più possibile unità e coerenza. **Tutto ruota attorno allo scontro tra cristiani e musulmani**: anche qui ci sono **storie d'amore**, come quella tra il cavaliere cristiano Tancredi e l'eroina musulmana Clorinda, che però finirà tragicamente. Come nell'*Orlando furioso*, si racconta l'**origine della dinastia degli Estensi**, con l'unione però tra l'eroe dell'esercito cristiano Rinaldo e la maga musulmana Armida. Come anche nel poeta di Ariosto, anche qui è presente l'elemento della **magia**, che però Tasso trasforma in uno **strumento in mano ad angeli e diavoli**, nel contesto dello scontro cristiano tra Bene e Male.

NOTE

commediografo autore di commedie

Boiardo vedi capitolo 3, pagina 45

attualità l'epoca a lui contemporanea

casata dinastia, famiglia

drammaturgo autore di drammi teatrali

antagonista avversario, in competizione

PER CAPIRE

4. Poesia lirica o poesia narrativa? Leggi i versi e indica il genere di poesia per ognuno.

Poesia lirica ☐ ☐   Poesia narrativa ☐ ☐

		parafrasi:
a.	Di tanto core è il generoso Orlando, / che non degna ferir gente che dorma. / Or questo e quando quel luogo cercando / va, per trovar de la sua donna l'orma.	Il generoso Orlando ha un cuore così generoso che non prende in considerazione di colpire con la spada le persone addormentate. / Va in giro a cercare ora in un luogo, ora in un altro per trovare un segno del passaggio della sua donna.
b.	Sol io ardendo all'ombra mi rimango, / quand'el sol de' suo razzi el mondo spoglia: / ogni altro per piacere, e io per doglia, / prostrato in terra, mi lamento e piango.	Resto solo io a bruciare all'ombra quando il sole spoglia il mondo dei suoi raggi, tutti gli altri per piacere, io per dolore, prostrato a terra mi lamento e piango.
c.	Scrivo sol per sfogar l'interna doglia, / ch'al cor mandar le luci al mondo sole; / e non per giunger luce al mio bel Sole, / al chiaro spirto, all'onorata spoglia.	Scrivo solo per sfogare la mia sofferenza, che il cuore è abituato a far conoscere al mondo; e non per aggiungere altra luce al mio bel sole, al famoso spirito, al corpo senza vita onorato.
d.	"Guerra e morte avrai" disse "io non rifiuto / darlati, se la cerchi" e ferma attende. / Non vuol Tancredi, che pedon veduto / ha il suo nemico, usar cavallo, e scende.	Lei (Clorinda) disse: "Avrai guerra e morte, non rifiuto di dartela se la cerchi", e attende ferma. Tancredi, che ha visto il suo nemico a piedi, non vuole usare il cavallo, e scende da cavallo.

TEATRO: le ORIGINI

I PRINCIPALI GENERI LETTERARI

In questo periodo si sviluppano tre tipi di teatro:
- il **teatro religioso** che diventa un vero e proprio genere, cioè la **sacra rappresentazione**;
- il **teatro delle feste**, in particolare quelle del **carnevale**, che porta nei palazzi e nelle piazze **spettacoli recitati con musica e danze**;
- il **teatro** che segue il **modello classico** dei grandi autori greci e latini, con **commedie, tragedie e drammi pastorali**: ogni testo teatrale sarà formato da un **prologo** (introduzione), e **cinque atti** (cinque parti della storia), sempre in accordo con i principi aristotelici.

Nascono proprio in questo secolo le **caratteristiche del teatro moderno**.

La commedia

Il genere più popolare del primo Cinquecento è la commedia.
Ecco alcuni importanti esempi:

Mandragola • NICCOLÒ MACHIAVELLI

Ambientata a **Firenze**, è considerata una delle opere teatrali più interessanti del teatro moderno; è una **satira potentissima della società del Cinquecento**, attraverso una storia di inganni, travestimenti ed equivoci tipici della commedia classica.

La cortigiana • PIETRO ARETINO

Uno dei poeti e commediografi anticlassicisti più importanti di questo periodo. In questa commedia racconta una **Roma corrotta e schiava dei piaceri**. I dialoghi sono vivaci e incentrati sull'erotismo, come molte delle sue opere.

Un altro commediografo (e attore) importante dell'anticlassicismo cinquecentesco è Angelo Beolco, conosciuto da tutti come **Ruzante**, nome di un **personaggio presente in tutte le sue commedie**: un contadino della campagna padovana. Sarà lui stesso a interpretare quasi sempre questo ruolo.
La lingua delle sue opere non è quella bembiana, ma è il **dialetto padovano**.

Il dramma pastorale

Nel secondo Cinquecento si sviluppa un nuovo genere ispirato alla **tradizione classica della poesia bucolica**: si chiama **favola o dramma pastorale** e mette in scena storie d'amore tra pastori e ninfe che hanno sempre un lieto fine. La **corte di Ferrara** è al centro della produzione anche di questo genere e infatti la favola pastorale più famosa è:

Aminta • TORQUATO TASSO

L'amore tra il pastore Aminta e la ninfa Silvia è attraversato da momenti di grande dolore e profonda tragicità, chiaro segno del tramonto imminente del Rinascimento.

> **NOTE**
>
> **anticlassicisti** scrittori che si ribellano ai modelli imposti dal classicismo letterario del Cinquecento
>
> **lieto fine** una fine allegra, una conclusione positiva
>
> **imminente** che sta per arrivare

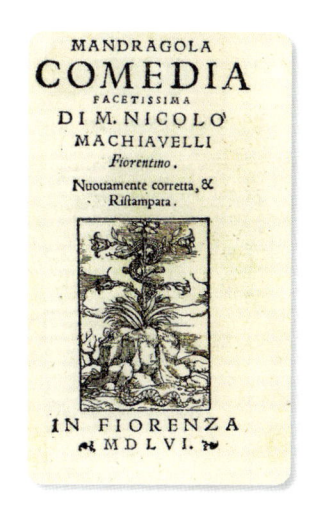

Copertina della prima stampa della Mandragora.

PER CAPIRE

5 • Leggi le affermazioni e indica se sono vere o false.

	V	F
a. Il teatro delle feste si svolge solo all'interno dei palazzi della Signoria.	☐	☐
b. Il teatro che si ispira ai modelli classici greci e latini segue le regole di Aristotele.	☐	☐
c. La *Mandragola* è un'opera ambientata nell'antica Roma.	☐	☐
d. *La cortigiana* è una commedia che racconta la grandezza e la nobiltà dell'aristocrazia romana.	☐	☐
e. Ruzante è un contadino padovano, protagonista di quasi tutte le opere del suo creatore.	☐	☐
f. Il dramma pastorale è un nuovo genere teatrale che racconta storie d'amore di ambientazione bucolica.	☐	☐

RIME
di Gaspara Stampa

GUIDA ALLA LETTURA

1. Stai per leggere un sonetto (due quartine e due terzine) che parla di amore. In particolare, che cosa racconta la prima quartina? E la seconda? Indica l'argomento giusto per ogni sezione. Attenzione: due argomenti si ripetono e c'è un argomento in più!

> 1. descrizione dell'amato • 2. sofferenza della poetessa • 3. incontro tra gli innamorati

a. ☐ Chi vuol conoscer, donne, il mio signore,
miri un signor di vago e dolce aspetto,
giovane d'anni e vecchio d'intelletto,
imagin de la gloria e del valore:

b. ☐ di pelo biondo, e di vivo colore,
di persona alta e spazioso petto,
e finalmente in ogni opra perfetto,
fuor ch'un poco (oimè lassa!) empio in amore.

c. ☐ E chi vuol poi conoscer me, rimiri
una donna in effetti ed in sembiante
imagin de la morte e de' martiri,

d. ☐ un albergo di fé salda e costante,
una, che, perché pianga, arda e sospiri,
non fa pietoso il suo crudel amante.

2. Ora rileggi il testo e prova a inserire i pezzi mancanti della parafrasi al posto giusto.

> 1. nella sostanza e nell'apparenza • 2. capelli biondi e di un vivo colore • 3. non rende compassionevole
> 4. e infine perfetto in ogni cosa • 5. guardate un signore di bello e dolce aspetto,

PARAFRASI

Donne, se volete conoscere il mio signore,
(a) ☐,
giovane di anni e vecchio di intelletto,
immagine della gloria e del valore:

(b) ☐,
persona alta e con uno spazioso petto,
(c) ☐,
tranne che un po' (povera me!) crudele in amore.

E chi vuole poi conoscere me, guardi bene
una donna (d) ☐
immagine della morte e delle grandi sofferenze,

un albergo di fede salda e costante,
una che, nonostante pianga, bruci e sospiri,
(e) ☐ il suo crudele amante.

3. La poesia lirica era per le scrittrici e gli scrittori del Rinascimento come un diario personale di oggi. Il poeta o la poetessa confidava alla pagina tutti i suoi sentimenti, i suoi desideri, le sue speranze e i suoi dolori. Prova a immaginare di essere Gaspara Stampa nel XXI secolo e trasforma liberamente la poesia che hai letto in una pagina di diario di oggi.

_____
_____
_____
_____
_____
_____
_____
_____
_____
_____

Lo sapevi?

Gaspara Stampa

Padova 1523 – Venezia 1554

- Il suo amore più importante è per Collaltino di Collalto, un nobile cavaliere spesso in viaggio, che alla fine la lascia. Molti dei suoi versi sono dedicati a questo amore sofferto, alle attese infinite del suo amato e poi alla delusione per la fine della loro storia.

- Entra nell'Accademia dei Dubbiosi a Venezia, un luogo di studio, incontro e condivisione tra letterati. Come da tradizione, deve avere un nome pastorale per essere ammessa: sceglie Anassilla, da Anaxum, il nome latino del fiume Piave, che bagna il feudo del suo ex amore Collaltino.

- Tutte le sue poesie sono pubblicate solo dopo la sua morte, che arriva per una febbre improvvisa quando ha solo 31 anni.
L'edizione delle *Rime* è curata dalla sorella Cassandra e diventa subito un grande successo. La dedica originale voluta da Gaspara era per Collaltino di Collalto, anche se la sorella dedicherà l'opera a Giovanni della Casa, il famoso autore del Galateo.

Ritratto di Gaspara Stampa in una stampa dell'Ottocento.

L'ORLANDO FURIOSO
di Ludovico Ariosto

GUIDA ALLA LETTURA

4. Leggi le presentazioni e associale ai personaggi principali del poema.

☐ ORLANDO   e. AGRAMANTE   ☐ ANGELICA

☐ BRADAMANTE   ☐ RUGGERO   ☐ MEDORO

a. Sono un cavaliere saraceno, ma mi innamorerò di Bradamante, una coraggiosa cavaliera dell'esercito di Carlo Magno: per lei abbandonerò il mio esercito e diventerò cristiano!

b. Sono la principessa del Catai. Sono molto desiderata, ma a me non piace essere comandata da un uomo e non voglio sposarmi con nessuno!

c. Sono un soldato semplice dell'esercito saraceno, ma sono anche l'unica persona che riuscirà a conquistare l'amore di Angelica!

d. Sono il nipote del re e uno dei suoi paladini più fedeli. Sono innamorato di una principessa che mi sta facendo impazzire!

e. Sono il potente re saraceno d'Africa e con i miei alleati combatterò l'esercito di Carlo Magno!

f. Sono una paladina di Francia e sono molto coraggiosa. Il mio cuore sarà conquistato da un soldato saraceno. Con lui creerò una nuova dinastia: la famiglia d'Este!

5. La parte che stai per leggere è il *proemio* dell'opera, cioè la parte introduttiva. Questi primi versi servivano nell'antica Grecia per descrivere l'argomento della storia e per pregare le Muse (le divinità delle arti e della musica). Qui al posto della preghiera alle Muse c'è un riferimento alla donna amata e poi c'è la dedica ("quest'opera è stata scritta per…") al proprio signore.
Leggi il testo e trova per ogni sua parte la parafrasi corrispondente.

a. ☐
Le donne, i cavallier, l'arme, gli amori,
le cortesie, l'audaci imprese io canto,
che furo al tempo che passaro i Mori
d'Africa il mare, e in Francia nocquer tanto,
seguendo l'ire e i giovenil furori
d'Agramante lor re, che si diè vanto
di vendicar la morte di Troiano
sopra re Carlo imperator romano.

b. ☐
Dirò d'Orlando in un medesmo tratto
cosa non detta in prosa mai né in rima:
che per amor venne in furore e matto,
d'uom che sì saggio era stimato prima;
se da colei che tal quasi m'ha fatto,
che 'l poco ingegno ad or ad or mi lima,
me ne sarà però tanto concesso,
che mi basti a finir quanto ho promesso.

c. ☐
Piacciavi, generosa Erculea prole,
ornamento e splendor del secol nostro,
Ippolito, aggradir questo che vuole
e darvi sol può l'umil servo vostro.
Quel ch'io vi debbo, posso di parole
pagare in parte e d'opera d'inchiostro;
né che poco io vi dia da imputar sono,
che quanto io posso dar, tutto vi dono.

d. ☐
Voi sentirete fra i piú degni eroi,
che nominar con laude m'apparecchio,
ricordar quel Ruggier, che fu di voi
e de' vostri avi illustri il ceppo vecchio.
L'alto valore e' chiari gesti suoi
vi farò udir, se voi mi date orecchio,
e vostri alti pensier cedino un poco,
sí che tra lor miei versi abbiano loco.

Parafrasi 1
Tu, Ippolito d'Este, troverai tra gli eroi più nobili del poema quel Ruggero che è stato il capostipite (il primo membro) della tua famiglia; ti parlerò del suo valore e delle sue imprese, a condizione che tu voglia ascoltarmi e trovare po' di spazio tra i tuoi pensieri per i miei versi.

Parafrasi 2
Generoso figlio di Ercole, splendore del nostro secolo, accetta ti prego il poema come l'unico regalo posso farti come tuo servo. Posso ripagare solo in parte con le mie parole e con la mia opera il debito che ho verso di te. Nessuno può accusarmi di darti poco, perché ti do tutto quello che posso!

Parafrasi 3
Parlerò di amori, guerre e avventure cavalleresche, quando i mori d'Africa hanno attraversato il mare fino in Francia per seguire la rabbia del giovane re Agramante che voleva vendicare la morte di suo padre Troiano, ucciso dall'imperatore Carlo Magno.

Parafrasi 4
Racconterò su Orlando qualcosa che nessuno ha mai detto: che è impazzito per amore, proprio lui che tutti consideravano un uomo saggio; però potrò farlo solo se la mia amata, che mi sta facendo impazzire, mi lascerà almeno un po' di intelligenza per finire il mio racconto.

6. Se vuoi avvicinarti a questa complessa ma bellissima opera di Ariosto, puoi leggere *Orlando furioso di Ludovico Ariosto raccontato da Italo Calvino* un libro scritto, appunto, da Italo Calvino, uno degli scrittori più grandi e interessanti del Novecento, con lo scopo di avvicinarci a uno dei poemi più importanti della letteratura di tutti i tempi. Buona lettura!

Lo sapevi?

Ludovico Ariosto

Reggio Emilia 1474 – Ferrara 1533

- Come molti scrittori del tempo, per avere una sicurezza economica accetta anche una carica religiosa che lo obbliga al celibato (non può sposarsi né avere relazioni). Nonostante questo, avrà varie amanti, due figli e alla fine si sposerà in segreto con il suo amore più grande: Alessandra Benucci, già moglie in passato di un suo amico.

- Nell'*Orlando Furioso* si trovano moltissimi riferimenti ai viaggi degli esploratori nel Rinascimento. Per esempio, quando Astolfo va sulla Luna alla ricerca del senno (cioè della ragione) che il suo amico Orlando ha perso per amore: sono molte le somiglianze con i racconti di viaggio di Colombo nel Nuovo Continente.

- La sua carriera di commediografo è molto importante e infatti verso la fine della sua vita diventa anche direttore del primo teatro stabile d'Europa, fatto costruire da Alfonso d'Este a Ferrara. Purtroppo, pochi anni dopo, il teatro viene completamente distrutto da un incendio. È un grande trauma per il poeta, che è già molto malato. Morirà poco dopo.

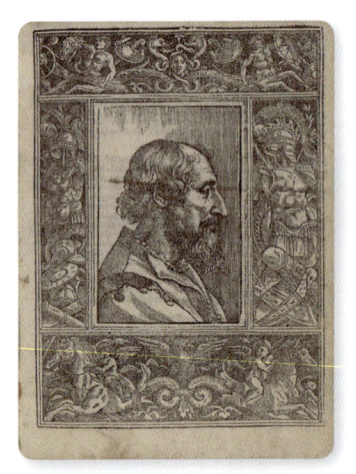

Ritratto di Ludovico Ariosto nell'edizione del *Furioso* del 1532.

LA GERUSALEMME LIBERATA
di Torquato Tasso

GUIDA ALLA LETTURA

7. Stai per leggere la prima parte del proemio di un poema eroico. A differenza del poema cavalleresco, qui i personaggi, i luoghi e gli eventi hanno un preciso contesto storico, la struttura è più unitaria e il vero scopo dell'autore non è divertire il suo pubblico, ma mostrargli i valori fondamentali della religione cattolica. Prova a mettere nell'ordine giusto le parti mancanti della trama.

   a. Duelli, inganni, magie e storie d'amore impossibili animano lo scontro tra i due eserciti: Tancredi per esempio ama Clorinda, ma la loro storia finirà tragicamente.

   b. Dopo varie avventure, disavventure e colpi di scena, la battaglia è alla fine vinta dai cristiani. Goffredo e il suo esercito trionfano a Gerusalemme.

   c. Nel proemio l'autore espone l'argomento del poema, invoca la Musa e poi dedica l'opera ad Alfonso II d'Este, il suo signore.

   d. L'angelo Gabriele, mandato da Dio, gli dice di prendere il comando dell'esercito e conquistare Gerusalemme.

   1. ☐ • 2. Siamo alla fine dell'XI secolo, durante la prima crociata. Il protagonista della storia è Goffredo di Buglione, un coraggioso cavaliere dell'esercito cristiano. • 3. ☐ • 4. L'esercito cristiano accetta Goffredo come capo e va a Gerusalemme. • 5. Inizia la battaglia: i cavalieri più coraggiosi tra i cristiani sono Rinaldo e Tancredi, tra i musulmani Clorinda e Argante. • 6. ☐ • 7. Un altro amore è quello tra Rinaldo e la maga pagana Armida, che alla fine per amore si converte al cristianesimo e si unisce al suo innamorato: nasce la casata d'Este. • 8. ☐

8. Leggi il testo del proemio e trova per ogni strofa la descrizione di cosa fa l'autore.

		Parafrasi
a.	Canto l'arme pietose e 'l capitano che 'l gran sepolcro liberò di Cristo. **Molto egli oprò co 'l senno e con la mano,** molto soffrí nel glorioso acquisto; e **in van l'Inferno vi s'oppose**, e in vano s'armò d'Asia e di Libia il popol misto. Il Ciel gli diè favore, **e sotto a i santi segni ridusse i suoi compagni erranti.**	Canto le imprese religiose e il condottiero [Goffredo di Buglione] che liberò il Santo Sepolcro di Cristo. **Lui agì con la ragione e con la forza,** soffrì molto durante le sue conquiste gloriose; l'**Inferno cercò invano di opporsi** e il popolo misto di Asia e Africa prese le armi invano. Il Cielo gli diede il suo favore e **lui ricondusse sotto il simbolo della Croce i compagni che avevano perso la fede.**

segue ▶

b.
O Musa, **tu che di caduchi allori
non circondi la fronte in Elicona**,
ma su nel cielo infra i beati cori
hai di stelle immortali aurea corona,
tu spira al petto mio celesti ardori,
tu rischiara il mio canto, e tu perdona
**s'intesso fregi al ver, s'adorno in parte
d'altri diletti**, che de' tuoi, le carte.

O Musa, **tu che sul monte Elicona non circondi la tua fronte con l'alloro che ha vita breve**, ma hai una corona dorata di stelle immortali su nel cielo, tra i cori dei beati, **ispira al mio cuore passioni celesti**, illumina il mio canto e perdonami **se aggiungo ornamenti alla verità**, se abbellisco il mio poema **con altri piaceri oltre ai tuoi**.

c.
Sai che là corre il mondo **ove piú versi
di sue dolcezze il lusinghier Parnaso**,
e che 'l vero, condito in molli versi,
i piú schivi allettando ha persuaso.
Cosí a l'egro fanciul porgiamo **aspersi
di soavi licor** gli orli del vaso:
succhi amari ingannato intanto ei beve,
e da l'inganno suo vita riceve.

Tu sai che i lettori amano di più quelle opere **in cui il Parnaso riversa maggiormente le sue dolcezze** e che la verità, mescolata a versi piacevoli, **ha convinto con l'intrattenimento anche i lettori più schivi**. Così diamo al bambino malato il bordo del bicchiere **con sopra un liquido dolce**: e lui, ingannato, beve la medicina amara, e dall'inganno riceve la vita.

d.
Tu, magnanimo Alfonso, **il quale ritogli
al furor di fortuna** e guidi in porto
me peregrino errante, e fra gli scogli
e fra l'onde agitato e **quasi absorto**,
queste mie carte in lieta fronte accogli,
che quasi in voto a te sacrate i' porto.
Forse un dí fia che la presaga penna
osi scriver di te quel ch'or n'accenna.

Tu, nobile Alfonso [II d'Este], **che mi proteggi dalla violenza della tempesta** e mi guidi in un porto sicuro, **proprio io che vago senza meta** e sono sbattuto e **quasi sommerso** dalle onde tra gli scogli, ricevi con benevolenza queste mie pagine che ti offro come un dono sacro. **Forse un giorno succederà** che la mia penna che vede il futuro abbia il coraggio di scrivere su di te quello che ora accenna appena.

e.
È ben ragion, s'egli averrà ch'in pace
il buon popol di Cristo unqua si veda,
e con navi e cavalli al fero Trace
cerchi ritòr la grande ingiusta preda,
**ch'a te lo scettro in terra o, se ti piace,
l'alto imperio de' mari a te conceda**.
Emulo di Goffredo, i nostri carmi
intanto ascolta, e t'apparecchia a l'armi.

Se mai succederà che il buon popolo cristiano ritrovi la pace interna, e cerchi di riconquistare con navi e truppe di cavalieri al feroce Turco la grande e ingiusta preda [il Santo Sepolcro], è certo giusto **che conceda a te il comando in terra o, se preferisci, l'alto comando della flotta**. Intanto ascolta i miei versi, emulo di Goffredo, e preparati alla battaglia.

1. ☐ Invoco la Musa, che non è più quella dell'antica Grecia, ma l'unica possibile: una Musa cristiana.
2. ☐ Auguro l'arrivo di una nuova Crociata contro i Turchi comandata proprio dal mio Signore.
3. ☐ Descrivo l'argomento del poema: chi è il protagonista e qual è l'evento centrale.
4. ☐ Dedico la mia opera al mio Signore Alfonso II d'Este.
5. ☐ Spiego l'importanza degli elementi magici e fantasiosi del mio racconto per riuscire ad appassionare chi legge a questa storia di celebrazione dei valori cristiani.

9. Verso la fine del secolo nasce una polemica tra sostenitori di Ariosto e sostenitori di Tasso. Questa discussione tornerà nei secoli successivi, tra scrittori molto famosi che prenderanno le parti di uno o dell'altro poeta. Fai una piccola ricerca in rete e trova una mappa che confronta i due poemi. Quale dei due ti attira di più? E perché? Confrontati con i tuoi compagni e le tue compagne e formate nella classe due squadre: gli Ariostisti e i Tassisti.

Lo sapevi?

Torquato Tasso

Sorrento 1544 – Roma 1595

- Le sue inquietudini, ossessioni e follie lo rendono un modello perfetto per gli artisti europei del Romanticismo. Diventa così il protagonista di molti ritratti, sculture e opere letterarie tra il XVIII e il XIX secolo; Goethe, per esempio, gli dedica un'opera teatrale dove racconta la sua dolorosa malattia mentale.

- A causa delle sue ossessioni e delle numerose crisi di rabbia, è rinchiuso per sette anni nell'ospedale di Sant'Anna a Ferrara. I primi anni sono per lui un vero incubo. Chiede invano aiuto, scrivendo centinaia di lettere alle personalità più importanti. Nonostante la sua malattia, non smette mai di lavorare alle sue opere.

- Mentre è in ospedale, alcuni editori pubblicano varie versioni non autorizzate del suo poema intitolandolo *La Gerusalemme liberata*. Tasso lavorerà poi a *La Gerusalemme conquistata* fino alla morte, una nuova versione secondo lui più in linea con la Controriforma: non sarà mai apprezzata e celebrata come la "liberata".

Torquato Tasso a 22 anni ritratto da Jacopo dal Ponte.

Parole in viaggio

galateo oggi indica **l'insieme di regole necessarie ad apparire e comportarsi in maniera adeguata in tutti i contesti sociali.** Naturalmente, queste regole non sono uguali in tutto il mondo, ma cambiano di Paese in Paese e spesso anche a seconda degli ambienti culturali. Il nome viene dalla versione più breve e più famosa del titolo del trattato sulla buona educazione di Giovanni della Casa, dedicato al vescovo Galeazzo (Florimonte): *Galatheus* sarebbe la versione latina del nome. Da qui Galateo.

machiavellico/a oggi indica **una persona cinica, cioè che non prova empatia e sensibilità verso gli altri, che agisce per i suoi interessi personali con fredda intelligenza e furbizia.** Questo significato è legato a un'interpretazione superficiale della teoria di Machiavelli, da lui descritta nel *Principe*. La sua famosa frase "il fine giustifica i mezzi" – che gli viene erroneamente attribuita – in realtà Machiavelli non l'ha mai scritta.

La nascita della Commedia dell'Arte

In questo secolo nasce in Italia un nuovo tipo di commedia che avrà all'inizio vari nomi: commedia *buffonesca*, commedia di *maschere*, commedia *all'improvviso* e altri.
All'estero sarà presto conosciuta come "Commedia all'italiana". Il nome ufficiale di **Commedia dell'arte**, con cui la conosciamo oggi, è legato al fatto che **gli attori e le attrici** (anche le donne possono finalmente recitare) **lo fanno come professione**: l'arte di recitare è socialmente riconosciuta come un vero mestiere.

Arlecchino

Non c'è un testo preciso da memorizzare, ma solo una trama generica con **dialoghi improvvisati** (inventati al momento). Tutto ruota sempre intorno agli stessi personaggi che impersonano soprattutto gli **stereotipi di alcune regioni** d'Italia: **Arlecchino** è un servo di Bergamo, furbo e sempre affamato, **Pulcinella** è un servo di Napoli, pigro e opportunista, **Pantalone** è un mercante di Venezia, avaro e amante dei piaceri e **Colombina** è la sua serva maliziosa e vivace ecc.
Come vedremo meglio nel prossimo capitolo, questo genere diventerà uno dei più famosi e apprezzati in tutta Europa.

Pulcinella

LINEA DEL TEMPO di alcune delle opere italiane principali

Ludovico Ariosto
[Ferrara 1474 – 1533]
1516 ORLANDO FURIOSO
poema cavalleresco, continuazione dell'*Orlando innamorato* di Boiardo

1500 — 1510 — 1520 — 1530 — 1540 — 15

Niccolò Machiavelli
[Firenze 1469 – 1527]
1513 IL PRINCIPE
trattato in volgare fiorentino del Cinquecento, considerato uno dei fondamenti della politica moderna

Pietro Bembo
[Venezia 1470 – Roma 1547]
1525 PROSE DELLA VOLGAR LINGUA
uno dei trattati di riferimento per la questione della lingua

La Questione della Lingua

Quale volgare? Il dibattito tre le tre teorie

Nel Cinquecento continua la discussione tra studiosi su quale sia il volgare più adatto alla scrittura letteraria. Le posizioni più importanti sono tre:
1. la tesi **cortigiana**: sostiene la **lingua parlata nelle corti**. Castiglione, autore del famoso *Cortegiano*, un altro importante trattato del Cinquecento sul comportamento del perfetto uomo di corte, è uno dei maggiori promotori di questa teoria.
2. la tesi **fiorentina**: è sostenuta anche da Machiavelli, autore del *Principe* in cui questa teoria è messa in pratica. La lingua usata è infatti il dialetto **fiorentino del Cinquecento**.
3. la tesi **trecentista**: è promossa soprattutto da Bembo, che è l'unico a sviluppare la sua teoria in modo sistemico e articolato nelle *Prose della volgar Lingua*. Secondo lui la lingua della letteratura deve imitare il **fiorentino letterario scritto del Trecento**, seguendo soprattutto lo stile di Petrarca e Boccaccio.

La tesi che vincerà sarà la terza, non solo grazie al successo del trattato di Bembo, ma anche grazie al grande lavoro di riscrittura che Ariosto fa sulla sua opera già molto famosa per mettere in pratica le regole bembiane: la terza e ultima edizione dell'Orlando Furioso è la conferma ufficiale della vittoria della tesi trecentista.

Connessioni

Se vuoi scoprire qualcosa di più sulla vita e sulle opere di uno degli artisti più grandi di tutti i tempi, puoi guardare il film **Il peccato – Il furore di Michelangelo** di Andrey Konchalovskiy (2019).

Se invece ti incuriosisce la vita avventurosa e tragica di Giordano Bruno puoi cercare il film **Giordano Bruno** di Giuliano Montaldo (1973) con il grande attore italiano Gian Maria Volonté nel ruolo del protagonista.

> "Perché si de' punir donna o biasmare, / che con uno o più d'uno abbia commesso | quel che l'uom fa con quante n'ha appetito, / e lodato ne va, non che impunito?"
>
> **Ludovico Ariosto**, da *Orlando furioso* – canto IV, ottava 66, vv. 5-8

Giovanni Della Casa
[Borgo San Lorenzo 1503 – Roma 1556]

1558 GALATEO
uno dei trattati più famosi sulla buona educazione

Giordano Bruno
[Nola 1548 – Roma 1600]

1584-1585 DIALOGHI
testi in forma di dialogo in cui si discutono teorie sull'universo, la sostanza di Dio, l'esistenza umana e altri aspetti filosofici

1560 — 1570 — 1580 — 1590 — **1600** — 1610

Gaspara Stampa
[Padova 1523 – Venezia 1554]

1554 RIME
poesie che rielaborano il *Canzoniere* petrarchesco e quello bembiano

Torquato Tasso
[Sorrento 1544 – Roma 1595]

1581 GERUSALEMME LIBERATA
poema eroico, modello letterario della Controriforma

Il SEICENTO

Mi chiedo...

Quali sono le caratteristiche del Barocco in letteratura?
Che cos'è la *Commedia dell'Arte*?
Come è nata l'opera lirica?

CRISI e SPLENDORI

NOTE

dominio potere

Guerra dei Trent'anni una serie di guerre in Europa tra cattolici e protestanti

costituzionale fondata su una serie di leggi (la costituzione) decise insieme alle categorie importanti della società e non solo dal sovrano

assolutismo governo dove il potere è tutto nelle mani del sovrano

viceré spagnoli i governatori mandati dalla Spagna

Promessi sposi romanzo dell'Ottocento e opera fondamentale della letteratura italiana. (Vedi capitolo 7)

Verso l'Europa moderna

Il Seicento è un secolo di forti **cambiamenti politici**. La **Spagna** entra in una grande **crisi economica e sociale** e perde la sua posizione di dominio sull'Europa. Anche la **Germania**, dopo la Guerra dei Trent'anni, **si divide in tanti piccoli stat**i. I **Paesi Bassi**, invece, diventano sempre più **potenti** grazie allo sviluppo di una classe borghese solida e intraprendente, soprattutto nei commerci. L'**Inghilterra** vive una fase di grandi **conflitti**, ma anche di progresso economico e politico, con la nascita verso la fine del secolo della **prima monarchia** costituzionale della storia europea. Anche la **Francia** aumenta il proprio potere economico e politico, ma lo fa attraverso l'assolutismo **di re Luigi XIV, detto il Re Sole**, che fa costruire la reggia di Versailles, simbolo perfetto di lusso estremo, potere assoluto e isolamento della corte dal resto del Paese.

L'Italia in crisi

L'Italia vive un **periodo molto difficile**: il governo dei viceré spagnoli impoverisce la popolazione già in condizioni di estrema difficoltà. Nascono per questo numerose **rivolte in tutto il Paese**. Tra le più conosciute c'è quella di Milano nel 1628, che lo scrittore Alessandro Manzoni racconterà in modo approfondito nei Promessi Sposi, e quella di Napoli, guidata dal rivoluzionario Masaniello. Inoltre, le ricche repubbliche marinare e il potente ducato dei

La reggia di Versailles, simbolo del potere di Luigi XIV.

Savoia non riescono a contrastare le nuove rotte commerciali oltreoceano, che mettono **in crisi i loro commerci nei territori del Mediterraneo**. Tuttavia, **Venezia** riesce a conservare il suo ruolo di importante **centro editoriale e culturale**.
Lo **Stato Pontificio** resta impegnato nella sua missione di Controriforma, attraverso l'opera dei **Gesuiti** e la fondazione di un **nuovo stile artistico**. Arrivano a Roma grandi pittori, scultori e architetti che realizzano, proprio in questo periodo, opere **meravigliose e sorprendenti**, celebrative della grandezza e della ricchezza della **Chiesa**. Tuttavia, il potere politico del papa è sempre più debole in confronto ai nuovi e potenti sovrani europei.

- ### *Guerre, carestie ed epidemie*

Come abbiamo detto, il Seicento è segnato da molti conflitti in tutta Europa: il più importante è la **Guerra dei Trent'anni**, scoppiata in Germania, ma presto diventata uno **scontro su larga scala tra cattolici e protestanti** per il dominio politico ed economico dell'Europa. La sua conclusione, con la famosa **pace di Vestfalia** nel 1648, segna un **nuovo capitolo per il continente**, basato soprattutto sul **potere assoluto dei sovrani** e sulla **povertà delle masse**.
La popolazione europea diminuisce enormemente. Si diffondono varie

NOTE

opere di questo secolo sono per esempio i dipinti di Caravaggio, le sculture e le architetture di Bernini e di Borromini e moltissimi altri capolavori dell'architettura e della scultura

su larga scala ampio, molto esteso

epidemie dovute anche alla povertà estrema dei contadini per la **grande carestia**: gli inverni particolarmente rigidi e gli eserciti dei vari paesi in guerra distruggono i loro campi ripetutamente. Il contrasto tra lo splendore delle corti dei sovrani e la miseria della gente comune è sempre più profondo.

L'Europa dopo la pace di Vestfalia.

PER CAPIRE

1. Indica solo le informazioni corrette.
   a. ☐ La Spagna continua ad essere il paese più ricco e potente d'Europa.
   b. ☐ La Germania perde la sua unità a causa della guerra dei Trent'anni.
   c. ☐ La Francia aumenta il proprio potere grazie a una forma di governo costituzionale.
   d. ☐ Il mare Mediterraneo non è più il centro dei commerci internazionali per le potenze europee.
   e. ☐ Roma è un centro artistico importantissimo per la nascita di varie opere d'arte che diventeranno famose in tutto il mondo.
   f. ☐ Il papa resta l'autorità più importante per la definizione degli equilibri politici del continente.
   g. ☐ La Guerra dei Trent'anni è un conflitto tra la Germania e la Francia.
   h. ☐ La pace di Vestfalia conclude la Guerra dei Trent'anni e stabilisce nuovi equilibri geopolitici in Europa.
   i. ☐ La popolazione in Europa è in una profonda crisi di povertà a causa delle guerre, delle carestie e delle epidemie.

I nuovi PUNTI di VISTA dell'ARTE e della SCIENZA

• *La rivoluzione scientifica*

In questo periodo continua lo sviluppo della **Nuova Scienza** che mette al centro la **ragione dell'essere umano** e la sua capacità di analizzare il mondo. La rivoluzione copernicana del secolo precedente è la base di partenza per **molte scoperte** e importanti progressi scientifici. **Galileo Galilei** è sicuramente **uno degli studiosi più interessanti** di questo secolo, anche da un punto di vista letterario. Il suo metodo di ricerca pone le basi non solo della scienza occidentale moderna, ma anche del **linguaggio scientifico** a scopo divulgativo: per scrivere e parlare lui sceglie, infatti, una lingua agile e comprensibile, piacevole e coinvolgente. Per la prima volta le parole ufficiali della scienza non sono in latino, ma in italiano. La sua attenzione è rivolta anche al di fuori della ristretta comunità scientifica.

• *Il Barocco*

La crisi dei valori del Rinascimento e le nuove scoperte scientifiche portano le arti a **sperimentare nuovi stili**, sempre più lontani dall'equilibrio e dalla misura della classicità: è il momento del Barocco che, come abbiamo visto, inizia a svilupparsi in Italia alla fine del Cinquecento e poi si diffonde in tutta Europa proprio nel Seicento. Nelle **arti visive** si esplorano nuovi contrasti di colore, di luce e di ombra; nella **scultura** e nell'**architettura** trionfano le linee curve, le spirali e le **forme non regolari**. Lo scopo di ogni opera barocca è **meravigliare**, sorprendere e incuriosire attraverso gli aspetti più strani, nascosti e inaspettati della vita e dell'essere umano. Nella **letteratura** tutto questo porta, come vedremo tra poco, alla creazione di una **lingua** sempre più **complessa** e sofisticata nella forma, con artifici, metafore e giochi di parole.

NOTE

rivoluzione copernicana vedi il capitolo precedente, pagina 55

metodo di ricerca il famoso metodo sperimentale

divulgativo che vuole parlare a un pubblico ampio

arti tutte le arti: teatro, musica, arti visive, architettura, letteratura ecc.

Barocco forse dal portoghese "barroco", cioè *irregolare*, usato per le perle imperfette, e poi in Francia alla fine del Seicento per indicare qualcosa di "strano e bizzarro". Un secolo dopo diventa la definizione negativa dello stile del Seicento

metafore l'uso di immagini o simboli per indicare qualcosa al posto della parola esatta. Es.: "Sei un leone!" per dire a una persona che è forte e coraggiosa

Particolare della facciata della basilica di Santa Croce a Lecce, tipico esempio di stile barocco.

NOTE

Accademia della Crusca esiste ancora ed è molto attiva sulle questioni della lingua

Vocabolario della lingua italiana vedi box "La questione della lingua" a pagina 87

Arcadia vedi capitolo 3, pagina 43

Le Accademie

In questo secolo continua l'attività delle **Accademie**: sono luoghi ormai **istituzionali** dove intellettuali e personalità della cultura si ritrovano per passare del tempo insieme, condividere interessi e confrontarsi su vari temi. A Venezia, per esempio, c'è la famosa **Accademia degli Incogniti**, in cui si discute soprattutto di romanzi e novelle; a Firenze c'è l'**Accademia del Cimento**, la prima che mette in pratica e sviluppa il metodo sperimentale di Galilei. Ma è Roma la città dove si sviluppano le accademie più importanti: per la scienza, c'è l'**Accademia nazionale dei Lincei** e, per la lingua italiana, c'è la famosa Accademia della Crusca, che pubblicherà proprio nel 1612 il primo Vocabolario della lingua italiana. Verso la fine del secolo nasce anche l'**Accademia dell'**Arcadia, che si oppone al gusto stravagante del Barocco e ripropone il modello di equilibrio e misura dei grandi classici greci e latini.

PER CAPIRE

2 • Leggi i concetti chiave e completa le descrizioni, come nell'esempio. Attenzione: c'è una frase in più.

a. [7] La rivoluzione copernicana
b. [ ] Il linguaggio di Galileo Galilei
c. [ ] Lo stile barocco
d. [ ] Le opere barocche
e. [ ] L'Accademia
f. [ ] L'Accademia della Crusca

1. vogliono meravigliare, sorprendere e incuriosire attraverso gli aspetti più strani, nascosti e inaspettati della vita e dell'essere umano.
2. è un luogo dove gli intellettuali si ritrovano per passare del tempo insieme, condividere interessi e confrontarsi su vari temi.
3. svolge un controllo accurato su tutte le opere che vengono scritte e poi decide quali possono essere pubblicate e quali no.
4. è divulgativo e quindi comprensibile, piacevole e coinvolgente.
5. inizia a svilupparsi in Italia alla fine del Cinquecento e poi si diffonde in tutta Europa nel Seicento.
6. produce il primo vocabolario della lingua italiana e il primo vocabolario di una lingua in Europa.
7. è la base di partenza per molte scoperte e importanti progressi scientifici.

La PROSA

I PRINCIPALI GENERI LETTERARI

Il Seicento è un secolo in cui l'Italia conserva un ruolo importante per quanto riguarda l'arte e l'architettura, ma smette di essere l'unico Paese guida per quanto riguarda la letteratura. Il Rinascimento è tramontato e il potere politico e culturale si è spostato nei grandi Stati europei, con autori fondamentali della letteratura come Shakespeare, Cervantes e Racine.

Il trattato

In Italia per la prosa continua il periodo dei grandi trattati, soprattutto di **scienza**, **filosofia** e **storia**. Lo stile della lingua varia. Alcuni autori scelgono la complessità formale e i giochi stilistici del Barocco; altri invece preferiscono la chiarezza e l'efficacia comunicativa dell'italiano più vicino al parlato.
Due tra gli esempi più interessanti della seconda categoria sono, ancora una volta, in forma di **dialogo**:

Scienza

Dialogo sopra i due massimi sistemi del mondo • GALILEO GALILEI

L'autore, uno degli scienziati più importanti della storia occidentale, dimostra la **validità del sistema copernicano** attraverso la **conversazione fra tre personaggi**, di cui due realmente esistiti (i nobili Salviati e Sagredo, sostenitori della nuova scienza) e uno di fantasia (Simplicio, caricatura di un aristotelico privo di pensiero critico). La Chiesa non ammette la modernità delle idee galileiane che negano le teorie sostenute nelle Sacre Scritture e infatti arresta il suo autore e lo costringe a ritrattare le sue affermazioni.

Filosofia

La città del sole • TOMMASO CAMPANELLA

L'autore, un frate domenicano poeta, filosofo e letterato, viene arrestato per le sue idee rivoluzionarie e compone, proprio durante i 27 anni di carcere, varie opere tra cui questa. Uno dei due protagonisti è un navigatore che ha viaggiato moltissimo in terre lontane e descrive all'altro **una città dove non esiste la proprietà privata** e tutti gli esseri umani hanno gli stessi diritti. La politica, l'arte e la scienza convivono in armonia, governate dalla **conoscenza**. Il sovrano è un re-sacerdote. La religione è infatti centrale e si ispira al cristianesimo delle origini, accogliendo però divinità ed elementi provenienti da altre religioni e da altre discipline, come l'astrologia.

NOTE

caricatura rappresentazione esagerata e quindi comica di una persona

pensiero critico capacità di pensare in modo libero e indipendente

ritrattare Galilei dovrà pronunciare in ginocchio una *pubblica abiura* (cioè negare pubblicamente e ufficialmente tutte le sue idee)

diritti l'idea di una società ideale era già stata sviluppata un secolo prima da Thomas More nel suo romanzo *Utopia*

astrologia disciplina che connette la vita e il carattere delle persone alla posizione dei pianeti al momento della nascita

PER CAPIRE

3. Leggi i brani e abbinali al titolo corrispondente.

1. *Dialogo sopra i due massimi sistemi del mondo*   A B
2. *La città del sole*   A B

A Un alto colle s'innalza nel mezzo di vastissima pianura, e sopra questo giace la maggior parte della città; le sue molteplici circonferenze però si estendono per lunga tratta oltre le falde della collina, talmente che il diametro della città occupa due e più miglia, e sette l'intero recinto.
Sommo reggitore di questa citta è un Sacerdote nel linguaggio degli abitanti nominato *Hoh*. Noi lo chiameremmo *Metafisico*. Questi gode d'una autorità assoluta; a lui è sottoposto il temporale e lo spirituale, e dopo il suo giudizio deve cessare ogni controversia.

B Si promulgò a gli anni passati in Roma un salutifero editto, che, per ovviare a' pericolosi scandoli dell'età presente, imponeva opportuno silenzio all'opinione Pittagorica della mobilità della Terra. Tre capi principali si tratteranno. Prima cercherò di mostrare, tutte l'esperienze fattibili nella Terra essere mezi insufficienti a concluder la sua mobilità, ma indifferentemente potersi adattare così alla Terra mobile, come anco quiescente; e spero che in questo caso si paleseranno molte osservazioni ignote all'antichità.

La POESIA

I PRINCIPALI GENERI LETTERARI

NOTE

figure retoriche qualsiasi tipo di finzione (figura) del discorso (retorica) che crea un effetto particolare

Lagrime, Divozioni lacrime, devozioni

madrigali componimenti in versi endecasillabi legati a temi pastorali accompagnati da musica

celebrativa che ammira e loda pubblicamente

Come già detto, il Seicento è il secolo di sperimentazioni formali e stilistiche che mirano a divertire e sorprendere chi legge. Elemento fondamentale dello **stile barocco** è l'uso continuo della **metafora** e di altre **figure retoriche**, del **gioco di parole** e dell'**effetto sorpresa**. L'autore che guida questa tendenza in Italia è **Giovan Battista Marino**. Questo importante poeta barocco crea un vero e proprio seguito di autori, chiamati per questo **marinisti**. Vi presentiamo qui solo due tra le sue opere più importanti.

• *La poesia lirica barocca*

La Lira • GIOVAN BATTISTA MARINO

La lira è lo strumento musicale dei cantori di poesie della classicità. Ispirata alle Rime di Tasso, l'opera è divisa per argomenti (*Amori, Lodi, Lagrime, Divozioni, Capricci*). Comprende sonetti, **madrigali** e altri componimenti che descrivono **dettagli reali** e spesso **insoliti** dell'esistenza e degli esseri umani, in completa **opposizione al classicismo** petrarchesco. La figura femminile, per esempio, è descritta in tutta la sua complessità, con un'attenzione lunga e profonda ai dettagli del suo aspetto e alle sue infinite varietà (fisiche, ma anche sociali). Molto famoso, per esempio, è il sonetto "Bella schiava" dove si descrive una donna che nella società occupa l'ultimo posto della scala sociale, mentre qui diventa il soggetto di una poesia **celebrativa**.

Il poema epico

L'Adone • GIOVAN BATTISTA MARINO

È il **poema epico** più lungo della storia della letteratura italiana, ma ha una **trama semplice**: **Venere si innamora del giovane Adone** a causa di un tranello di suo figlio Amore, che così fa ingelosire Marte. Anche Adone perde la testa per la dea e i due passano un bellissimo periodo insieme, viaggiando ed esplorando la varietà del mondo. Alla fine, però, Marte riesce a far uccidere il giovane innamorato da un cinghiale. La lunghezza di quest'opera è dovuta alle **infinite** digressioni descrittive, dove emerge la centralità del piacere dei sensi, ma ci sono anche **molti riferimenti** interessanti **alla nuova scienza e agli eventi politici** contemporanei all'autore.

Il poema eroicomico

C'è un altro genere di poema che avrà molto successo in Italia e in Europa: il **poema eroicomico**, cioè una **parodia comica del poema** eroico (di argomento storico) oppure del poema epico (di argomento mitologico). La **comicità** è sia **nei contenuti**, sia **nella forma**: si passa dal **linguaggio letterario** e sofisticato alla **parlata popolare** e ai dialetti, e viceversa, creando **forti contrasti**. L'opera più famosa di questo genere letterario viene dall'Emilia Romagna.

La secchia rapita • ALESSANDRO TASSONI

Il titolo di questo famoso **poema eroicomico** richiama il rapimento di Elena e quindi il poema dell'Iliade. Qui però siamo nel Medioevo: Modena e Bologna entrano in guerra a causa di un secchio rubato. In questa storia, l'autore riprende e modifica fatti storici per creare una vicenda assurda e divertente, dove oggetti, persone e atmosfere popolari si mescolano a dèi, sovrani e regine, con molti riferimenti a personaggi ed **eventi di attualità**.

> **NOTE**
>
> tranello inganno
>
> perde la testa si innamora
>
> cinghiale animale selvatico simile al maiale
>
> digressioni storie secondarie che occupano una parte più o meno lunga della storia principale
>
> Elena nella mitologia greca è la donna più bella
>
> Iliade famoso poema epico dell'antica Grecia che racconta la guerra tra Achei (oggi greci) e Troiani (oggi turchi)
>
> vicenda insieme di eventi che formano una storia

PER CAPIRE

4. Completa le tre definizioni con le parole mancanti.

> lungo • sentimenti • linguaggio • breve • eroiche • parodia • nobili • popolo • realtà

Poesia lirica
Componimento in versi, di solito abbastanza (1) _____, in cui l'autore / autrice descrive i suoi (2) _____ e il suo punto di vista sulla (3) _____.

Poema epico
Componimento in versi, di solito piuttosto (4)_____, che racconta le avventure e le imprese (5) _____ di uno o più personaggi, oppure di un (6) _____.

Poema eroicomico
Componimento in versi, di solito abbastanza lungo, in cui si fa la (7) _____ di un racconto epico o eroico, mescolando (8) _____ alto e basso, contenuti (9) _____ e popolari.

Il grande TEATRO europeo

I PRINCIPALI GENERI LETTERARI

NOTE

scenografie gli elementi che nell'insieme creano lo spazio della scena (sfondi, oggetti, ecc.)

maschere fisse Arlecchino, Pantalone, Colombina ecc.

fisicità chi recitava nella Commedia dell'Arte doveva avere anche grandi capacità atletiche e acrobatiche

canovaccio un testo teatrale senza però i dialoghi, che gli attori creano direttamente sulla scena

effetti speciali tecniche usate per creare illusioni visive sorprendenti

melodramma dal greco *melos* = canto/musica e *drama* = spettacolo

drammi pastorali opere teatrali ambientate in luoghi bucolici, cioè legati alla vita di campagna immaginata come un mondo ideale abitato da dèi e ninfe

libretto il testo del melodramma

solistico di una sola persona

Il Seicento è in Europa un periodo di **grande teatro**. La creazione e la cura delle scenografie diventano aspetti fondamentali per ogni spettacolo. Fare l'attore e l'attrice è ormai una vera professione. I **drammaturghi** di questo secolo sono tra i più importanti della storia del teatro: **Shakespeare** in Inghilterra, **Molière**, **Racine** e **Corneille** in Francia, **Lope de Vega**, **Tirso de Molina** e **Calderon della Barca** in Spagna... Anche l'Italia continua a produrre un teatro di ottima qualità. Ma qui ci sono soprattutto due nuovi generi teatrali che avranno nei secoli un grande successo, anche a livello internazionale.

• *La Commedia dell'Arte*

Questo genere di teatro nasce, come abbiamo già visto nel capitolo precedente, verso la metà del Cinquecento e si diffonde con molto successo in tutta Europa proprio durante il Seicento. Ogni personaggio porta sempre lo stesso costume, e infatti la forza di questo teatro sono le maschere fisse, con il loro carattere e la loro fisicità. Gli attori e le attrici hanno solo un canovaccio e su quello **improvvisano i loro dialoghi**, giocando però su formule ed espressioni che si ripetono, perché legate al carattere del loro personaggio: il mercante, il capitano, l'innamorato e l'innamorata, il servo e la serva e poi altri mestieri centrali del tempo, come il notaio, il medico, il contadino, il marinaio ecc. Gli spettacoli della Commedia dell'Arte hanno sempre **momenti di musica, danze e acrobazie**. Inoltre, in questo secolo dedicato alla meraviglia, le scenografie diventano sempre più complesse, con giochi meccanici spesso sorprendenti.

• *Il melodramma e le origini dell'Opera*

Questa cura estrema per la scena teatrale e gli effetti speciali caratterizza anche un altro nuovo genere di questo periodo: il melodramma, cioè un tipo di **tragedia ispirata all'antico teatro greco**, in cui però gli attori e le attrici cantano e sono accompagnati dalla **musica dell'orchestra**. Nasce nei teatri dei palazzi nobiliari ed è all'**origine dell'opera** lirica. Le prime storie sono ispirate ai miti dei drammi pastorali dove la musica aveva già un ruolo importantissimo. L'autore del libretto (il **librettista**) lavora insieme al compositore (il musicista) per la realizzazione dello spettacolo in tutte le sue parti. Ogni spettacolo comprende parti di **canto** solistico, a volte anche qualche parte recitata senza musica, e poi parti solo di sola **musica**, parti cantate da un **coro** e parti danzate.

PER CAPIRE

5. Leggi le descrizioni e indica se riguardano la Commedia dell'Arte (CA) o il melodramma (M).

	CA	M
a. Il testo teatrale non è completo: gli attori e le attrici improvvisano durante lo spettacolo.	☐	☐
b. L'intero spettacolo è accompagnato dalla musica, che ha un ruolo importantissimo.	☐	☐
c. Gli attori e le attrici protagonisti hanno sempre dei momenti in cui cantano individualmente per mostrare tutto il loro talento.	☐	☐
d. Chi recita deve saper intrattenere e divertire il pubblico anche con danze e acrobazie.	☐	☐
e. Durante lo spettacolo ci sono sempre anche momenti di sola musica.	☐	☐
f. Gli attori e le attrici interpretano sempre lo stesso personaggio.	☐	☐

ADONE
di Giovan Battista Marino

GUIDA ALLA LETTURA

1. Leggi la prima parte del canto e riordina le parti della parafrasi.

☐ Giovani amanti, e Donne innamorate,
in cui ferve d'Amor dolce desio,
per voi scrivo, a voi parlo, or voi prestate
favorevoli orecchie al cantar mio.

☐ Esser non può, ch'a la canuta etate
abbia punto a giovar quel che cant'io.
Fugga di piacer vano ésca soave
bianco crin, crespa fronte, e ciglio grave.

☐ Spesso la curva e debile Vecchiezza,
che gelate ha le vene, e Fossa vote,
incapace de l'ultima dolcezza
aborre quel che conseguir non potè.

☐ Uom non atto ad amar, disama e sprezza
anco il tenor de l'amorose note;
e 'l ben che di goder si vieta a lui,
per invidia dannar suole in altrui.

Parafrasi

a. Spesso, la vecchiaia curva e debole, che ha le vene gelide e le ossa vuote, non essendo capace dell'ultima dolcezza, disprezza quello che non riesce ad avere;

b. L'uomo che non è in grado di amare, non ama e disprezza anche il tenore delle note amorose e il bene che gli si vieta di godere, lo maledice di solito negli altri, per invidia.

c. Giovani amanti e donne innamorate, in cui brucia il dolce desiderio d'amore: io scrivo per voi, parlo a voi, ora voi date ascolto al mio canto.

d. Non è possibile che all'età della vecchiaia (alle persone anziane) possa in alcun modo piacere quello che canto; eviti l'esca dolce del piacere vano i capelli bianchi, la fronte rugosa e l'espressione seria.

2. Nel brano che hai appena letto il poeta esprime un concetto interessante: a volte le persone anziane, che hanno perso il gusto dei piaceri della vita, non sopportano di vedere nelle persone giovani la gioia di vivere e l'entusiasmo. Che cosa ne pensi? Hai mai notato questo atteggiamento nelle persone anziane intorno a te? Prepara un discorso di tre minuti in cui racconti il tuo punto di vista e la tua esperienza personale su questo argomento. Prendi qualche appunto scritto per preparare bene il discorso.

_____
_____
_____
_____
_____
_____
_____
_____
_____
_____

Lo sapevi?

Giovan Battista Marino

Napoli 1569 – 1625

- Rifiuta di seguire la carriera del padre, viene cacciato di casa, finisce in prigione varie volte… Vive insomma una vita molto avventurosa. Alla fine, nonostante i problemi con l'Inquisizione, è celebrato in tutta Europa e molti poeti suoi contemporanei diventano suoi "fan". Si chiameranno i *marinisti*.

- La sua ricchezza alla fine della carriera è enorme. Tra migliaia di oggetti, vestiti e mobili ci sono anche migliaia di libri e una gigantesca collezione di opere d'arte. Quando decide di tornare in Italia, il trasloco è lungo e complicatissimo: decine di carovane viaggiano dalla Francia all'Italia, dove il poeta morirà due anni dopo.

- C'è un legame di grande stima e ammirazione tra Marino e Caravaggio: il pittore dedica un ritratto al poeta e il poeta dedica un sonetto al pittore. Sono entrambi artisti che creano scandalo, ma hanno anche un enorme successo tra i contemporanei. Eppure, entrambi saranno poi dimenticati per molti secoli.

DIALOGO SOPRA I MASSIMI SISTEMI DEL MONDO
di Galileo Galilei

GUIDA ALLA LETTURA

3. Stai per leggere un brano tratto da uno dei dialoghi di argomento scientifico più famosi della storia moderna, soprattutto per il suo carattere volutamente divulgativo. Il brano è la parte introduttiva in cui Galileo spiega come ha impostato la sua opera e quali personaggi ha scelto per sviluppare la discussione. Leggi il testo e poi abbina ogni parte alla spiegazione corrispondente.

11

☐ Ho poi pensato tornare molto a proposito lo spiegare questi concetti in forma di dialogo, che, per non esser ristretto alla rigorosa osservanza delle leggi matematiche, porge campo ancora a digressioni, tal ora non meno curiose del principale argomento.

☐ Mi trovai, molt'anni sono, più volte nella maravigliosa città di Venezia in conversazione col signor Giovan Francesco Sagredo, illustrissimo di nascita, acutissimo d'ingegno. Venne là di Firenze il signor Filippo Salviati nel quale il minore splendore era la chiarezza del sangue e la magnificenza delle ricchezze; sublime intelletto, che di niuna delizia più avidamente si nutriva, che di specolazioni esquisite.

☐ Con questi due mi trovai spesso a discorrer di queste materie, con l'intervento di un filosofo peripatetico, al quale pareva che niuna cosa ostasse maggiormente per l'intelligenza del vero, che la fama acquistata nell'interpretazioni Aristoteliche.

☐ Ora, poiché morte acerbissima ha, nel più bel sereno de gli anni loro, privato di quei due gran lumi Venezia e Firenze, ho risoluto prolungar, per quanto vagliono le mie debili forze, la vita alla fama loro sopra queste mie carte, introducendoli per interlocutori della presente controversia.

☐ Né mancherà il suo luogo al buon Peripatetico, al quale, pel soverchio affetto verso i comenti di Simplicio, è parso decente, senza esprimerne il nome, lasciarli quello del reverito scrittore.

☐ Gradiscano quelle due grand'anime, al cuor mio sempre venerabili, questo pubblico monumento del mio non mai morto amore, e con la memoria della loro eloquenza mi aiutino a spiegare alla posterità le promesse speculazioni.

a. Durante gli incontri tra Galilei, Salgredo e Salviati c'era anche un aristotelico secondo cui solo Aristotele e i suoi sostenitori hanno ragione.

b. Galilei dedica la sua opera alle due anime di Salgredo e Salviati e li prega di aiutarlo a spiegare in modo chiaro le sue teorie.

c. Secondo Galilei il dialogo è una forma di trattato molto efficace.

d. Galilei decide di chiamare il fanatico aristotelico Simplicio, proprio come l'antico sostenitore di Aristotele, da lui spesso citato.

e. Dopo la morte dei due intellettuali, Galilei decide di prolungare la loro vita scegliendoli come protagonisti del suo dialogo.

f. Per Galilei, Salgredo e Salviati sono due personalità di grande intelligenza.

6. Attraverso il personaggio di Simplicio, Galileo Galilei affronta la questione dell'*ipse dixit*, che letteralmente significa in latino "l'ha detto lui stesso" e che descrive l'atteggiamento di quelle persone che, per sostenere le proprie idee, si affidano soltanto all'autorità di qualcun altro, invece di usare il proprio pensiero critico. E tu? Hai mai detto "L'ha detto lui / lei" oppure "L'ha detto il giornale / la tv / internet" per sostenere un tuo pensiero? Racconta.

Lo sapevi?

Galileo Galilei

Pisa 1564 – Arcetri 1642

- Galilei e Marino si stimano molto e infatti si incontrano nel 1623 per scambiarsi le loro opere appena pubblicate: lo scienziato regala al poeta *Il Saggiatore* e il poeta regala allo scienziato *L'Adone*. Entrambe le opere saranno subito vietate dalla Chiesa per la loro estrema modernità.

- Vecchio e malato, è comunque costretto a rinnegare pubblicamente tutte le sue teorie davanti alla Chiesa. Questo gli evita la morte, ma non cancella la sua condanna alla prigione. Passa quindi gli ultimi anni della sua vita in totale isolamento, senza però smettere mai di studiare, sperimentare, scrivere.

- Ci sono voluti quasi 360 anni per riabilitare il pensiero di Galileo! Infatti solo nel 1992 il papa ha ufficialmente cancellato la condanna per le sue teorie attraverso una lunga lettera in cui si dichiara che i teologi del Seicento hanno sbagliato perché non hanno saputo separare le Sacre Scritture dalla loro interpretazione.

Parole in viaggio

essere un adone oggi indica **un uomo molto bello**, ma è un'espressione usata spesso in **frasi ironiche**, come per esempio "Si crede un adone", per indicare uomini molto vanitosi, oppure decisamente non belli. Questa espressione è legata al bellissimo dio della mitologia greca Adone, protagonista del famoso poema di Marino.

parlare dei massimi sistemi oggi significa **parlare di argomenti profondi, filosofici, complessi**. Anche in questo caso, è usato talvolta con ironia per indicare il contrario. L'espressione opposta è "parlare del più e del meno", che significa appunto parlare delle piccole cose della vita quotidiana. I massimi sistemi sono quello tolemaico e quello copernicano; questa espressione è diventata famosa grazie all'opera di Galileo Galilei "Dialogo sopra i due massimi sistemi del mondo".

Connessioni

Se vuoi affacciarti al complesso mondo del Seicento e conoscere due grandi anime del Seicento, puoi vedere due film:
Galileo di Liliana Cavani (1968).
Caravaggio - L'anima e il sangue di Jesus Garces Lambert (2018).

Pittrici e dive famose

Il Seicento in Italia è un secolo di **grandi artiste**. Alcune di loro riescono a costruire con coraggio e determinazione la loro carriera, nonostante la Controriforma e il patriarcato. Nella **pittura** ricordiamo per esempio **Artemisia Gentileschi**, amica di Galileo Galilei e autrice di vari dipinti in cui emerge la forza e l'intensità dei suoi personaggi femminili. Ma anche **Elisabetta Sirani**, detta "la Pontificia Pittrice" perché molto apprezzata dal papa, e **Lavinia Fontana**, che crea la prima scuola per pittrici. Un altro genere in cui le donne riescono a crearsi un solido spazio di espressione è il teatro. Nella Commedia dell'Arte le attrici hanno ruoli importanti e sono celebrate anche da re e regine. Ma è soprattutto nel **melodramma** che le donne diventano vere e proprie dive (cioè persone paragonate a delle divinità). Per esempio **Margherita Costa**, attrice, cantante d'opera e grande poetessa, e **Anna Renzi**, voce soprano amata e seguita in tutta Europa.

Artemisia Gentileschi.

La QUESTIONE della LINGUA

Il primo vocabolario della lingua italiana

In questo secolo il dialetto è molto presente in letteratura per vari motivi, tra cui per esempio la curiosità barocca per gli aspetti più diversi, bizzarri e inaspettati della lingua e il successo della Commedia dell'Arte, fondata appunto su personaggi che parlano ognuno la lingua della propria regione. Proprio in questo contesto di varietà e incertezza linguistica, l'**Accademia della Crusca** pubblica **a Venezia nel 1612** il *Vocabolario degli accademici della Crusca*, che è anche il primo vocabolario di una lingua nella storia europea. Il lavoro di composizione inizia vent'anni prima per decisione del nuovo presidente dell'Accademia, **Leonardo Salviati**, un grande linguista e letterato che per primo decide di dare un senso e un obiettivo preciso alla sua accademia: separare il *grano* (la buona lingua) dalla *crusca* (la lingua scorretta). E così il nome ironico e giocoso dei *cruscanti* acquista un importante significato metaforico. La lingua sostenuta dalla Crusca è il fiorentino trecentesco. E proprio a causa di questa loro posizione riprenderà la discussione tra i sostenitori della lingua trecentesca e i promotori della lingua contemporanea e, come vedremo nel capitolo successivo, la questione della lingua italiana sarà inglobata nella più ampia disputa europea tra "gli antichi" e "i moderni".

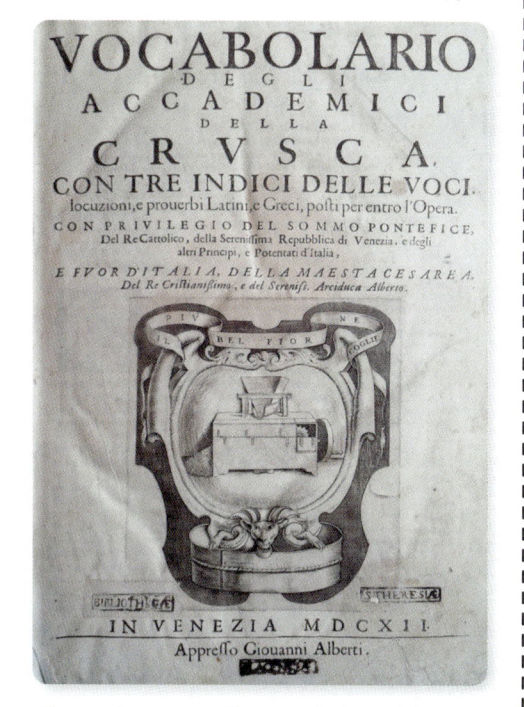

> "Parlare oscuramente lo sa fare ognuno, ma chiaro pochissimi."
>
> **Galileo Galilei** da *Considerazioni al Tasso*

Il SETTECENTO

Mi chiedo...

Com'è la letteratura *illuminista*?

Perché *Goldoni* è fondamentale per il teatro moderno?

Di cosa parla il trattato *Dei delitti e delle pene*?

Lo SVILUPPO della MODERNITÀ

NOTE

successione la salita al potere del nuovo sovrano dopo la morte del precedente

guerra dei sette anni i principali stati coinvolti sono: l'Inghilterra e la Prussia (e i loro alleati) contro la Francia e l'Austria (e i loro alleati)

liberista fondato sulla libertà di vendere e comprare prodotti senza il controllo dello Stato

capitalismo sistema economico fondato sulla proprietà privata e sulla legge della domanda e dell'offerta

illuminista che sostiene le idee dell'Illuminismo (vedi pagina 90)

• *Conflitti e rivoluzioni*

Il Settecento è un secolo di **profondi cambiamenti politici, sociali e culturali**. Gli equilibri in gioco non sono più solo europei: **le colonie nel nuovo continente americano** hanno ora un ruolo fondamentale nella gestione delle ricchezze e dei commerci internazionali.

I conflitti principali sono **le guerre di successione** ai vari troni europei e la **Guerra dei sette anni**, che supera i confini d'Europa ed è infatti considerata da molti studiosi come **la prima vera guerra mondiale**. In Inghilterra il progresso economico e tecnologico porta alla **prima rivoluzione industriale** della storia europea. Le città cambiano aspetto, la società si adatta allo sviluppo delle fabbriche e dei trasporti. Nascono il **pensiero liberista** e il **capitalismo** moderno che si diffondono progressivamente in altri stati europei e nelle **colonie nordamericane**. Proprio qui, nel 1776 scoppia la **guerra d'indipendenza** che porterà nel 1787 alla **nascita ufficiale degli Stati uniti d'America**. In **Francia** l'assolutismo del **regno di Luigi XVI** incontra la forte **opposizione del popolo** sotto la guida della **borghesia illuminista**: nel 1789 scoppia la **rivoluzione francese** che cambierà per sempre la storia del mondo occidentale.

L'Europa nel XVIII secolo.

● *Le nuove dominazioni in Italia*

Anche in questo secolo l'Italia continua a essere territorio di scambio tra le grandi potenze europee. La Lombardia passa sotto gli Asburgo, e **Milano** vive un periodo di notevole vivacità culturale durante il regno della regina **Maria Teresa d'Austria**, sovrana illuminata e grande sostenitrice del mondo intellettuale progressista. Lo stesso accade in Toscana sotto l'altro ramo della dinastia austriaca, i **Lorena**, che faranno numerose riforme e che renderanno **Firenze** una città moderna e aperta al dibattito intellettuale. Altra grande dinastia straniera presente in Italia è quella spagnola dei **Borbone**, che governano tutto il Sud Italia: **Napoli** è un centro culturale molto importante. La dinastia dei **Savoia** continua a governare il **Piemonte** e la Sardegna. In questo nuovo quadro politico, restano stabili e formalmente autonomi solo lo **Stato Pontificio** e la **Repubblica di Venezia**, che continua ad essere il centro più importante dell'editoria europea, ma diventa anche la **sede del nuovo teatro borghese**.

PER CAPIRE

1. Completa ogni frase con l'opzione giusta tra quelle proposte. Attenzione: c'è una frase in più!

   a. CONFLITTI E RIVOLUZIONI
   1. ☐ sono tra i conflitti più estesi del Settecento.
   2. ☐ porta alla nascita degli Stati Uniti.
   3. ☐ modifica la struttura di molte città europee.
   4. ☐ offre alla borghesia un'occasione per allearsi con la nobiltà.
   5. ☐ scoppia durante il governo assolutista di Luigi XVI.
   6. ☐ hanno ormai un ruolo importantissimo nei commerci internazionali.

   a. Le colonie americane • **b.** Le guerre di successione e la guerra dei sette anni • **c.** La rivoluzione industriale • **d.** La guerra d'indipendenza nelle colonie americane • **e.** La rivoluzione francese

   b. LE NUOVE DOMINAZIONI IN ITALIA
   1. ☐ è governato dalla dinastia spagnola dei Borbone.
   2. ☐ diventa uno stato indipendente.
   3. ☐ passa sotto la dominazione austriaca.
   4. ☐ è dominata dalla dinastia austriaca dei Lorena.
   5. ☐ resta formalmente indipendente.
   6. ☐ resta un centro importantissimo per l'editoria.
   7. ☐ continua a essere governato dalla dinastia dei Savoia.

   a. La Lombardia • **b.** La Toscana • **c.** Il Sud Italia • **d.** Il Piemonte • **e.** Lo Stato Pontificio • **f.** La Repubblica di Venezia

Il RITORNO della CLASSICITÀ e la centralità della RAGIONE

NOTE

Dio questa visione è chiamata "deismo"

oltre i confini nazionali questo essere cittadini e cittadine del mondo è chiamato "cosmopolitismo"

● *L'età dei lumi*

Il pensiero filosofico e le scoperte scientifiche del Seicento hanno rivoluzionato la visione del mondo e della società. E infatti nel Settecento **la ragione** diventa la chiave principale per approfondire e mettere in pratica questa nuova visione. Ecco perché si parla di **età dei lumi**, cioè le luci che **"illuminano" la mente** e la liberano dal "buio" dell'ignoranza. Alla religione ufficiale si contrappone così una visione più libera del rapporto tra l'essere umano e Dio. È il tramonto definitivo del dominio della Chiesa nella cultura e nella società. Ma è anche l'inizio della **crisi della nobiltà** e, nella seconda parte del secolo, del potere assoluto in generale. La **borghesia**, sempre più solida e consapevole, vuole **diffondere la libertà di pensiero** oltre i confini nazionali. Tutto questo crea il movimento internazionale dell'**Illuminismo**, che porterà alle due grandi rivoluzioni del secolo: quella americana e quella francese.

La trasformazione della cultura

Con l'Illuminismo, come abbiamo visto, la cultura esce dai salotti e dalle corti aristocratiche. Aprono molti **caffè letterari**, luoghi di **incontro della borghesia** e della nobiltà progressista dove si discutono le nuove idee e si progetta il cambiamento.

La cultura deve essere di tutti, e per questo si preferiscono generi letterari in prosa, vicini alla lingua dei lettori e delle lettrici. Si diffonde il **giornalismo**: **periodici**, **riviste** e **quotidiani** dal **linguaggio vivace e chiaro**, a servizio della diffusione delle notizie dal mondo e della **divulgazione scientifica**. Se la società deve cambiare, bisogna far partecipare le persone a tutte le scoperte e le conoscenze utili alla rivoluzione.

Altro modello importante in questo senso è l'**Enciclopedia**, il libro per la diffusione dell'intero sapere, grazie soprattutto all'enorme lavoro dei due **illuministi francesi Diderot e D'Alembert**.

Le Accademie

Nata a **Roma** alla fine del Seicento, l'**Accademia dell'Arcadia** durante il Settecento si diffonde anche in altre parti d'Italia. Il suo scopo è **riformare la poesia italiana**, ripulirla dal "**cattivo gusto**" del Barocco e tornare ai modelli del **classicismo** e del **petrarchismo**. Un'altra accademia importante è l'**Accademia dei Trasformati** a Milano: ne fanno parte scrittori importanti tra cui Parini, Baretti e Pietro Verri. Ma presto quest'ultimo se ne andrà per fondare a casa sua, insieme al fratello Alessandro e ad altri nobili "ribelli", l'**Accademia (o società) dei Pugni**: giovani dell'aristocrazia "illuminata" e della borghesia milanese **si ritrovano** per discutere e progettare una vera trasformazione della cultura e della società, basandosi sul presente e non sul passato.

NOTE

giornalismo parte tutto dall'Inghilterra, primo grande stato nazionale che vive esperienze di partecipazione civile già nel Seicento

periodici, riviste, quotidiani
periodico qualsiasi tipo di testo che esce periodicamente (ogni giorno, ogni settimana, ogni mese ecc.)
rivista giornale dedicato a un argomento preciso e che esce periodicamente
quotidiano giornale di attualità che esce tutti i giorni

cattivo gusto l'essere volgare, non raffinato

dei Pugni Il nome dell'accademia vuole comunicare la forza e la vivacità delle discussioni

si ritrovano a casa di Pietro Verri

PER CAPIRE

2. Trova i concetti chiave corrispondenti ai titoli dei paragrafi letti.

a. diffusione dei giornali per la divulgazione del pensiero
b. diffusione internazionale della libertà di pensiero
c. ritorno al classicismo e al petrarchismo
d. nascita dei caffè letterari
e. liberazione dai modelli della poesia del passato
f. importanza della ragione
g. ruolo centrale della borghesia
h. creazione delle Enciclopedie per la diffusione della conoscenza
i. riforma della poesia italiana seicentesca

L'età dei lumi
1. ☐ • 2. visione più libera del rapporto con Dio • 3. ☐ • 4. ☐

La trasformazione della cultura
5. ☐ • 6. preferenza per i generi letterari in prosa • 7. ☐ • 8. ☐

Le Accademie
9. ☐ • 10. ☐ • 11. integrazione delle nuove idee illuministe con la tradizione classicista • 12. ☐

La PROSA

I PRINCIPALI GENERI LETTERARI

> **NOTE**
>
> **diritto** l'insieme delle leggi ufficiali
>
> **barbare** incivili (da "barbari", cioè i popoli stranieri che fanno crollare l'Impero Romano)
>
> **inefficaci** non efficaci, inutili

In questa nuova atmosfera cosmopolita, la prosa in Italia accoglie i modelli che arrivano soprattutto dalla Francia e dall'Inghilterra.

● *Il trattato*

In questo momento storico i trattati sono il genere più adeguato alla diffusione delle nuove teorie illuministe: **storia**, **filosofia**, **scienza**, **economia**, **matematica**, **fisica**, **giurisprudenza** sono gli argomenti più sviluppati. Tuttavia non è più il dialogo la struttura prediletta.

Dei delitti e delle pene • CESARE BECCARIA

L'autore è filosofo, giurista ed economista di famiglia nobile. Collabora alla rivista **"Il Caffè"** dei fratelli Verri ed è uno dei fondatori dell'**Accademia dei Pugni**. Dalle accese discussioni con gli altri membri del circolo letterario nasce tra le altre anche quest'opera, che diventa subito un **successo internazionale** ed è considerata la base del diritto moderno. La leggono anche i padri fondatori degli Stati Uniti d'America che utilizzano alcuni concetti chiave per la **creazione delle prime leggi americane**. L'opera vuole convincere i sovrani illuminati a eliminare la tortura e la pena di morte, in quanto pratiche "barbare" e inefficaci.

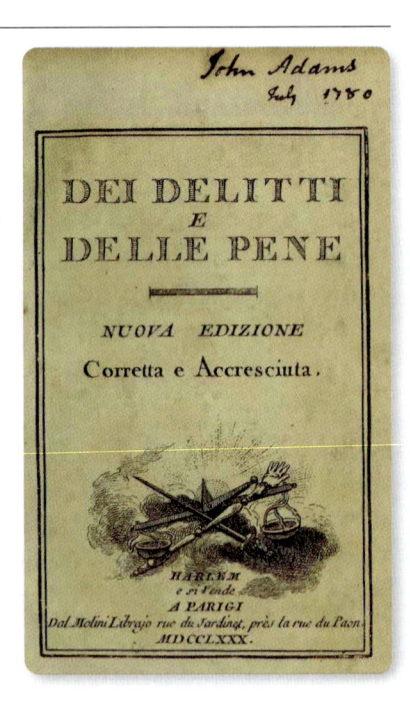

● *L'articolo di giornale*

Un altro strumento fondamentale di diffusione della cultura illuminista è il **giornalismo**. Nato in Inghilterra, il giornale si diffonde velocemente in tutta Europa e nel mondo.

Il Caffè • PIETRO VERRI

Una rivista **milanese** che vuole raccontare la cultura collegandosi alla diffusione dei caffè letterari, luoghi aperti a tutti, dove si discutono temi culturali e di attualità e dove soprattutto si progettano nuove idee. Pietro, insieme al fratello **Alessandro Verri**, a **Cesare Beccaria** e ad altri importanti illuministi, scrive articoli su ogni argomento in un linguaggio vivace, vicino al parlato e aperto alle influenze straniere.

L'autobiografia

Vari scrittori italiani si raccontano in opere che ci mostrano da vicino com'era la vita in questo secolo di trasformazioni: per esempio il veneziano **Giacomo Casanova** con la sua famosissima *Storia della mia vita*, scritta però in lingua francese. Questa complessa figura di **intellettuale, scienziato e filosofo** resterà però nella memoria della cultura occidentale soprattutto per le sue avventure amorose, tanto da rendere proverbiale il suo stesso nome, come vedremo alla fine di questo capitolo.

Altra opera interessante scritta in francese da un italiano è *Memorie* del veneziano **Carlo Goldoni**, in cui questo grande **commediografo** descrive la sua visione del teatro moderna e racconta il suo difficile cammino verso il successo.

Altre autobiografie interessanti, questa volta in lingua italiana, sono quelle del **filosofo e storico** napoletano **Giambattista Vico** e del **tragediografo e poeta** piemontese **Vittorio Alfieri**.

Giacomo Casanova ritratto dal fratello Francesco.

PER CAPIRE

3. Trova per ogni titolo il brano corrispondente.
   a. ☐ *Dei delitti e delle pene* di **Cesare Beccaria** – *trattato*
   b. ☐ *"Il Caffè"* di **Pietro Verri** – *rivista*
   c. ☐ *Vita scritta da esso* di **Vittorio Alfieri** – *autobiografia*

   1.
   Nella città d'Asti in Piemonte, il dì 17 1749 di Gennaio dell'anno 1749, **io nacqui di nobili, agiati, ed onesti parenti**. E queste tre loro qualità ho espressamente individuate, e a **gran ventura mia** le ascrivo per le seguenti ragioni.

   2.
   Questo lavoro fu intrapreso da una piccola **Società d'Amici** per il piacere di scrivere, per l'amore della lode, e per l'ambizione (la quale non si vergognano di confessare) di **promovere**, e di **spingere** sempre più **gli animi Italiani allo spirito della Lettura**…

   3.
   Gli uomini lasciano per lo più in abbandono i più importanti **regolamenti** alla giornaliera prudenza, o alla discrezione di quelli, l'interesse de' quali è di **opporsi** alle più provvide **leggi** che per natura rendono universali i vantaggi…

La POESIA

I PRINCIPALI GENERI LETTERARI

NOTE
Sannazzaro vedi capitolo 3
didascalica che vuole insegnare qualcosa
sciolti che non fanno rima tra loro
satirico legato alla satira, genere letterario che vuole criticare un aspetto della società facendo ridere, ma anche riflettere
svogliato pigro, che non ha voglia di fare nulla
vespro l'ora del tramonto
parassita che vive a spese degli altri
grottesche innaturali, deformate, che creano sensazioni in contrasto tra loro

Poesia lirica dell'Arcadia

Misura, **equilibrio** e **atmosfera bucolica** sono gli elementi chiave della poesia settecentesca prodotta dai membri dell'**Accademia dell'Arcadia**. L'organizzazione della comunità letteraria cerca di **riprodurre l'ambiente pastorale**: ogni membro deve avere un nome legato alla figura di un pastore, il luogo di ritrovo si chiama "bosco" e il presidente dell'accademia è il "custode". Arcadia, infatti, come abbiamo visto con l'opera di Sannazzaro, era una regione dell'Antica Grecia, diventata poi simbolo di pace e armonia con la natura.

Varie scrittrici del tempo aderiscono all'Arcadia, come **Faustina Maratti** e **Petronilla Paolini**, mostrando **punti di vista originali** e uno stile che riesce a superare la rigidità del modello petrarchesco.

Un altro autore da ricordare è il romano **Pietro Metastasio**, che entra nell'accademia ancora ragazzino per volontà di uno dei fondatori e che diventa però famoso in tutta Europa soprattutto per la sua opera di **rinnovamento del melodramma**.

La poesia didascalica

Genere completamente diverso è la poesia didascalica, e in particolare l'opera di uno dei letterati italiani più importanti del Settecento.

Il Giorno • GIUSEPPE PARINI

Un **poemetto** in endecasillabi sciolti, **didascalico** ma anche satirico. L'autore è un sacerdote illuminista vicino al circolo letterario dei fratelli Verri, che per vivere fa l'insegnante privato nelle famiglie della nobiltà milanese. E proprio da questa sua esperienza nasce l'idea di descrivere in forma di poesia **la giornata di un nobile e svogliato allievo**, dalle prime ore del mattino fino a notte fonda. E infatti l'opera è divisa in **Mattino, Mezzogiorno, Vespro** e **Notte**.

Emerge il ritratto di una classe sociale arrogante e parassita, che disprezza il popolo e vive in un **mondo inautentico** e privo di contatti con la realtà.

Lo **stile** di Parini è **elegante e raffinato**, con richiami alla mitologia classica e descrizioni grottesche dei complessi e inutili riti quotidiani del suo allievo. Forte è l'elemento dell'**ironia**, con cui l'autore comunica tutto il suo disprezzo verso il "Giovin Signore".

PER CAPIRE

4. Poesia satirico-didascalica o lirica arcadica? Leggi i due brani e indica l'autore / autrice corrispondente: Faustina Maratti (FM) o Giuseppe Parini (GP).

a.
> Dov'è, dolce mio caro amato Figlio,
> Il lieto sguardo, e la fronte serena?
> Ove la bocca di bei vezzi piena,
> E l'inarcar del grazioso ciglio?

☐ FM ☐ GP

b.
> Signore, il tuo mattin. Tu col cadente
> Sol non sedesti a parca mensa, e al lume
> dell'incerto crepuscolo non gisti
> jeri a corcarti in male agiate piume,
> come dannato è a far l'umile vulgo.

☐ FM ☐ GP

Il TEATRO
I PRINCIPALI GENERI LETTERARI

Il teatro del Settecento rappresenta ormai un genere **a parte**, con il suo **pubblico e i suoi spazi**. La città più importante è sicuramente **Venezia**, dove era nato nel Seicento il primo teatro pubblico d'Europa. In questo secolo ci sono alcune importanti trasformazioni, soprattutto nella commedia: nascono le caratteristiche del **teatro moderno d'autore**.

La commedia borghese

Partendo dal modello della Commedia dell'Arte, di grande successo in tutta Europa, l'autore veneziano **Carlo Goldoni** comincia piano piano a **liberarsi delle maschere** e dei caratteri stereotipati, creando nelle sue commedie **personaggi** sempre più **realistici**. I protagonisti vivono situazioni quotidiane del **mondo contemporaneo**, usando **intelligenza** e **senso pratico**, qualità tipiche della **borghesia**. I **dialoghi** non sono più improvvisati, ma **scritti**, così come sono descritti in modo dettagliato i movimenti e le azioni da realizzare sul palcoscenico: il ruolo del **drammaturgo** diventa sempre più importante.

> **NOTE**
>
> **stereotipati** legati a degli stereotipi, quindi semplificati e generali
>
> **palcoscenico** il luogo del teatro dove c'è la scena e dove di solito recitano gli attori e le attrici
>
> **locanda** luogo per viaggiatori, dove si può mangiare e dormire. Da qui il titolo "Locandiera", ovvero proprietaria di una locanda

La locandiera • CARLO GOLDONI

È una delle opere più famose di Goldoni. Racconta le vicende di **Mirandolina**, la proprietaria di una locanda a Firenze. Donna carismatica, forte e intelligente, corteggiata da molti suoi clienti, si concentra sull'unico cliente non interessato, un cavaliere misogino, cioè che odia tutte le donne. Quando alla fine il nobile cede e dichiara pubblicamente il suo amore per lei, Mirandolina lo abbandona e prende una decisione a sorpresa.

NOTE

Romanticismo nascerà in Germania e in Inghilterra e si diffonderà in tutta Europa (lo vedremo nel prossimo capitolo)

Grecia la tragedia si ispira a una famosa opera del poeta latino Ovidio: *Metamorfosi*

• La tragedia

Mirra • VITTORIO ALFIERI

L'autore è uno degli scrittori più importanti del secondo Settecento. **Poeta e tragediografo** piemontese di famiglia nobile, crea nelle sue opere dei **personaggi che anticipano** le caratteristiche degli **eroi e delle eroine del** Romanticismo europeo di fine secolo. In questa tragedia in particolare, si racconta una storia ambientata nell'antica Grecia: la **principessa Mirra** è disperata per un amore impossibile. Infatti Venere, dea dell'amore, per vendetta l'ha fatta **innamorare di suo padre**. Solo il **suicidio** riuscirà a liberare Mirra dalla sua insostenibile disperazione. Tutte le tragedie di Alfieri sono scritte in versi endecasillabi sciolti.

Busto di Vittorio Alfieri a Roma.

PER CAPIRE

5. Leggi i brani e indica quale personaggio sta parlando: Mirandolina o Mirra?

☐ Mirandolina ☐ Mirra

a.
Grazie, signori miei, grazie. Ho tanto spirito che basta, per dire ad un forestiere ch'io non lo voglio, e circa all'utile, la mia locanda non ha mai camere in ozio.

☐ Mirandolina ☐ Mirra

b.
L'unica vostra, e troppo amata figlia son io, ben so. Goder d'ogni mia gioja, e v'attristar d'ogni mio duol vi veggo; ciò stesso il duol mi accresce. Oltre i confini del natural dolore il mio trascorre;

☐ Mirandolina ☐ Mirra

c.
Ma che credi tu ch'io mi sia? Una frasca? Una civetta? Una pazza? Mi maraviglio di te. Che voglio fare io dei forestieri che vanno e vengono?

☐ Mirandolina ☐ Mirra

d.
Questo stesso tuo dir mia morte affretta... Lascia, deh! lascia, per pietá, ch'io tosto da te... per sempre... il piè... ritragga...

☐ Mirandolina ☐ Mirra

e.
Essere omai per tutti dura io deggio; ed a me prima io 'l sono. – È giorno questo di gioja e nozze. Or, se tu mai mi amasti, aspra ed ultima prova oggi ten chieggo;

☐ Mirandolina ☐ Mirra

f.
Questa biancheria l'ho fatta per personaggi di merito: per quelli che la sanno conoscere; e in verità, illustrissimo, la do per esser lei, ad un altro non la darei.

DEI DELITTI E DELLE PENE
di Cesare Beccaria

GUIDA ALLA LETTURA

1. L'opera di Beccaria è un *pamphlet*, cioè un piccolo testo in prosa in cui l'autore sostiene con forza le sue idee su un determinato argomento di attualità. Questo genere è uno dei più diffusi durante l'Illuminismo, per la brevità, lo stile semplice e il linguaggio vivace. Di questi due brani del Settecento, quale secondo te è tratto da un *pamphlet*?
   a. ☐ Il padre fu di umore allegro, la madre di tempra assai malinconica; e così entrambi concorsero alla naturalezza di questo lor figliuolo.
   b. ☐ Sono già più anni, dacché il ribrezzo medesimo che ho per le procedure criminali mi portò a volere esaminate la materia ne' suoi autori, la crudeltà e assurdità de' quali sempre più mi confermò nella opinione di riguardare come una tirannia superflua i tormenti che si danno nel carcere.

2. Beccaria esprime in questo brano la sua opinione sulla tortura. Leggi il testo e inserisci le parti mancanti.

   a. se è incerto • **b.** mentre si dubita se sia reo, o innocente • **c.** per costringerlo a confessare un delitto • **d.** di cui potrebbe esser reo • **e.** prima della sentenza del giudice

12 🔊

Della Tortura.
Una crudeltà **consagrata**[1] dall'uso nella maggior parte delle nazioni è la tortura del **reo**[2], mentre si forma il processo, (1) ☐, o per le contraddizioni nelle quali **incorre**[3], o per la scoperta de' complici, o per non so quale metafisica ed incomprensibile **purgazione d'infamia**[4], o **finalmente**[5] per altri delitti, (2) ☐, ma dei quali non è accusato.
Un uomo non può chiamarsi reo (3) ☐, né la società può togliergli la pubblica protezione, se non quando sia deciso ch'egli abbia violati i patti coi quali gli **fu accordata**[6]. Quale è dunque quel diritto, se non quello della forza, che dia la podestà ad un giudice di dare una pena ad un cittadino, (4) ☐? Non è nuovo questo dilemma: o il delitto è certo, o incerto; se certo, non gli conviene altra pena che la stabilita dalle leggi, ed inutili sono i **tormenti**[7], perché inutile è la confessione del reo; (5) ☐, non devesi tormentare un innocente, perché tale è, secondo le leggi, un uomo i cui delitti non sono provati.

NOTE
1 consagrata, diventata istituzionale
2 colpevole
3 incontra per caso
4 purificazione dalla pubblica vergogna
5 alla fine, per concludere
6 è stata data di comune accordo
7 estreme e continue sofferenze

3. In questo brano Beccaria introduce per la prima volta un concetto fondamentale, cioè la *presunzione di innocenza*: nessuna persona è colpevole finché non sia dimostrato ufficialmente il contrario. Rileggi il brano a pagina 97 e trova la frase che secondo te esprime in maniera più precisa questo concetto. Poi confrontati con un compagno o con una compagna. Avete indicato la stessa frase?

Cesare Beccaria

Lo sapevi?

Milano 1738 – 1794

- Figlio di un aristocratico milanese, la sua famiglia sogna per lui una carriera importante. Ma il giovane Cesare si innamora e poi sposa una ragazza di classe sociale inferiore e così il padre lo caccia di casa. Sarà così aiutato e ospitato per un periodo a casa di Pietro Verri, che diventa per molti anni uno dei suoi migliori amici.

- Sua figlia è Giulia Beccaria, che sposerà molto giovane un uomo rigido e conservatore, di vent'anni più vecchio: è Pietro Manzoni, padre di Alessandro Manzoni, uno degli scrittori più importanti della lingua e della letteratura italiana, autore del famoso romanzo storico *I Promessi Sposi*.

- Dopo anni di incertezza e difficoltà per la censura del suo libro, fa carriera nell'amministrazione di Milano e contribuisce alle riforme asburgiche sotto Maria Teresa d'Austria. Per questo litiga con i suoi amici, soprattutto con Pietro Verri, che lo accusano di avere tradito i suoi ideali e quindi di essere diventato un "servo del sistema".

Statua di Cesare Beccaria, a Milano.

LA LOCANDIERA
di Carlo Goldoni

GUIDA ALLA LETTURA

4. Questa commedia si divide in tre atti. Prova a mettere in ordine le parti della storia per ogni atto.

ATTO PRIMO
a. ☐ Allora Mirandolina, che non è abituata a essere trattata così male, decide di vendicarsi: lo farà innamorare di lei pubblicamente.
b. ☐ Mirandolina gestisce una locanda a Firenze ed è molto corteggiata dai suoi clienti. In particolare da un nobile senza ricchezze e da un ricco borghese diventato nobile.
c. ☐ Un giorno arriva un cavaliere misogino, che la tratta come una serva e non è per nulla interessato a lei.
d. ☐ La protagonista si diverte a farsi corteggiare da entrambi, senza un vero interesse per nessuno dei due.

ATTO SECONDO
a. ☐ Allora la protagonista finge di svenire per farsi soccorrere da lui e bloccare così la partenza dell'uomo.
b. ☐ Finalmente il cavaliere capisce di provare dei veri sentimenti per Mirandolina e, spaventato, decide di lasciare la locanda per salvarsi.
c. ☐ Per fare innamorare il nobile, Mirandolina è sempre più gentile e piena di attenzioni per lui, che infatti inizia a cambiare atteggiamento.
d. ☐ La protagonista si mostra complice della misoginia del nobile, dichiarando di disprezzare come lui le donne che pensano solo a sposarsi.

ATTO TERZO
a. ☐ La protagonista riesce a evitare la tragedia, ma ormai la situazione è fuori controllo.
b. ☐ Gli altri due clienti accusano il nobile misogino di provare dei sentimenti per Mirandolina. Scoppia una lite molto violenta tra i tre.
c. ☐ Decide così di salvarsi sposando il cameriere Fabrizio. Lei non lo ama, e proprio per questo sa che con lui potrà conservare la sua libertà.
d. ☐ Mirandolina adesso deve gestire il cavaliere che è ormai innamorato e quindi profondamente in crisi.

Carlo Goldoni

Lo sapevi?

Venezia 1707 – Parigi 1793

- A nove anni scrive la sua prima commedia. Il padre vuole farlo studiare, ma lui è un giovane ribelle: da adolescente scappa con una compagnia di comici e dopo qualche anno viene espulso dal collegio di Pavia per aver scritto una satira sulle studentesse.

- Ha tanti ammiratori, ma anche molti nemici, soprattutto nel mondo teatrale veneziano, come l'ex gesuita Pietro Chiari, che spesso gli ruba le idee per le sue commedie.

- La sua riforma del teatro non è accolta subito bene, e infatti, dopo aver portato in scena a Venezia la sua prima commedia totalmente scritta in tutte le sue parti, *La donna di garbo*, deve lasciare la sua città per i debiti e l'insuccesso.

Statua di Goldoni dell'artista Antonio Dal Zotto (1883).

5. In questo monologo Mirandolina dichiara la sua intenzione di far innamorare il Conte d'Albafiorita, l'unico che non la corteggia e la tratta male. Leggi il testo. In quale atto si trova secondo te questo brano?

13

Uh, che mai ha detto! L'eccellentissimo signor marchese **Arsura**[1] mi sposerebbe? Eppure, se mi volesse sposare, vi sarebbe una piccola difficoltà. Io non lo vorrei. **Mi piace l'arrosto, e del fumo non so che farne**[2]. Se avessi sposati tutti quelli che hanno detto volermi, oh, avrei pure tanti mariti! Quanti arrivano a questa locanda, tutti di me s'innamorano, tutti mi **fanno i cascamorti**[3]; e tanti e tanti mi **esibiscono**[4] di sposarmi **a dirittura**[5].
E questo signor cavaliere, rustico come un orso, mi tratta **sì**[6] bruscamente? Questi è il primo **forestiere**[7] capitato alla mia locanda, il quale non abbia avuto piacere di trattare con me. Non dico che tutti **in un salto s'abbiano a innamorare**[8]: ma disprezzarmi così? è una cosa che mi muove la **bile**[9] terribilmente. È nemico delle donne? Non le può vedere? Povero pazzo! Non avrà ancora trovato quella che sappia fare. Ma la troverà. La troverà. E chi sa che non l'abbia trovata? Con questi per l'appunto **mi ci metto di picca**[10]. Quei che mi corrono dietro, presto, presto m'annoiano. La nobiltà non fa per me. La ricchezza la stimo e non la stimo. Tutto il mio piacere consiste in vedermi servita, **vagheggiata**[11], adorata. Questa è la mia debolezza, e questa è la debolezza di quasi tutte le donne. A **maritarmi**[12] non ci penso nemmeno; non ho bisogno di nessuno; vivo onestamente, e godo la mia libertà. Tratto con tutti, ma non m'innamoro mai di nessuno. Voglio **burlarmi**[13] di tante caricature d'amanti **spasimati**[14]; e voglio usar tutta l'arte per vincere, abbattere e **conquassare**[15] quei cuori barbari e duri che son nemici di **noi**[16], che siamo la miglior cosa che abbia prodotto al mondo la bella madre natura.

NOTE

1 il marchese di Forlimpopoli, nobile in rovina, è chiamato con ironia "Arsura" (mancanza d'acqua)

2 Alla protagonista interessa la sostanza e non la forma

3 si comportano da innamorati

4 propongono

5 addirittura

6 così

7 persona che arriva da fuori

8 si debbano subito innamorare

9 liquido giallo prodotto dal fegato (simboleggia la rabbia)

10 la prendo come una sfida personale, per orgoglio (la picca è un'arma, fatta con un'asta di legno e una punta di ferro)

11 desiderata

12 sposarmi

13 prendere in giro, prendermi gioco

14 appassionati

15 rovinare

16 noi donne

Il brano fa parte dell'atto ☐ PRIMO ☐ SECONDO ☐ TERZO

6. Che cosa pensi del testo che hai appena letto? Sei d'accordo che le ultime parole di Mirandolina? Prepara un breve discorso in cui spieghi il tuo punto di vista seguendo queste linee guida:

La protagonista dell'opera di Goldoni…
Io sono d'accordo/non sono d'accordo con lei perché…
Secondo me le donne…

Lo sapevi?

Maria Teresa d'Austria, la madre della patria

Vienna 1717 – 1780

- Maria Teresa d'Asburgo è stata una delle sovrane più importanti della storia occidentale. Saggia, capace e indipendente, sposa l'uomo che ama, Francesco Stefano di Lorena, in un'epoca in cui i matrimoni tra sovrani sono organizzati solo per questioni politiche e non certo per amore. Sale al trono giovanissima, ma mostra subito una straordinaria capacità di gestire la politica e organizzare lo Stato. È descritta come una donna bellissima, ma per la sua giovane età non è considerata dagli altri sovrani europei. Dimostrerà presto di essere una persona preparata e saggia, una governatrice abilissima, in molti casi migliore dei suoi colleghi maschi. Lei stessa si definisce madre prima di tutto del suo popolo: per lei la patria viene prima della sua stessa famiglia. I suoi numerosi figli occupano posizioni strategiche nella politica estera, in particolare in Italia: in Toscana, a Parma, a Napoli, e soprattutto in Lombardia. Una delle sue figlie, Maria Antonietta, diventerà regina di Francia e sarà la tragica protagonista dell'evento europeo più importante del secolo: la Rivoluzione Francese.

Connessioni

Vuoi immergerti nella vita del Settecento italiano? **Il resto di niente** di Antonietta De Lillo (2004) è un film tratto dal romanzo storico italiano di Enzo Striano, che racconta la vita di Eleonora de Fonseca Pimentel, patriota, politica, giornalista e poetessa italiana, una delle figure più interessanti dell'Italia di fine secolo.

Parole in viaggio

illuminato/a indica **una persona che ha una mente intelligente e aperta al progresso**. Questo secondo uso si è diffuso proprio nel Settecento per indicare per esempio i sovrani e le sovrane che accoglievano le nuove idee illuministe.

casanova indica un uomo **a cui piace sedurre e avere tante avventure amorose senza mai impegnarsi**: "Non ti fidare, è un casanova". Questa parola deriva dal cognome di Giacomo Casanova, un poeta, filosofo, diplomatico della Repubblica di Venezia, diventato famoso soprattutto per le sue incredibili avventure amorose raccontate nella sua autobiografia.

L'ITALIA DEL SETTECENTO

LINEA DEL TEMPO di alcune delle opere italiane principali

Carlo Goldoni
[Venezia 1707 – Parigi 1793]

1753 LA LOCANDIERA
commedia in cui i personaggi hanno caratteri complessi e realistici

1700 — 1710 — 1720 — 1730 — 1740 — 17

> "Non vi è libertà ogni qualvolta le leggi permettono che, in alcuni eventi, l'uomo cessi di essere persona e diventi cosa."
>
> **Cesare Beccaria** da *Dei delitti e delle pene* – cap. XX *Violenze*

Giuseppe Parini
[Bosisio 1729 – Milano, 15 agosto 1799]

1763-1765 IL GIORNO
poemetto didascalico-satirico in endecasillabi sciolti

1 *Milano*

Grande centro culturale del Nord Italia, grazie all'abile governo dei funzionari di **Maria Teresa d'Austria**, diventa anche una città moderna e un importante punto di riferimento dell'**illuminismo** italiano con i **fratelli Verri**, **Beccaria** e **Parini**; è sede della redazione del giornale "**Il Caffè**", dell'**Accademia dei Trasformati** e dell'**Accademia dei Pugni**.

2 *Venezia*

Storico punto di riferimento dell'**editoria europea**, vede in questo secolo anche la nascita di vari **giornali illuministi**; ma soprattutto è la sede più importante per lo **sviluppo del teatro borghese** grazie al lavoro di **Carlo Goldoni**. È anche una delle pochissime città rimaste autonome con lo statuto di **Repubblica**.

3 *Torino*

Centro importante del **Regno dei Savoia**, ospita varie **accademie** ed è al centro di una forte riorganizzazione architettonica. È inoltre la città dove **Vittorio Alfieri** vive la sua formazione illuminista e classicista.

4 *Firenze*

Capitale del **Granducato di Toscana**, vive un periodo di importanti **riforme** grazie al governo illuminato di Leopoldo I e per questo torna ad essere anche un **centro culturale e letterario** frequentato dagli scrittori più importanti dell'epoca, compreso **Vittorio Alfieri**.

5 *Roma*

Capitale dello **Stato pontificio**, ha ormai perso il suo dominio politico sull'Europa. Eppure, torna ad essere un importante **centro culturale**, grazie allo sviluppo degli **studi sulle antichità** greche e romane. Questo porterà alla **nascita dell'archeologia**. Ospita la sede centrale dell'**Accademia dell'Arcadia**.

6 *Napoli*

È il **centro culturale** più grande e importante del **Sud Italia** e ospita nella sua antichissima università la prima **cattedra di economia** della storia occidentale; accoglie importanti studiosi illuministi di diritto, storia e filosofia, ed è anche la città di **Pietro Metastasio**, poeta e letterato, autore di melodrammi apprezzati anche all'estero.

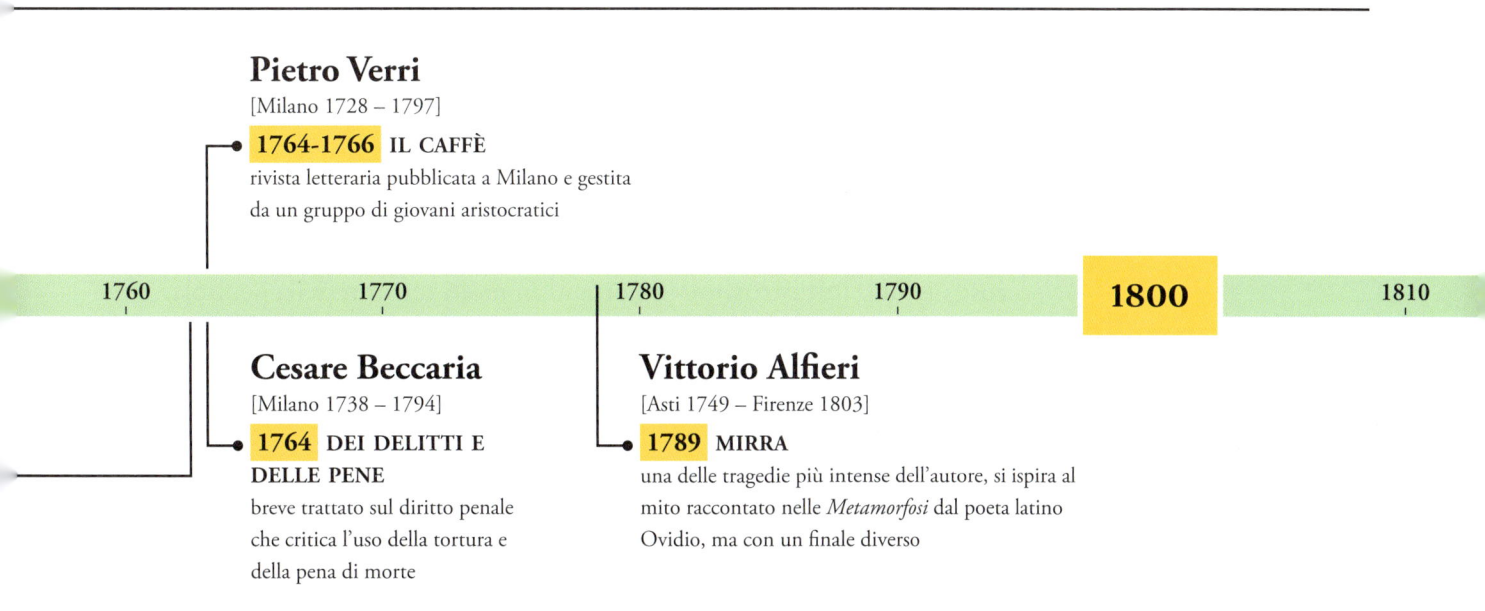

Pietro Verri
[Milano 1728 – 1797]

1764-1766 IL CAFFÈ
rivista letteraria pubblicata a Milano e gestita da un gruppo di giovani aristocratici

1760 — 1770 — 1780 — 1790 — **1800** — 1810

Cesare Beccaria
[Milano 1738 – 1794]

1764 DEI DELITTI E DELLE PENE
breve trattato sul diritto penale che critica l'uso della tortura e della pena di morte

Vittorio Alfieri
[Asti 1749 – Firenze 1803]

1789 MIRRA
una delle tragedie più intense dell'autore, si ispira al mito raccontato nelle *Metamorfosi* dal poeta latino Ovidio, ma con un finale diverso

Il primo OTTOCENTO

Mi chiedo...

Quali sono le differenze tra *Romanticismo* e *Neoclassicismo*?
Perché Alessandro Manzoni è così importante per la letteratura italiana?
Quali sono i poeti più importanti di questo periodo?

CONTRO il RITORNO del PASSATO

NOTE

a cavallo tra due secoli che va dalla fine di un secolo all'inizio dell'altro

colonie possedimenti di uno Stato in un territorio lontano spesso governati con la violenza o l'oppressione delle popolazioni locali

infrastrutture strutture di collegamento come ponti, strade ecc.

• *L'età napoleonica*

Dividere il corso della storia in secoli è solo una delle tante possibili soluzioni per raccontare gli eventi. Molti studiosi, per esempio, definiscono "età napoleonica" il periodo che va **dall'ascesa di Napoleone** di fine Settecento fino alla sua caduta e **al Congresso di Vienna** degli inizi dell'Ottocento.
Una fase a cavallo tra i due secoli in cui si passa **dagli ideali democratici** della rivoluzione francese **all'Impero assoluto** di un solo uomo. Un giovane che conquista in poco tempo gran parte dell'Europa, usando a suo favore **l'illusione degli ideali** di fratellanza, uguaglianza e libertà della **Rivoluzione francese**.
In Italia Napoleone occupa quasi tutti i territori, trasformati all'inizio in **repubbliche** e poi in **regni**, ma sostanzialmente ridotti fin da subito a colonie francesi. Si aboliscono gli ordini religiosi, si creano scuole statali e si costruiscono infrastrutture importanti in molti territori della penisola.
Dopo una prima speranza di cambiamento, è chiaro però per tutti che Napoleone non è un liberatore, ma un **tiranno**.

La restaurazione apparente

Napoleone alla fine è sconfitto: **i grandi Stati rivali della Francia si uniscono** per contrastare la sua espansione e dopo varie battaglie riescono a vincere. Si cerca di riportare i confini d'Europa in mano alle **dinastie regnanti prima della rivoluzione** francese: è la "restaurazione" messa in atto dal famoso **Congresso di Vienna**. Non sarà facile mettere d'accordo tutti, anche perché nel frattempo Napoleone cerca di riconquistare il trono di Francia, ma dura poco. Viene di nuovo sconfitto, questa volta definitivamente, nella **battaglia di Waterloo**. Ma i tempi sono cambiati, l'Illuminismo e la Rivoluzione francese hanno diffuso in tutta Europa e in America **un'idea nuova di Stato e di governo**. Il potere assoluto delle famiglie regnanti è destinato a durare poco. La **rivoluzione industriale** ha inoltre creato una nuova categoria di lavoratori e anche una nuova consapevolezza dei diritti dei cittadini. Per i Paesi occupati da potenze straniere, come l'Italia, i **concetti di patria e nazione** sono ormai entrati nella coscienza degli intellettuali: sono i primi passi del **Risorgimento**, un nuovo movimento che porterà nella seconda parte del secolo all'unità d'Italia.

I moti rivoluzionari

Questa nuova coscienza porta in tutta Italia, come in altri Paesi divisi tra diversi sovrani, alla **nascita di società segrete** in cui il patriottismo diventa un movimento per l'ottenimento dell'indipendenza e di costituzioni che limitino il potere monarchico: **libertà, progresso e partecipazione civile** (cioè partecipazione attiva dei cittadini nella vita politica) sono i concetti chiave. Questo si traduce in tentativi di rovesciare il governo dei sovrani, chiamati tradizionalmente **moti rivoluzionari**. Succede in varie zone d'Europa, tra cui l'Italia che è rimasta molto indietro rispetto agli altri grandi Stati europei, soprattutto **al Sud**: qui c'è ancora un **sistema feudale** e le classi contadine vivono nella più completa miseria e ignoranza. **Al Nord**, invece, la situazione è per alcuni aspetti migliore, grazie a una **borghesia più solida** e collegata con gli ambienti internazionali.
Il sostegno militare dell'unica grande **monarchia italiana**, i **Savoia**, darà poi agli intellettuali italiani la possibilità di liberare progressivamente l'Italia dalla dominazione straniera degli Asburgo e dei Borboni con **le guerre d'indipendenza**.

Giuseppe Mazzini in una foto autografata.

> **NOTE**
>
> **società segrete** organizzazioni politiche create di nascosto
>
> **patriottismo** viene da patria, cioè il proprio Stato
>
> **costituzioni** documenti che raccolgono tutte le leggi fondamentali dei vari Stati, compresi i diritti e i doveri dei cittadini e delle cittadine

PER CAPIRE

1. **Completa le frasi.**
   a. ☐ Il patriottismo
   b. ☐ Le società segrete
   c. ☐ Gli ideali della rivoluzione francese
   d. ☐ Napoleone
   e. ☐ La Restaurazione
   f. ☐ Il Risorgimento
   g. ☐ L'età napoleonica
   h. ☐ Le repubbliche napoleoniche

   1. è il periodo che va dalla fine del Settecento agli inizi dell'Ottocento.
   2. sono sostanzialmente delle colonie francesi.
   3. si presenta agli altri Stati europei come liberatore, ma dimostrerà presto di essere lui stesso un sovrano assoluto.
   4. vuole riconsegnare gli Stati europei alle famiglie che regnavano prima della Rivoluzione francese.
   5. hanno formato nelle figure intellettuali dell'epoca una nuova coscienza civile e politica.
   6. riuniscono di nascosto tutti gli intellettuali che vogliono organizzarsi per combattere l'assolutismo dei sovrani.
   7. sostiene l'indipendenza, la riunificazione del proprio Stato e l'introduzione di una costituzione.
   8. in Italia coinvolgerà anche la dinastia dei Savoia che supporterà le battaglie per l'indipendenza e l'unificazione del Paese.

NEOCLASSICISMO e ROMANTICISMO

NOTE

Rococò evoluzione del Barocco, si sviluppa in Francia agli inizi del Settecento

Neoclassicismo: il culto dell'antichità

Nel Settecento, con la riscoperta in Italia di antiche città, ville imperiali e magnifici monumenti dell'epoca greco-romana, torna il **culto dell'antichità** e nasce l'**archeologia moderna**. Bellezza, equilibrio e perfezione tornano a guidare gli artisti, dopo le sperimentazioni estreme del Barocco e del Rococò. Non si tratta però solo di imitare gli antichi, l'atteggiamento ora è più complesso: **si teorizza il bello ideale** e **si reinterpretano i miti** e i modelli con uno sguardo più consapevole della storia e della contemporaneità. Il **Neoclassicismo** si diffonde a cavallo tra i due secoli in tutte le arti figurative, nella musica, nella letteratura e nel teatro. In Italia, l'artista più importante è senza dubbio lo scultore **Antonio Canova**. Abbiamo già incontrato nel Settecento autori di opere neoclassiche: Giuseppe Parini e Vittorio Alfieri. Nel primo Ottocento gli autori neoclassici più importanti sono **Vincenzo Monti** e soprattutto **Ugo Foscolo**.

● *Romanticismo: il mito del sentimento*

Le delusioni causate dal fallimento della Rivoluzione francese aumentano la sensazione di **instabilità**, **inquietudine** e **impotenza** degli artisti e degli intellettuali dell'epoca. Già dalla fine del Settecento, soprattutto in Germania e Inghilterra, si sviluppa un nuovo sentimento tra gli artisti: torna l'**interesse verso il Medioevo**, i racconti cavallereschi e i canti popolari, anche nell'ottica di una **rivendicazione della propria cultura e identità nazionale**, in opposizione al lontano modello greco-romano proposto dal Neoclassicismo. Di solito questa fase è chiamata **Preromanticismo**. Questo atteggiamento trova poi una **spinta** nel nuovo secolo, con le **idee patriottiche** e i **moti rivoluzionari**. L'artista tormentato, il poeta inquieto, il letterato militante: figure che celebrano l'**istinto** e si fanno guidare dalla forza e dall'intensità dei propri **sentimenti**, ma combattono anche per la loro patria e per la libertà dei popoli. Le loro opere **non seguono regole stabilite** e non imitano modelli. La bellezza per loro non significa equilibrio, ma il suo contrario. La **natura** non è pace e armonia, ma **specchio** dei propri **sentimenti**, spesso cupi e travolgenti: sono le caratteristiche della corrente chiamata **Romanticismo**.

NOTE

tormentato pieno di dubbi e sofferenze

militante impegnato in politica e in questioni sociali

La tipica immagine dell'eroe romantico. Sintografia elaborata in base a un famoso quadro dell'epoca di Caspar David Friedrich.

● *Il caso italiano*

In Italia **Romanticismo** e **Neoclassicismo** sono spesso due correnti **presenti nello stesso autore**.

In generale il **Romanticismo italiano** è **meno estremo e irrazionale** di quello nord-europeo, dove sono forti gli elementi del fantastico e la ricerca delle proprie radici, che diventano fondamentali per lo sviluppo di un'identità nazionale.

In Italia, invece, è l'indipendenza dagli stranieri a guidare il senso di nazione ed è per questo che il Romanticismo italiano si lega al **movimento politico e culturale del Risorgimento**. Una delle città di riferimento è **Milano**, dove attorno alla rivista "**Il Conciliatore**" si riuniscono letterati lombardi e piemontesi, **borghesi e aristocratici progressisti** che vogliono appunto "conciliare", cioè mettere insieme, argomenti diversi della cultura contemporanea, con un punto di partenza comune: l'indipendenza dalla dominazione straniera. Il giornale ha vita brevissima: dopo i primi moti, alcuni membri della redazione saranno arrestati e il giornale chiuso. Ma gli scritti restano e testimoniano importanti idee ormai diffuse tra gli intellettuali romantici italiani.

PER CAPIRE

2. Indica se le frasi sono vere o false.

	V	F
a. Dopo le sperimentazioni del Settecento, gli artisti decidono di tornare ai modelli del Classicismo.	☐	☐
b. Il Neoclassicismo si sviluppa solo nelle arti visive e nella musica.	☐	☐
c. Il Medioevo viene rivalutato dagli intellettuali italiani.	☐	☐
d. I letterati e gli artisti del Romanticismo sono spesso anche attivi nella vita politica.	☐	☐
e. In Italia Neoclassicismo e Romanticismo sono due correnti divise, seguite da letterati diversi e in contrasto tra loro.	☐	☐
f. Il "Conciliatore" è un periodico milanese che riunisce scrittori progressisti a favore dell'indipendenza dall'occupazione straniera.	☐	☐

La PROSA

I PRINCIPALI GENERI LETTERARI

NOTE

Goethe uno dei più grandi letterati, filosofi e scienziati della storia moderna, è autore de *I dolori del giovane Werther* a cui Foscolo si ispira per il suo romanzo

alter ego persona che ne rappresenta un'altra, in questo caso l'autore

Venezia a causa di un accordo politico firmato da Napoleone, Venezia smette di essere una repubblica e passa sotto la dominazione austriaca

Come abbiamo già detto, Neoclassicismo e Romanticismo non sono categorie separabili, ma spesso si mescolano nello stesso autore, nella stessa opera.

● Il romanzo

In questo periodo, il genere in prosa più rappresentativo del Preromanticismo e del Romanticismo, che riesce a raccontare la **complessità** degli eventi e delle trasformazioni sociali, è il **romanzo**. È l'epoca dei grandi autori e delle grandi autrici, soprattutto tedeschi, francesi, inglesi e russi, ma anche nord americani. In Italia, nascono in questo periodo due dei romanzi più importanti della letteratura.

Le ultime lettere di Jacopo Ortis • UGO FOSCOLO

L'autore rappresenta perfettamente lo scrittore italiano dell'**età napoleonica**, riunendo in sé caratteristiche sia neoclassiche sia preromantiche. In questo **romanzo epistolare** si ispira al lavoro dello scrittore tedesco Goethe, aggiungendo però alle **sofferenze amorose** l'elemento della grande **delusione politica**. Il protagonista **Iacopo Ortis**, alter ego dell'autore, spedisce delle lettere al suo amico più caro in cui racconta gli ultimi due anni della sua vita: la fuga da Venezia, il vagabondare per l'Italia e l'amore impossibile per Teresa. Alla fine, **deluso e sofferente**, deciderà di togliersi la vita. Il libro è diviso in due parti e ha anche alcuni brani scritti dall'amico che, nella finzione costruita dall'autore, ha ritrovato le lettere di Ortis dopo la sua morte. La struttura narrativa dell'opera è secondaria rispetto alla **forza dei monologhi** del protagonista. La **lingua** è molto **ricercata** e lo stile è pieno di momenti di forte emotività, in perfetto **stile preromantico**.

I promessi sposi • ALESSANDRO MANZONI

L'autore è considerato uno dei più importanti scrittori della letteratura italiana. Il suo è un **romanzo storico** ambientato nel **Seicento** in **Lombardia** durante **l'occupazione spagnola**: l'autore dichiara nell'introduzione del romanzo di aver trovato un manoscritto originale con una storia davvero interessante da raccontare. Ma siccome la lingua seicentesca è troppo difficile da comprendere, ha deciso di riscriverla in italiano contemporaneo. Si raccontano **le avventure** di due giovani del popolo, **Renzo e Lucia**, che non possono più sposarsi per colpa di un ricco signore del luogo. L'autore è molto presente nel testo attraverso **interventi diretti** in cui giudica il comportamento dei personaggi, i fatti che accadono e gli aspetti sociali e politici che **rimandano volutamente alla situazione contemporanea** dell'occupazione austriaca in Lombardia. **La lingua** di quest'opera diventerà un **modello importante** per l'unificazione e la diffusione dell'italiano moderno.

Le confessioni di un italiano • IPPOLITO NIEVO

L'autore rappresenta perfettamente lo **scrittore del Risorgimento**. Attivo nella lotta per l'indipendenza, scrive moltissimo, ma solo nel Novecento sarà rivalutato, soprattutto per questo romanzo storico **estremamente moderno**, che unisce lo stile intimista del romanzo foscoliano all'attenzione per le vicende storiche del romanzo manzoniano. L'**ambientazione** però è **contemporanea** e anticipa le scelte narrative dei romanzi realisti del secondo Ottocento. La **lingua è vivace e scorrevole**, pronta per un pubblico più esteso. Si racconta la lunga vita del protagonista che attraversa i due secoli e vive spesso in prima persona tutti **gli avvenimenti più importanti di quest'epoca**: l'Illuminismo, la Rivoluzione francese, l'impero di Napoleone, il ritorno degli austriaci, i moti e poi le guerre d'indipendenza per l'unità d'Italia.

NOTE

manoscritto un documento scritto a mano

intimista che descrive i sentimenti e gli stati d'animo più personali

I promessi sposi: copertina della seconda edizione.

NOTE

macchine a vapore macchine che funzionano grazie all'energia del calore

• *L'articolo di giornale*

Altro genere caro alla nuova borghesia, che con ritardo si sta formando anche in Italia, è l'articolo di giornale. Grazie anche all'invenzione delle **macchine a vapore** per la stampa, **la produzione di libri e giornali aumenta** sensibilmente e il pubblico di lettori e lettrici è sempre più ampio.

Il Conciliatore. Foglio scientifico-letterario

Periodico milanese fondato da due importanti letterati del Risorgimento, **Silvio Pellico** e **Giovanni Berchet**. Il giornale ha **posizioni moderate** ma comunque **patriottiche** e infatti sarà presto chiuso dagli austriaci. Come ricorda anche il nome, l'intento del giornale è quello di **conciliare** la pubblicazione di **articoli su tutte le discipline**, con recensioni di libri stranieri, questioni linguistiche, divulgazioni scientifiche e approfondimenti di economia.
L'idea è quella di continuare il lavoro iniziato un secolo prima dalla rivista illuminista del "Caffè".

PER CAPIRE

3 • Completa le frasi con le parole date. Attenzione: ci sono due parole in più.

le discussioni • il contenuto • due fidanzati • un giornale • l'ambientazione • eventi • invenzioni
le lettere • monologhi • una frequenza • successo • classe sociale • Novecento

a. Il romanzo epistolare è un lungo racconto in cui _____ principale sono _____ scritte dal protagonista.
b. Il romanzo foscoliano è caratterizzato da _____ di grande intensità emotiva.
c. Il romanzo storico è un lungo racconto in cui _____ si basa su _____ realmente accaduti.
d. Il romanzo manzoniano racconta le vicende di _____ che appartengono alla _____ più umile.
e. Il romanzo di Ippolito Nievo non ha un immediato _____, ma è rivalutato nel _____.
f. Il periodico è _____ che esce con _____ costante che può essere settimanale, bisettimanale, mensile, bimestrale ecc.

La POESIA

I PRINCIPALI GENERI LETTERARI

La reazione alla poesia barocca avvenuta nel Settecento ha prodotto da un lato l'ondata di **Neoclassicismo**, dall'altro tendenze verso una nuova corrente letteraria e artistica che è il **Romanticismo** e che, come abbiamo detto, ha in Italia un **forte legame con i movimenti risorgimentali**. Ripetiamo ancora una volta che gli aspetti neoclassici e romantici sono spesso, nella realtà delle opere e di chi le scrive, compresenti. Qui daremo solo alcuni esempi tra le numerose opere poetiche importanti di questo periodo.

• *La poesia lirica*

Alla sera • UGO FOSCOLO

Fa parte di una **raccolta di sonetti** e mostra i temi romantici che caratterizzano la poetica dell'autore: la **sera** come **simbolo della morte** e quindi immagine della **pace eterna** e della fine di ogni **sofferenza**; la comunione spirituale tra il poeta e la **natura** che rispecchia le sue emozioni e le sue sensazioni; lo **spirito tormentato** dell'essere umano che trova nella morte la fine di tutto. La **lingua foscoliana** è ricercata, con vari **latinismi** e **riferimenti alla classicità**.

L'infinito • GIACOMO LEOPARDI

L'autore è uno dei più grandi poeti, **prosatori** e filosofi della letteratura europea. Questa poesia l'ha scritta quando era ancora giovane e fa parte della raccolta dei "Piccoli **idilli**". Il poeta descrive un suo **momento di meditazione** in perfetta **connessione con la natura** attorno a lui: mentre osserva gli spazi immensi del paesaggio la mente si perde nell'infinito dei suoi pensieri e questo perdersi è una sensazione dolce. Troviamo qui alcuni elementi fondamentali della poesia leopardiana: la **nostalgia del ricordo** e lo **scorrere del tempo**, il rapporto complesso con la **natura** e la **forza dei sensi** come canale per l'immaginazione. **La lingua è complessa** ma non complicata, piena di richiami sottili di significato e di **suono**.

• *La poesia civile*

Dei sepolcri • UGO FOSCOLO

Il tema sulla morte e sull'importanza delle nostre azioni in vita si sviluppa in un'**epistola poetica** indirizzata ad un altro poeta e **traduttore** neoclassico. L'autore celebra **l'importanza dei grandi personaggi del passato**: il loro ricordo può durare grazie alla **forza della poesia**, strumento sociale e politico di **memoria collettiva**. I versi sono **endecasillabi sciolti**, lo stile è colto e la **lingua è complessa e raffinata**.

NOTE

sofferenza Foscolo non credeva nella presenza di un aldilà (dove l'anima vive dopo la morte)

prosatori scrittori di testi in prosa

idilli *idillio* significa in greco "quadretto": è un genere classico della tradizione bucolica in cui si descrive la bellezza e la pace di un paesaggio naturale

suono la forza espressiva del testo poetico sta proprio nei legami tra suono e significato all'interno del testo

traduttore Ippolito Pindemonte

NOTE

Ode componimento celebrativo in onore di qualcuno

plebea la classe sociale più povera

Il cinque maggio • ALESSANDRO MANZONI

Ode scritta per la **morte di Napoleone**, diventa un pretesto per una **riflessione sulla Storia** e sull'eternità, viste dal punto di vista del poeta che ha una **fede religiosa** molto forte. Più che il personaggio storico, Manzoni infatti **racconta l'uomo** che in punto di morte **si converte al Cristianesimo** e ha così la possibilità di salvarsi. Emerge qui lo sguardo manzoniano sui limiti della gloria umana in confronto all'unica vera gloria, quella spirituale.

• La poesia dialettale

Un altro genere interessante di questo periodo è la poesia in dialetto **milanese** di **Carlo Porta** e quella in **romanesco** di **Giuseppe Gioacchino Belli**.
La forza innovativa delle loro opere sta nel **racconto della comunità plebea** contemporanea, una categoria sociale di solito esclusa dalla letteratura ufficiale. Emergono le **ingiustizie** e le condizioni di **estrema povertà** dei popolani e delle popolane, raccontate spesso dal loro punto di vista. La **lingua dialettale** è qui un canale fondamentale di **innovazione stilistica**, perché definisce e influenza i contenuti con la forza delle sue immagini.

PER CAPIRE

4. Trova per ogni brano l'opera corrispondente.

a. *L'infinito* di Giacomo Leopardi
b. *Il cinque maggio* di Alessandro Manzoni
c. *Dei sepolcri* di Ugo Foscolo
d. *Alla sera* di Ugo Foscolo

Testo	Parafrasi
☐ E mentre io guardo la tua pace, dorme quello spirto guerrier ch'entro mi rugge.	E mentre guardo la tua pace, dorme quello spirito guerriero che mi rugge dentro.
☐ Ma sedendo e mirando, interminati spazi di là da quella, e sovrumani silenzi, e profondissima quiete io nel pensier mi fingo.	Ma stando seduto e guardando, io mi immagino spazi infiniti al di là della siepe e silenzi sovrumani e una quiete profondissima.
☐ All'ombra de' cipressi e dentro l'urne confortate di pianto è forse il sonno della morte men duro?	Il sonno della morte è forse meno duro all'ombra dei cipressi e dentro le tombe consolate dal pianto?
☐ Fu vera gloria? Ai posteri l'ardua sentenza: noi chiniam la fronte al Massimo Fattor, che volle in lui del creator suo spirito più vasta orma stampar.	Fu vera gloria? A chi verrà dopo di noi lascio la difficile risposta a questa domanda. Noi ci inchiniamo di fronte a Dio, che volle fissare in lui (Napoleone) un'impronta più grande del suo spirito creatore.

Il TEATRO

I PRINCIPALI GENERI LETTERARI

In questo periodo gli autori teatrali più apprezzati restano quelli del passato: **Goldoni** per le commedie e **Alfieri** per le tragedie. Mentre in Europa le opere più rappresentate sono quelle del grande drammaturgo seicentesco **William Shakespeare**.

La tragedia

Sia nella fine del Settecento, sia nel primo Ottocento il genere teatrale più diffuso è la **tragedia**: neoclassica, di propaganda napoleonica, patriottica, romantica… Le tipologie cambiano in base al contesto storico e alle tendenze letterarie del momento.
Già **Ugo Foscolo** e altri autori neoclassici avevano esplorato questo genere, ma è con **Alessandro Manzoni** che si sviluppa la **tragedia storica**. Tra gli elementi più innovativi troviamo il superamento delle unità aristoteliche e la presenza dei **cori** non come commento interno alle vicende, ma come **voce del punto di vista del narratore** (figura sempre importante nelle opere manzoniane). La struttura è in **versi endecasillabi sciolti** e la **lingua** è **raffinata**, come da tradizione. Entrambe le tragedie manzoniane, *Il Conte di Carmagnola* e l'*Adelchi*, sembrano però scritte per essere lette più che per essere rappresentate a teatro.

Il melodramma

Agli inizi dell'Ottocento il **melodramma** accoglie gli elementi chiave del Romanticismo e diventa il **genere teatrale più diffuso**. Tuttavia la musica e l'**interpretazione dei cantanti** diventano molto più importanti dei libretti, cioè del testo. Protagonisti dunque sono i compositori come **Gioacchino Rossini** per il *Barbiere di Siviglia*, **Vincenzo Bellini** per la *Norma* e **Gaetano Donizetti** per *L'elisir d'amore*. Il testo di queste opere si divide in **parte recitativa**, di solito in **endecasillabi sciolti**, e le parti dedicate alla **performance lirica e musicale** dei cantanti (arie, duetti, terzetti, quartetti e cori) che sono di solito in **versi rimati** di vario tipo. Anche qui la **lingua** è aulica e spesso **ripetitiva** nelle sue soluzioni espressive.

> **NOTE**
>
> **unità aristoteliche** le regole dettate da Aristotele: la storia deve essere ambientata in un solo spazio, in un solo giorno e deve ruotare intorno a una sola azione, senza storie secondarie
>
> **recitativa** più recitata che cantata
>
> **arie** parti in cui il/la cantante si esibisce da solo/a
>
> **aulica** complicata, ricercata

PER CAPIRE

5. Tragedia (T) o melodramma (M)? In base ai paragrafi appena letti, indica il genere giusto per ogni caratteristica. Attenzione: una caratteristica appartiene a entrambi i generi.

	T	M
a. Alcune parti del testo sono in una metrica diversa e in rima.	☐	☐
b. Il testo sembra scritto più per la sua lettura che per la sua rappresentazione sulla scena.	☐	☐
c. La lingua non è vicina al parlato, ma è al contrario letteraria e raffinata.	☐	☐
d. La musica diventa l'elemento chiave dell'intera opera.	☐	☐
e. I compositori sono più importanti degli autori dei libretti.	☐	☐
f. Il testo è interamente in endecasillabi sciolti.	☐	☐

I PROMESSI SPOSI
di Alessandro Manzoni

GUIDA ALLA LETTURA

1. Questo romanzo storico è ambientato agli inizi del Seicento, in Lombardia, durante l'occupazione spagnola. Manzoni fa finta di aver trovato un manoscritto, che racconta la storia di Renzo e Lucia, due ragazzi del popolo. Metti le parti mancanti della trama del romanzo al posto giusto, come nell'esempio.

   a. Don Rodrigo, finalmente libero di agire senza la presenza di Fra Cristoforo, chiede aiuto a un personaggio misterioso, chiamato dal narratore l'Innominato, che rapisce Lucia grazie all'aiuto della monaca di Monza. L'incontro con la giovane però colpisce così tanto l'Innominato che alla fine il potente criminale si pente e libera Lucia.

   b. In una zona vicino a Lecco, in Lombardia, due criminali a servizio di Don Rodrigo minacciano Don Abbondio e gli dicono di non celebrare le nozze tra Renzo e Lucia perché il loro signore non vuole.

   c. Renzo arriva al Lazzaretto e ritrova Lucia, che però gli dice che non possono sposarsi perché lei, quando era prigioniera nel castello dell'Innominato, ha fatto un voto: se si fosse salvata, la sua vita sarebbe stata dedicata per sempre solo alla Madonna. Per fortuna interviene Fra Cristoforo che scioglie il voto di Lucia e sposa i due ragazzi.

   d. I due ragazzi allora provano a costringere Don Abbondio a sposarli con un trucco, ma non ci riescono. A questo punto tornano da Fra Cristoforo, che decide allora di allontanarli dal loro paesino: Lucia andrà nel monastero di Monza e Renzo a Milano.

   1. b .
   2. Per superare il problema, Renzo va da un avvocato che, appena sentito il nome di Don Rodrigo, lo manda subito via. I due fidanzati chiedono allora aiuto a Fra Cristoforo, il confessore di Lucia. Ma l'incontro del sacerdote con Don Rodrigo non serve a cambiare le cose.
   3. ☐ .
   4. Arrivato a Milano Renzo è coinvolto in una rivolta della plebe affamata e per sfuggire all'arresto scappa vicino a Bergamo. Intanto Fra Cristoforo è allontanato da Lecco da un alto ecclesiastico complice di Don Rodrigo.
   5. ☐ .
   6. Intanto a Milano è arrivata la peste, che colpisce quasi tutti i personaggi del libro. E infatti Don Rodrigo morirà nel Lazzaretto di Milano, il luogo dove sono curati tutti i malati. Qui c'è anche Lucia che, guarita dalla peste, è restata per aiutare nella cura degli appestati.
   7. ☐ .

2. Questo brano è tratto dall'inizio del primo capitolo, quando don Abbondio incontra i "bravi", due criminali al servizio di don Rodrigo, il signore del luogo, che sono lì per dire al prete che non dovrà sposare Renzo e Lucia. Leggi il testo e poi ricomponi la vicenda.

"Signor curato!" disse uno di que' due, piantandogli gli occhi in faccia.

"Cosa comanda?" rispose subito don Abbondio, alzando i suoi occhi dal libro, che gli restò spalancato nelle mani, come sur un leggìo.

"Lei ha intenzione" proseguì l'altro con l'atto minaccioso e iracondo di chi coglie un suo inferiore **su l'intraprendere una ribalderia**[1] "lei ha intenzione di maritar domani Renzo Tramaglino e Lucia Mondella!"

"Cioè...." rispose con voce **tremolante**[2] don Abbondio: "cioè. **Loro signori son uomini di mondo**[3], e sanno benissimo come vanno queste faccende. Il povero **curato**[4] non c'entra: fanno i loro **piastricci**[5] fra loro, e poi.... poi, vengono da noi, come s'andrebbe a un banco a riscuotere; e noi.... noi siamo i servitori del comune."

"Or bene" disse il bravo con voce sommessa, ma in tono solenne di comando "questo matrimonio **non s'ha da fare**[6], né domani, né mai."

"Ma, signori miei" replicò don Abbondio, con la voce mansueta e gentile di chi vuol persuadere un impaziente "ma, signori miei, **si degnino di mettersi nei miei panni**[7]. Se la cosa dipendesse da me, ... vedon bene che a me non me ne vien nulla in tasca..."

"**Orsù**[8]" interruppe il bravo "se la cosa **avesse a decidersi a ciarle**[9], lei ci metterebbe in sacco. Noi non ne sappiamo, né vogliam saperne di più. Uomo avvertito.... lei **c'intende**[10]."

"Ma lor signori son troppo giusti, troppo ragionevoli...."

"Ma" interruppe questa volta l'altro compagnone, che non aveva parlato fino allora, "ma il matrimonio non si farà, o...." e qui una buona bestemmia, "o chi lo farà non se ne pentirà, perchè non ne avrà tempo e...." un'altra bestemmia.

"Zitto, zitto," **riprese**[11] il primo oratore, "il signor curato sa il vivere del mondo; e noi siam galantuomini, che non vogliam fargli del male purché **abbia giudizio**[12]. Signor curato, l'illustrissimo signor don Rodrigo nostro padrone **la riverisce caramente**[13]."

Questo nome fu, nella mente di don Abbondio, come, nel forte d'un temporale notturno, un lampo che illumina momentaneamente e **in confuso**[14] gli oggetti, e accresce il terrore. Fece, come per istinto, un grande inchino, e disse: "se mi sapessero suggerire..."

NOTE

1 mentre sta per compiere un'azione dannosa

2 che trema

3 il prete si rivolge ai bravi dandogli del "loro" e dicendogli che li considera uomini con tanta esperienza di vita

4 parroco, prete di una chiesa

5 guai, danni

6 non bisogna farlo

7 cercate di mettervi nei miei panni (di vedere le cose dal mio punto di vista)

8 dai

9 si dovesse decidere con le chiacchiere

10 lei ci capisce (i bravi si riferiscono al detto: "uomo avvisato, mezzo salvato")

11 ricominciò a parlare

12 se lui si comporta bene

13 la saluta con affetto

14 in maniera confusa

1. ☐.
2. I due "bravi" sono lì per dirgli che non dovrà sposare Renzo e Lucia altrimenti farà una brutta fine.
3. ☐.
4. ☐.
5. ☐.

a. Dopo aver fatto un inchino, chiede ai "bravi" un suggerimento su come dovrà fare per non celebrare il matrimonio
b. Mentre sta tornando a casa, Don Abbondio incontra due criminali che lavorano per Don Rodrigo.
c. Il curato cerca di fargli capire che la cosa non dipende da lui, e allora i due lo minacciano e fanno il nome del loro signore.
d. A questo punto Don Abbondio ha una reazione di grande paura improvvisa e cambia atteggiamento

3. E tu? Come avresti reagito al posto di Don Abbondio? Sarebbe andata in un altro modo se il curato fosse stato una persona diversa? Lavora con un compagno o una compagna: provate a riscrivere il dialogo – nell'italiano di oggi – immaginando un Don Abbondio più coraggioso.

Lo sapevi?

Alessandro Manzoni

Milano 1785 – 1873

- Sua madre è Giulia Beccaria, figlia del famoso Cesare Beccaria. Colta, vivace e progressista, si sposa con il vecchio Pietro Manzoni solo per questioni economiche. Probabilmente è già incinta di Alessandro, concepito con l'amato Giovanni Verri, fratello minore dei più famosi fratelli Pietro e Alessandro.

- Passa l'infanzia con il padre anziano e dalle idee molto conservatrici. Quando il nuovo compagno di Giulia Beccaria muore, Alessandro raggiunge la madre a Parigi e i due continueranno a vivere insieme anche dopo che la madre troverà la sposa giusta per il figlio: la sedicenne Enrichetta Blondel.

- Ha un carattere molto fragile: è balbuziente, non riesce a frequentare i luoghi troppo grandi o troppo affollati, è terrorizzato dai ragni e, pare, anche dalle pozzanghere! Nonostante la sua timidezza, riceverà nella sua casa molti dei personaggi più importanti del Risorgimento, tra cui Verdi, Garibaldi e Cavour.

L'INFINITO
di Giacomo Leopardi

GUIDA ALLA LETTURA

4. Stai per leggere una delle poesie più famose della letteratura italiana. Il poeta descrive un momento da lui vissuto in uno dei suoi luoghi preferiti fin da quando era molto giovane: il monte Tabor nelle Marche, vicino alla sua casa di Recanati.

   Leggi il testo due volte. La prima volta guarda le note e fai attenzione al significato delle parole. La seconda volta, invece, prova a leggerlo ad alta voce, entrando nel ritmo della poesia. In ogni verso ci sono tre punti in cui cade l'accento della lettura. L'ultimo è sempre lo stesso, gli altri due cambiano di verso in verso: l'opera ha così una sua musica, mai ripetitiva. Trova gli altri accenti, come nell'esempio.

Sempre caro mi fu quest'ermo[1] colle,
e questa siepe, che da tanta parte
dell'ultimo orizzonte **il guardo**[2] esclude.
Ma **sedendo e mirando**[3], interminati
spazi di là da quella, e sovrumani
silenzi, e profondissima quiete
io nel pensier **mi fingo**[4]; **ove**[5] per poco
il cor non si spaura[6]. E come il vento
odo stormir[7] tra queste piante, io quello
infinito silenzio a questa voce
vo comparando[8]: e **mi sovvien**[9] l'eterno,
e le morte stagioni, e la presente
e viva, e il suon di lei[10]. Così tra questa
immensità **s'annega il pensier mio**[11]:
e **il naufragar**[12] m'è dolce in questo mare.

NOTE

1 solitario

2 la vista, lo sguardo

3 stando seduto e contemplando

4 mi immagino (il verbo va messo all'inizio della frase per capire: *mi immagino spazi infiniti al di là di quella [la siepe], e silenzi sovrumani, e una pace profondissima*

5 dove (in questo caso: per cui)

6 il cuore non smarrisce; l'anima non si perde

7 sento (il vento) che produce un fruscio

8 paragono, confronto (quel silenzio infinito) a questa voce (le foglie al vento)

9 e mi ricordo, mi viene in mente

10 il tempo passato e il presente (la stagione presente) ancora vivo e il suo suono (il suono del presente)

11 il mio pensiero annega

12 il perdersi tra le onde del mare

Interno di casa Leopardi: la camera da letto di Giacomo con il tavolo su cui scriveva.

6. In questa poesia Leopardi descrive un momento di contemplazione della vastità della Natura, in cui la mente umana può finalmente perdersi, e questo suo perdersi è una sensazione dolce. Tu hai mai provato una sensazione simile? Hai un luogo amato dove vai quando vuoi stare in pace con te stesso / stessa? Che cosa fai quando sei lì? Che cosa senti? Raccontalo in un breve testo.

Lo sapevi?

Giacomo Leopardi

Recanati 1798 – Napoli 1837

- Cresce in una famiglia nobile, ma molto severa e fin da piccolo passa molto tempo nell'immensa biblioteca di casa a scrivere, leggere e comporre opere. Forse anche per questo avrà poi per tutta la vita gravissimi problemi di salute che gli causeranno anche grandi sofferenze emotive, sentimentali e psicologiche.

- Per tutta la vita scrive le sue riflessioni filosofiche e letterarie in quello che lui stesso chiama *Zibaldone dei pensieri*, un immenso diario personale di circa 4.500 pagine scritte a mano. Il titolo deriva da una parola romagnola che indica un insieme di cibi diversi mescolati in modo disordinato.

- Una delle sue opere più innovative e originali, e per questo ai tempi criticata e censurata, è sicuramente *Operette morali*, una raccolta di dialoghi e racconti filosofici scritti con un tono ironico e uno stile vivace e leggero. I protagonisti sono personaggi letterari, scrittori, filosofi, scienziati e persone comuni… ma anche animali, eroi della mitologia, divinità e personificazioni di concetti universali. La varietà dei protagonisti, così come dei temi, è davvero immensa.

Connessioni

Per esplorare la vita e la figura di Giacomo Leopardi, cerca *Il giovane favoloso* (2014), film del regista italiano Mario Martone.
Per conoscere dall'interno le spinte risorgimentali e le idee mazziniane puoi guardare, sempre dello stesso regista, *Noi credevamo* (2010), che ripercorre il processo che ha portato all'unità d'Italia attraverso le vicende di tre ragazzi antiborbonici meridionali, membri della Giovine Italia di Giuseppe Mazzini.

Parole in viaggio

romantico/a oggi indica una persona sentimentale e sognatrice, oppure un oggetto o un'atmosfera che ispira amore. In origine la parola inglese "romantic" è usata dalla metà del Seicento per indicare in senso negativo il carattere fantastico di alcuni romanzi. Poi, nel Settecento è adottata anche dai francesi per descrivere le atmosfere emozionanti di alcuni paesaggi naturali. Infine, nell'ultimo decennio del Settecento, "romantic" inizia a caratterizzare le idee di un nuovo gruppo di artisti e intellettuali: è l'inizio del Romanticismo.

Madame De Staël e la polemica classico-romantica

Nel 1816 in Italia scoppia una vivace polemica tra romantici e classicisti. La causa è un articolo pubblicato sul primo numero della "Biblioteca italiana" una nuova rivista letteraria che è sostanzialmente favorevole alla dominazione austriaca. Il titolo dell'articolo è *Sulla maniera e l'utilità delle traduzioni* di Madame De Staël, famosa autrice di romanzi di forte impronta femminista e di vari trattati tra cui *Della Germania*, il manifesto del Romanticismo europeo. Vivace protagonista dei ritrovi tra intellettuali, questa baronessa afferma nel suo articolo che gli scrittori italiani dovrebbero liberarsi dalla loro secolare tendenza a imitare gli autori classici, leggendo e traducendo di più le opere della letteratura europea, in particolare quella tedesca e inglese: in questo modo riuscirebbero finalmente a rinnovare la loro cultura. La reazione da parte degli intellettuali italiani è immediata. Fra quelli che sono d'accordo con lei c'è per esempio Giovanni Berchet, che sostiene l'importanza di una poesia romantica, moderna e vicina al popolo (inteso come borghesia) mentre sono contrari scrittori neoclassici come Vincenzo Monti, ma anche Giacomo Leopardi che sostiene l'universalità dei grandi modelli greci e latini.

La QUESTIONE della LINGUA

La soluzione manzoniana

Con la diffusione tra gli intellettuali delle **idee risorgimentali**, si sviluppa in Italia un progetto di **unificazione politica del Paese**. Questo riapre la **questione della lingua** che vede in Alessandro Manzoni uno dei protagonisti del dibattito. La scrittura de *I promessi sposi* diventa l'occasione per definire il modello linguistico per la letteratura. Nella prima versione dell'opera la lingua di base è una lingua ricca di espressioni francesi e termini dialettali. L'autore però non è soddisfatto e riscrive completamente il romanzo prima di pubblicarlo. Nella nuova stesura, **pubblicata nel 1827** e chiamata per questo **ventisettana**, la lingua è ripulita dei termini non italiani, ma **resta letteraria e modellata sui grandi autori del passato**. Gli studi di Manzoni però continuano, vuole approfondire la sua conoscenza della lingua viva: fa vari **viaggi a Firenze** e alla fine capisce che il modello di lingua letteraria deve essere il **toscano parlato dai fiorentini colti del suo tempo**. In quest'ottica rivede anche tutto il romanzo e lo ripubblica nel **1840**. Sarà questa edizione, detta **la quarantana**, quella letta e studiata nelle scuole fino a oggi. Il nuovo governo dell'Italia unita accetterà infatti la proposta manzoniana, ponendo la lingua da lui proposta come modello per la diffusione dell'istruzione. Il processo di alfabetizzazione sarà però molto lungo e non si completerà fino alla seconda metà del Novecento.

> Ridete franco e forte, sopra qualunque cosa, anche innocentissima, con una o due persone, in un caffè, in una conversazione, in via: tutti quelli che vi sentiranno o vedranno rider così, vi rivolgeranno gli occhi, vi guarderanno con rispetto, se parlavano, taceranno, resteranno come mortificati, non ardiranno mai rider di voi, se prima vi guardavano baldanzosi o superbi, perderanno tutta la loro baldanza e superbia verso di voi.
>
> **Giacomo Leopardi** dallo *Zibaldone*

Il secondo OTTOCENTO

Mi chiedo...

Che cos'è il *Verismo*?
Chi sono gli "*scapigliati*"?
Quali caratteristiche hanno i romanzi *di appendice*?

La CRESCITA delle CAPITALI EUROPEE

> **NOTE**
>
> **metropoli** grandi città industrializzate
>
> **classi lavoratrici** nasce il concetto di *proletariato*, la classe sociale degli operai e delle operaie delle nuove fabbriche
>
> **sabauda** dei Savoia
>
> **costituzionale** in cui il re ha poteri limitati da una costituzione

La corsa all'industrializzazione

In questo periodo, i grandi Stati europei vivono **una enorme crescita economica e industriale**. Le capitali diventano vere metropoli con industrie, banche, scuole e ospedali, costruiti per gestire una **popolazione sempre maggiore**. Questa corsa al progresso causa però da un lato una condizione di grande **miseria per le** classi lavoratrici, dall'altro una violenta competizione politica tra Stati. Le numerose **guerre interne ed estere** e le **crisi economiche** portano alla diffusione del **socialismo internazionale**. **Londra** diventa il centro più grande e moderno d'Europa, capitale di un **impero coloniale** che si estende in quasi tutti i continenti. **Altri imperi** in crescita sono quello **francese**, quello **austro-ungarico** e quello **russo**. Parigi, Vienna e San Pietroburgo sono centri culturali internazionali, dove si riuniscono le grandi figure letterarie e artistiche dell'epoca.

L'unità d'Italia

Attraverso le tre guerre d'indipendenza l'Italia diventa nel secondo Ottocento un unico Stato sotto la **corona** sabauda. È una **monarchia** costituzionale: il re governa insieme al parlamento. Dopo Torino e Firenze, nel **1871** la **capitale** è spostata a **Roma**: l'Italia è sempre più vicina a come la conosciamo oggi, anche se in realtà mancano ancora alcuni territori che si uniranno soltanto nel Novecento. Governare uno Stato per molti secoli diviso e occupato da potenze straniere non è semplice. Emerge subito il grande problema dell'enorme divario tra il Nord più ricco e industrializzato, soprattutto grazie a Torino, Milano e Genova, e il Sud più povero e arretrato, che vede ancora l'agricoltura come attività principale e le grandi famiglie latifondiste al potere.

> **NOTE**
> divario differenza (è la cosiddetta "questione meridionale")
> latifondiste proprietarie di grandi terreni agricoli

PER CAPIRE

1. Completa le frasi.

   1. Le crisi economiche • 2. L'impero coloniale britannico • 3. L'enorme differenza • 4. La corsa al progresso • 5. Il nuovo regno d'Italia

   a. ☐ delle grandi capitali europee porta le nuove classi lavoratrici a una condizione di estrema povertà.
   b. ☐ favoriscono la diffusione del socialismo internazionale.
   c. ☐ possiede territori in quasi tutti i continenti.
   d. ☐ è una monarchia costituzionale governata dai Savoia insieme al parlamento.
   e. ☐ tra Nord e Sud rende la gestione dell'Italia unita molto difficile.

DIALOGO con il PROGRESSO

L'età del Positivismo

La corsa alla modernità ha come base la corrente filosofica del **Positivismo**, che mette **la scienza e la tecnica al primo posto** per la realizzazione del progresso dell'umanità. Nato in Francia, questo pensiero si diffonde in tutta Europa e mette al centro il termine "positivo", cioè **reale**, **concreto** e **produttivo**. Per un positivista ogni aspetto della vita e del sapere deve essere **analizzato scientificamente**, senza più ideali metafisici. Uno dei teorici più importanti per lo sviluppo della visione positivista è senza dubbio Darwin con la sua **teoria evoluzionistica** in cui sostiene, tra le altre cose, che tutte le specie animali, compresi gli esseri umani, devono **adattarsi all'ambiente** per sopravvivere: chi non ci riesce è destinato a scomparire. Per lui, come per molte altre menti dell'epoca, **il progresso è sempre positivo**, perché rappresenta l'evoluzione e il miglioramento della qualità di vita, e per questo non può e non deve essere fermato.

> **NOTE**
> termine parola
> metafisici astratti

Charles Darwin.

NOTE

versione letteraria francese la corrente in Francia si chiama Naturalismo

punto di riferimento morale il poeta-vate, cioè una guida morale e intellettuale per l'intera società

scapigliati spettinati

Le tendenze in Italia

L'Italia, come spesso accade, da un lato vive con un po' di **ritardo** le tendenze culturali europee, e dall'altro le adatta alla sua **particolare situazione politica e sociale**. Il divario tra Nord e Sud, per esempio, produce nello stesso periodo due correnti letterarie molto diverse tra loro. **Al Nord** un gruppo di intellettuali si oppone al capitalismo e alla società borghese, ripropone la figura dell'**artista ribelle** e racconta gli **aspetti più malsani della società** attraverso la **sperimentazione** stilistica: sono gli **Scapigliati** (vedi il paragrafo successivo). **Al Sud**, invece, alcuni intellettuali riprendono il pensiero filosofico positivista, e in particolare la sua versione letteraria francese, sviluppando **un culto per la verità** (Verismo): la dura realtà e le contraddizioni della **società moderna** sono da loro osservate e poi raccontate con grande attenzione scientifica, in maniera il più possibile **obiettiva**, senza giudizio. C'è poi un terzo fenomeno, legato a **Giosuè Carducci**, un poeta **toscano** che preferisce tornare a **grandi epoche passate**, come la Roma antica o il Medioevo comunale, in cui la **poesia** era una forma efficace di **educazione civile e politica**, e il poeta era un importante punto di riferimento morale per la società.

Un caso particolare: la Scapigliatura

La definizione appare per la prima volta nel titolo di un romanzo di Cletto Arrighi *La Scapigliatura e il 6 febbraio* che cerca di tradurre in italiano il termine francese *bohème*, cioè la **vita ribelle e anticonformista** di alcuni artisti parigini, i *bohémien* appunto, che avevano spesso capelli lunghi e disordinati: erano quindi "scapigliati", come lo era la loro esistenza e la loro arte. Tra i più importanti c'è sicuramente **Charles Baudelaire**, con la sua raccolta di poesie *Les fleurs du mal*. Il culto degli scapigliati per **i lati più malati e oscuri della realtà** si esprime sia nella loro breve vita sia nelle loro opere: non solo **poesie, racconti** e **romanzi**, ma anche **libretti** per melodrammi. Tra gli scapigliati più famosi ricordiamo per esempio **Emilio Praga** con la poesia *Preludio*, considerata il manifesto della Scapigliatura, **Iginio Ugo Tarchetti** con il romanzo *Fosca* e **Antonio Ghislanzoni** con il libretto per l'*Aida*, una delle opere più famose del compositore Giuseppe Verdi.

PER CAPIRE

2. Abbina le frasi all'argomento a cui appartengono.

   a. La società va raccontata in modo obiettivo, seguendo il modello dei naturalisti francesi.
   b. L'adattamento all'ambiente è alla base dell'esistenza di tutti gli esseri viventi.
   c. La poesia deve richiamare la grandezza dei classici e proporre alla società modelli morali e culturali.
   d. Tutte le discipline del sapere devono essere analizzate dal punto di vista scientifico.
   e. Bisogna ribellarsi al sistema delle convenzioni sociali e raccontare i lati più cupi della società moderna.

   ☐ Positivismo   ☐ Teoria dell'evoluzione   ☐ Scapigliatura
   ☐ Verismo   ☐ Poetica di Carducci

La PROSA

I PRINCIPALI GENERI LETTERARI

• Il romanzo verista

I romanzi – e anche le novelle – del Verismo descrivono **le miserie del Sud Italia** senza nessun giudizio o messaggio morale: il narratore sembra non esistere, per dare a chi legge, diceva Verga, "l'illusione completa della realtà". Per gli autori italiani del Verismo, al contrario di quelli francesi del Naturalismo, non c'è **nessuna speranza di miglioramento** della società: il compito di chi scrive è quindi solo quello di raccontare la verità. La **lingua** delle opere veriste mescola spesso l'**italiano della narrazione** al **dialetto dei personaggi**, in un'ottica il più possibile **realistica**.

I Malavoglia • GIOVANNI VERGA

Questo è il primo dei cinque romanzi che fanno parte del *Ciclo dei Vinti*, un **progetto letterario** in cui l'autore, dopo un'attenta fase di ricerca e documentazione sul campo, **racconta i diversi livelli della società contemporanea**, partendo dal più basso. La caratteristica comune a tutte le classi sociali è la sconfitta finale dell'essere umano di fronte alla legge del più forte. In questo romanzo in particolare si raccontano **le vicende della famiglia Toscano**, che la gente chiama **ironicamente** Malavoglia: pescatori onesti e laboriosi di Aci Trezza, un piccolo e **povero paesino della Sicilia**. Quando però provano a migliorare la loro situazione economica con un investimento, la **sfortuna** li colpisce. Da qui la famiglia vive una serie di **tragedie** e lutti. Solo alla fine del romanzo torna un po' di speranza.

I Viceré • FEDERICO DE ROBERTO

Grande amico di Verga e ammiratore dei naturalisti francesi, racconta in questo suo romanzo le vicende della **famiglia aristocratica** degli **Uzeda**. I suoi membri sono di origine spagnola, ma da secoli vivono in Sicilia grazie alla dominazione borbonica e al loro ruolo governativo di viceré (da qui il titolo). Le **malattie fisiche e psicologiche** degli Uzeda sono causate soprattutto dall'usanza tipica delle dinastie nobili di sposare tra loro membri della stessa famiglia. La loro esistenza è caratterizzata da **odio**, **avidità** e ipocrisia. Intanto, fuori, l'Italia sta cambiando e lo stesso dovranno fare gli Uzeda: adattarsi alle trasformazioni per non perdere il loro potere. E infatti così sarà: da viceré si trasformeranno in parlamentari e in questo modo conserveranno i loro privilegi.

NOTE

novelle famosissime le *Novelle rusticane* di Giovanni Verga

sul campo nella vita e negli ambienti della realtà

Malavoglia di "mala voglia", cioè che non hanno voglia (di lavorare)

investimento comprare qualcosa con l'obiettivo di guadagnare più soldi di quelli spesi

viceré governano una colonia per conto del re

usanza abitudine sociale

ipocrisia mostrare un comportamento corretto e gradevole solo in apparenza

> **NOTE**
>
> **Premio Nobel** (dal nome del suo fondatore) è un concorso internazionale in cui per tutte le discipline del sapere ogni anno viene premiata una persona
>
> **a puntate** pubblicati non interamente, ma a pezzi (capitoli, episodi ecc.)
>
> **pedagogica** che ha lo scopo di educare
>
> **diario** quaderno personale dove raccontare le proprie giornate

Un caso particolare rappresentano le opere di un'autrice che per certi aspetti è stata definita verista, anche se nel suo caso la gestione del punto di vista narrativo è diversa, perché chi racconta mostra spesso empatia e coinvolgimento emotivo.

Il ventre di Napoli • MATILDE SERAO

L'autrice è una **scrittrice e giornalista** napoletana: la prima donna che riesce a fondare vari giornali importanti dell'epoca ed è per sei volte candidata al Premio Nobel per la letteratura. Questo suo romanzo racconta **la miseria di Napoli** in uno stile tipico del giornalismo dell'epoca: infatti i capitoli erano in origine articoli di giornale pubblicati dall'autrice e poi raccolti in un libro. Da questa sua opera emergono i contrasti sociali, la povertà estrema, ma anche la forza dei **napoletani**, le loro **usanze** e i **riti** particolari per combattere la malattia. Serao definisce il suo romanzo un "breve studio di verità e dolore" fatto **da "cronista"** e **non da scrittrice**. Dopo vent'anni, uscirà poi una seconda edizione con una parte nuova in cui l'autrice fa il punto sui **lavori** e gli **interventi** fatti dal governo: la città è ora pronta ad accogliere i turisti, ma le condizioni dei più poveri non sono cambiate. Una terza edizione dei primi del Novecento aggiungerà una sezione in cui emergono **figure pubbliche** dell'epoca che hanno avuto il coraggio di occuparsi della **questione meridionale** e in particolare di Napoli.

• Il romanzo per ragazzi

In questo periodo ci sono anche i racconti e i romanzi per ragazze e ragazzi, che appaiono spesso per la prima volta a puntate sui giornali. Questo tipo di **letteratura** pedagogica ha lo scopo di educare le giovani generazioni del regno appena nato al **patriottismo** e al **senso del dovere**. Tra le opere che hanno avuto più successo ci sono due romanzi:

Cuore • EDMONDO DE AMICIS

In questo romanzo si racconta la vita degli studenti di una **scuola pubblica elementare** all'epoca dell'unità d'Italia, attraverso **tre punti di vista**: le pagine di diario di un bambino, le **osservazioni** e i consigli scritti per lui soprattutto dal padre, e infine i **racconti** del maestro elementare che hanno come protagonisti bambini di varie regioni italiane.

Le avventure di Pinocchio. Storia di un burattino • CARLO COLLODI

È la storia di un **burattino** di legno creato da un **falegname** molto povero, che prende vita grazie a una **fata**. Dopo una serie di avventure e disavventure, Pinocchio riesce a trasformarsi in un bambino. Quest'opera è stata apprezzata così tanto da diventare un **classico universale**, ed è ancora oggi una delle storie più raccontate.

NOTE

burattino giocattolo a forma di persona

falegname costruttore di oggetti di legno

fata essere femminile con poteri magici usati per fare del bene

PER CAPIRE

3. Leggi i seguenti passi e indica il titolo del romanzo, come nell'esempio.

a. Vi avranno fatto vedere una, due, tre strade dei quartieri bassi e ne avrete avuto orrore. Ma non avete visto tutto; i napoletani istessi che vi conducevano, non conoscono *tutti* i quartieri bassi.

b. Quando ebbe trovato il nome al suo burattino, allora cominciò a lavorare a buono, e gli fece subito i capelli, poi la fronte, poi gli occhi. Fatti gli occhi, figuratevi la sua maraviglia quando si accòrse che gli occhi si muovevano e che lo guardavano fisso fisso.

c. Oggi primo giorno di scuola. Passarono come un sogno quei tre mesi di vacanza in campagna! Mia madre mi condusse questa mattina alla Sezione Baretti a farmi inscrivere per la terza elementare: io pensavo alla campagna e andavo di mala voglia.

d. Nel dicembre 1863, 'Ntoni, il maggiore dei nipoti, era stato chiamato per la leva di mare. Padron 'Ntoni allora era corso dai pezzi grossi del paese, che son quelli che possono aiutarci.

e. E la notizia correva di bocca in bocca come quella d'un pubblico avvenimento: «È morta donna Teresa Uzeda...» i popolani pronunziavano Auzeda «la principessa di Francalanza... È morta stamani all'alba... C'era il principe suo figlio... No, è partito da un'ora.»

ROMANZO VERISTA
- [d] I Malavoglia
- [ ] I Viceré
- [ ] Il ventre di Napoli

ROMANZO PER RAGAZZI
- [ ] Cuore
- [ ] Pinocchio

La POESIA

I PRINCIPALI GENERI LETTERARI

NOTE
liberale ispirata ai principi illuministici per la difesa dei diritti e delle libertà individuali
inno testo che esalta qualcuno o qualcosa
ode poesia (d'amore o civile) di alto valore
Odi barbare definite così dal poeta per richiamare la struttura delle *odi* latine applicata alla metrica in lingua italiana e per questo "barbara" cioè straniera in senso negativo

Il classicismo di Giosuè Carducci

Poeta ufficiale dell'unità d'Italia, sarà per molti secoli considerato il sostenitore della **grandezza letteraria del passato**. Inoltre è il primo italiano a **vincere il premio Nobel** per la letteratura. Di famiglia toscana liberale, inizia a scrivere poesie fin da piccolo. Diventa **poeta** e **critico letterario**, **insegnante di lettere** e poi **professore universitario**, ma parteciperà anche con intensità alla **politica** del Paese. Durante la sua vita attraversa varie fasi, con una vastissima produzione di **poesie ispirate ai modelli greci e latini**: dal periodo risorgimentale in cui sostiene i **valori del Neoclassicismo** in opposizione al Romanticismo, a quello dell'unità d'Italia in cui **si oppone con forza alla classe politica e alla Chiesa** fino all'ultimo periodo in cui ha posizioni politiche più moderate e si dedica all'**interiorità** e ai **ricordi**, con uno sguardo inquieto e nostalgico.

Ha scritto **anche molta prosa**: lettere, discorsi ufficiali e opere di critica letteraria di stampo positivista. Ma è diventato famoso per le sue raccolte poetiche, presenti da allora in tutti i programmi scolastici italiani. Tra le poesie più famose ci sono:

- *A Satana*, inno in cui esprime le sue idee anticlericali e positiviste in modo ironico e provocatorio;
- *Pianto antico*, ode dedicata al figlio morto a soli tre anni e contenuta nella raccolta "Nuove Poesie";
- *Alla stazione in una mattina d'autunno*, poesia inserita nella raccolta *Odi barbare* e dedicata alla donna amata che sta per partire.

In tutte le poesie carducciane si trovano sempre riferimenti ai **classici greci e latini**, ma anche ai grandi **classici italiani**, con un'attenzione particolare per Dante Alighieri.

Giosuè Carducci.

PER CAPIRE

4. Carducci si è dichiarato per molto tempo un antimanzoniano. Tuttavia, i due scrittori hanno senza dubbio alcune caratteristiche in comune. Indica se le informazioni che seguono riguardano Manzoni (M) o Carducci (C). Puoi rileggere il box su Manzoni a pagina 120. Attenzione: alcune possono riguardare entrambi (MC).

	M	C	MC
a. Ha passato la sua infanzia in Toscana.	☐	☐	☐
b. Ha partecipato in maniera molto attiva alla vita politica.	☐	☐	☐
c. La sua fama è legata in particolare alle sue poesie.	☐	☐	☐
d. È uno degli autori di riferimento europeo per il romanzo storico.	☐	☐	☐
e. Aveva un carattere molto riservato e non amava parlare in pubblico.	☐	☐	☐
f. Era una figura di riferimento per la società e la cultura del suo tempo.	☐	☐	☐

Il TEATRO

I PRINCIPALI GENERI LETTERARI

Il melodramma

Come abbiamo detto, il melodramma è ormai diventato un **genere teatrale di successo** in cui però sono la **musica** e il canto lirico i veri protagonisti. I librettisti, che adattano spesso le storie da romanzi e racconti già esistenti, non hanno la stessa fama dei **compositori**. Un nome importante è quello di **Giuseppe Verdi**, che compone opere liriche ancora oggi messe in scena e celebrate in tutto il mondo: *Rigoletto*, *Il trovatore*, *La traviata*... Inoltre, Giuseppe Verdi è stato un personaggio chiave della **cultura risorgimentale** e ha partecipato attivamente alla vita politica del suo tempo, diventando uno dei punti di riferimento dell'Italia unita.

Famosa la scritta "Viva Verdi", scritta sui muri di Milano e Venezia da parte dei repubblicani anti-austriaci, che aveva un significato nascosto. Dietro l'apparente sostegno al grande artista italiano si nascondeva infatti una frase patriottica: Viva **V**ittorio **E**manuele **R**e **D**'**I**talia

Vittorio Emanuele II, primo re d'Italia.

NOTE

canto lirico parte cantanta di un melodramma

librettisti autori dei dialoghi del melodramma

Viva espressione che si usa per celebrare qualcosa o qualcuno

Vittorio Emanuele II che infatti diventerà il primo re dell'Italia unita

I MALAVOGLIA
di Giovanni Verga

GUIDA ALLA LETTURA

1. Prima di leggere il brano, prova a riordinare i pezzi della trama.

   ☐ Durante il viaggio in mare, la barca affonda con tutti i **lupini**[1] e suo figlio muore. Per pagare il **debito**[2], vende la casa di famiglia. Da quel momento varie sfortune colpiscono i membri della famiglia.

   ☐ Solo il nipote più piccolo ha un destino migliore e alla fine riesce con il proprio lavoro a ricomprare la casa di famiglia.

   ☐ Il capofamiglia dei Malavoglia decide di fare un investimento: compra dei lupini, con la promessa di pagarli dopo averli rivenduti.

NOTE

1 legumi gialli molto proteici, simili ai fagioli

2 i soldi che deve dare

2. Questo è l'*incipit* del romanzo, cioè il suo inizio. Qui Verga presenta i protagonisti della storia con il particolare stile narrativo del Verismo: i personaggi sembrano descritti dalle parole della gente di Aci Trezza, e non dal narratore. Leggi il brano e poi inserisci le frasi, come nell'esempio.

a. poi suo figlio Bastiano, Bastianazzo, perché era grande e grosso quanto il San Cristoforo che c'era dipinto sotto l'arco della pescheria della città
b. Alla domenica, quando entravano in chiesa, l'uno dietro l'altro, pareva una processione
c. Un tempo i Malavoglia erano stati numerosi come i sassi della strada vecchia di Trezza
d. Diceva pure: – Gli uomini son fatti come le dita della mano: il dito grosso deve far da dito grosso, e il dito piccolo deve far da dito piccolo. –

[ ]; ce n'erano persino ad Ognina, e ad Aci Castello, tutti buona e brava gente di mare, proprio all'opposto di quel che sembrava dal nomignolo, come dev'essere. [...]
Le **burrasche**[1] che avevano disperso di qua e di là gli altri Malavoglia, erano passate senza far gran danno sulla **casa del nespolo**[2] e sulla barca **ammarrata**[3] sotto il lavatoio; e padron 'Ntoni, per spiegare il miracolo, **soleva**[4] dire, mostrando il pugno chiuso – un pugno che sembrava fatto di legno di noce – Per **menare**[5] il remo bisogna che le cinque dita s'aiutino l'un l'altro.
[d].
E la famigliuola di padron 'Ntoni era realmente disposta come le dita della mano. Prima veniva lui, il dito grosso, che comandava le feste e le **quarant'ore**[6]; [ ]; e così grande e grosso com'era **filava diritto alla manovra comandata**[7], e non si sarebbe soffiato il naso se suo padre non gli avesse detto «sóffiati il naso» tanto che **s'era tolta in moglie**[8] la Longa quando gli avevano detto «**pigliatela**[9]». Poi veniva la Longa, una piccina che **badava a**[10] tessere, salare le acciughe, e far figliuoli, da buona **massaia**[11]; infine i nipoti, in ordine di anzianità: 'Ntoni il maggiore, un **bighellone**[12] di vent'anni, che si **buscava**[13] tutt'ora qualche **scappellotto**[14] dal nonno, e qualche **pedata**[15] più giù per rimettere l'equilibrio, quando lo scappellotto era stato troppo forte; Luca, «che **aveva più giudizio del grande**[16]» ripeteva il nonno; Mena (Filomena) soprannominata «Sant'Agata» perché **stava sempre al telaio**[17], e si suol dire «donna di telaio, gallina di pollaio, e triglia di gennaio[18]»; Alessi (Alessio) un **moccioso**[19] tutto suo nonno coluì!; e Lia (Rosalia) ancora **nè carne nè pesce**[20]. [ ].

NOTE

1 violenti temporali in mare
2 la chiamano così perché c'è un grande albero di nespole in giardino
3 messa in mare, ma legata a terra
4 aveva l'abitudine di
5 muovere
6 un particolare rito cattolico in cui si sta per quaranta ore in preghiera
7 eseguiva con precisione tutti gli ordini che gli davano
8 aveva sposato
9 prendila
10 si occupava di
11 casalinga
12 una persona che ama non fare nulla
13 prendeva
14 colpo, sberla sulla testa
15 calcio
16 che era più responsabile del fratello maggiore ('Ntoni)
17 Sant'Agata è una santa della religione cattolica che appare sempre mentre tesse (crea stoffe con una macchina che si chiama telaio)
18 traduzione di un proverbio popolare siciliano che celebra il valore della donna che lavora
19 bambino
20 non ha un'identità precisa, è senza carattere

3. E tu, hai mai conosciuto una famiglia particolare che ha attirato la tua attenzione? Prova a descrivere i suoi membri in un breve testo e poi spiega il motivo per cui la trovi interessante.

> Lo sapevi?
>
> ## Giovanni Verga
>
> **Vizzini 1840 – Catania 1922**
>
> - Ha una grande passione per la fotografia, che si è diffusa da poco e che permette agli scrittori naturalisti e veristi di cogliere il mondo e la società con esattezza scientifica, in perfetto stile positivista. E così Verga, per preparare le sue storie, gira per la Sicilia a fotografare il popolo dei paesini e delle città, intervista le persone e ne studia la lingua e gli atteggiamenti.
>
> - Come molti suoi contemporanei lavora anche per il teatro, adattando alcuni suoi racconti. Da ricordare *Cavalleria rusticana*, che ha subito un grande successo anche grazie all'attrice protagonista: la grande Eleonora Duse, già famosissima all'epoca.
>
> - Nelle sue opere usa spesso *il discorso indiretto libero*: una tecnica nuova in cui le parole e i pensieri dei personaggi appaiono nel testo senza nessuna introduzione: [...] *ma se volevano truffargli la sua roba, col pretesto che Bastianazzo s'era annegato, la truffavano a Cristo, com'è vero Dio!* Queste sono le parole di Padron 'Ntoni, ma il narratore non le introduce con il classico disse: "__".

IL VENTRE DI NAPOLI
di Matilde Serao

GUIDA ALLA LETTURA

4. Il titolo del romanzo fa riferimento a una frase del Presidente del consiglio dell'epoca che accoglie la richiesta di aiuto del sindaco di Napoli e propone così di "sventrare" il centro storico, colpito dal colera e ridotto in condizioni di estrema povertà. Che cosa significa secondo te in questo contesto la parola "sventrare"? Scegli l'opzione secondo te più corretta.

   a. Trasferire in periferia tutti gli abitanti dei quartieri più poveri
   b. Fare grossi lavori strutturali per risolvere il degrado sociale e ambientale
   c. Fare un grosso buco al centro della città per seppellire i morti di colera

5. Nel brano che stai per leggere, Serao punta l'attenzione sul popolo napoletano, abituato dalla sua storia millenaria alla bellezza, ma costretto a vivere nella sporcizia a causa dell'industrializzazione e di un governo che non si interessa della sua condizione né vuole risolvere le ingiustizie sociali tipiche delle grandi città. Leggi il testo alla pagina seguente e poi indica se le parole della lista alla fine del testo si riferiscono a *Quartieri* o *Persone*.

Eppure la gente che abita in questi quattro quartieri popolari, senz'aria, senza luce, senza igiene, **diguazzando**[1] nei ruscelli neri, scavalcando monti d'immondizie, respirando **miasmi**[2] e bevendo un'acqua **corrotta**[3], non è una gente bestiale, selvaggia, **oziosa**[4]; non è **tetra**[5] nella fede, non è cupa nel vizio, non è **collerica**[6] nella sventura. Questo popolo, per sua naturale gentilezza, ama le case bianche e le colline: onde il giorno di Ognissanti, quando da Napoli tutta la gente buona porta corone ai morti, sul colle di Poggioreale, in quel cimitero pieno di fiori, di uccelli, di profumi, di marmi, **vi è**[7] chi li ha **intesi**[8] gentilmente esclamare: *o Gesù, vurria murì pe sta ccà*[9]!

Questo popolo ama i colori allegri, esso che adorna di **nappe e nappine**[10] i cavalli dei carri, che **s'impiuma di pennacchietti multicolori**[11] nei giorni di festa, che porta i fazzoletti **scarlatti**[12] al collo, che mette un **pomidoro**[13] sopra un sacco di farina per ottenere un effetto pittorico e che ha creato un monumento di ottoni scintillanti, di legni dipinti, di limoni **fragranti**[14], di bicchieri e di bottiglie, un monumentino che è una festa degli occhi: *il banco dell'acquaiuolo*[15].

Questo popolo che ama la musica e la fa, che canta così amorosamente e così **malinconiosamente**[16], tanto che le sue canzoni danno uno **struggimento al core**[17] e sono la più invincibile nostalgia per colui che è lontano, ha una sentimentalità espansiva, che si diffonde nell'armonia musicale.

Non è dunque una razza di animali che si compiace del suo fango; non è dunque una razza inferiore che **presceglie l'orrido**[18] fra il brutto e cerca volonterosa il **sudiciume**[19]; non si merita la sorte che le cose **gl'impongono**[20]; saprebbe apprezzare la civiltà, visto che quella pochina **elargitagli**[21] se l'ha subito assimilata; meriterebbe di esser felice.

NOTE

1 sguazzando, camminando in mezzo ai liquidi
2 cattivi odori
3 inquinata
4 che non ha voglia di lavorare
5 cupa, di natura triste
6 piena di rabbia
7 c'è
8 sentiti
9 in dialetto napoletano: *Oh Gesù, vorrei morire per poter restare qui!*
10 pezzi di stoffa di ornamento
11 si decora con piume colorate.
12 di colore rosso acceso
13 pomodoro
14 profumati
15 gli acquaioli giravano per la città con un carretto e vendevano acqua fresca e limone
16 con un tono malinconico
17 sofferenza nel cuore
18 preferisce il peggio, l'orrendo (in mezzo al brutto)
19 sporco accumulato
20 le impongono
21 che gli è stata donata

---

1. pennacchietti • 2. ruscelli neri • 3. colori allegri • 4. fazzoletti scarlatti
5. monti di immondizie • 6. limoni fragranti • 7. acqua corrotta
8. sudiciume

Quartieri _ _ _ _

Persone _ _ _ _

6. Lavora con un compagno o una compagna: scegliete una città che secondo voi ha una situazione simile e preparate un articolo di giornale in cui la descrivete, evidenziando, come nel testo di Serao, le condizioni dei quartieri poveri da un lato e la forza e la bellezza della gente dall'altro. Ricordatevi di creare anche un titolo e un sottotitolo!

Matilde Serao

Lo sapevi?

Patrasso 1856 – Napoli 1927

- Nonostante sia figlia di un giornalista e abbia fin da piccola esperienza nelle redazioni dei giornali, impara a leggere e a scrivere tardi. La passione per il giornalismo diventerà poi il motore della sua vita. In una redazione conosce anche il suo primo marito con cui inizia una lunga collaborazione professionale.

- Madre di quattro figli maschi, crescerà anche la figlia nata da una relazione del marito con una cantante. La donna decide di uccidersi proprio davanti alla porta di casa Serao, lasciando lì la figlia appena nata. L'evento tragico avrà un grande rilievo su tutti i giornali e porterà alla separazione tra moglie e marito.

- Anche il secondo marito è un giornalista e dalla loro unione nasce una figlia, che Matilde chiama Eleonora in onore dell'amica e diva dell'epoca, l'attrice teatrale Eleonora Duse. Nonostante gli impegni della vita familiare, Matilde non smette mai di lavorare e muore con la penna in mano. Letteralmente!

I romanzi di appendice

Oltre ai romanzi della letteratura ufficiale e a quelli per ragazzi e ragazze, il mondo editoriale produce in questo periodo anche **romanzi dedicati a un pubblico più vasto** e per questo pubblicati spesso **a puntate in fondo ai giornali** e alle riviste. Proprio per questo sono chiamati romanzi "**di appendice**" cioè aggiunti alla fine del periodico. Tutto inizia in Francia agli inizi del secolo, ma presto questa nuova tendenza si diffonde in tutta Europa, Italia compresa. Molte di queste opere, pubblicate inizialmente a puntate, diventeranno poi libri famosissimi della **grande letteratura mondiale** come *I tre moschettieri*, *David Copperfield*, *Madame Bovary*, fino ai capolavori russi *Guerra e pace* e *Delitto e Castigo*. Grande autrice dei romanzi di appendice in Italia è, fra gli altri, Matilde Serao.

Connessioni

Per conoscere il Verismo ci sono due film interessanti: **La terra trema** di Luchino Visconti (1948), che ha fatto la storia del cinema italiano ed è ispirato a *I Malavoglia* di Giovanni Verga, recitato in dialetto siciliano dai veri abitanti di Aci Trezza; e **I Viceré** di Roberto Faenza (2007), trasposizione cinematografica del romanzo di Federico De Roberto.

Anche i film tratti dai romanzi per ragazzi e ragazze hanno avuto molto successo, tra le tante versioni ricordiamo in particolare **Cuore** di Duilio Coletti (1948) e **Le avventure di Pinocchio** di Luigi Comencini (1972).

Parole in viaggio

bohémien è una parola francese, usata anche in italiano per indicare **un uomo o una donna artista che si comporta in maniera anticonvenzionale e vive spesso in povertà**. Questo termine deriva da *bohème*, parola nata a Parigi nel secondo Ottocento per descrivere la vita degli artisti che abitavano nei quartieri più poveri dove vivevano anche i nomadi di origine Rom. Da tempo c'era tra la gente l'idea – non esatta – che i Rom, popoli di antichissima origine, venissero dalla *Boemia*, – da cui *bohème* – una regione dell'attuale Repubblica Ceca.

L'ITALIA DEL SECONDO OTTOCENTO

1 *Torino*

Già capitale del regno sabaudo, diventa con l'unità d'Italia la **prima capitale d'Italia** e il secondo centro più importante per la **Scapigliatura**. È la città natale di figure importanti della politica italiana come Camillo Benso, conte di **Cavour**, il primo presidente del consiglio dell'Italia unita.

LINEA DEL TEMPO di alcune delle opere italiane principali

Emilio Praga
[Milano 1839 – 1875]
1864 PENOMBRE
il manifesto della Scapigliatura, perché descrive molto bene che cosa significa essere "scapigliati"

Giovanni Verga
[Vizzini 1840 – Catania 1922]
1881 I MALAVOGLIA
storia di una famiglia sfortunata di pescatori siciliani, il primo dei cinque romanzi veristi del suo "Ciclo dei vinti"

1850 — 1855 — 1860 — 1865 — 1870 — 187

Giosuè Carducci
[Valdicastello 1835 – Bologna 1907]
1877 ODI BARBARE
raccolta di poesie definite così dal poeta per richiamare la struttura delle *odi* latine applicata alla metrica in lingua italiana

Matilde Serao
[Napoli Patrasso 1856 – Napoli 1927]
1884 IL VENTRE DI NAPOLI
romanzo in cui si descrive la miseria e le difficoltà in mezzo a cui viveva il popolo napoletano

2 *Milano*

Città vicina ai grandi **movimenti culturali europei**, riunisce il gruppo della **Scapigliatura** e accoglie grandi intellettuali da tutto il Paese, come per esempio **Verga** e **Capuana**. Qui nascono anche alcuni dei giornali nazionali più importanti come il "**Corriere della Sera**".

3 *Bologna*

È la città della più **antica università** d'Europa, dove letterati importanti come **Carducci** insegnano e si confrontano sulle correnti letterarie dell'epoca.

4 *Firenze*

È la seconda capitale d'Italia e resta un **centro culturale e linguistico** di riferimento fondamentale, dove nascono periodici come "**Nuova Antologia**", una rivista di lettere, scienze e arti attiva ancora oggi.

5 *Roma*

È la **capitale definitiva del regno d'Italia** dal 1871 e un centro di riferimento per le **arti** e per la **storia antica**. Ma all'epoca è ancora una **città prevalentemente agricola**. Per questo verso la fine del secolo cominciano importanti lavori di modernizzazione.

La Questione della Lingua

Verso l'italiano nazionale

Dopo l'unità d'Italia la questione della lingua diventa un argomento cruciale per il nuovo governo. **Manzoni** è il punto di riferimento e viene consultato dal Ministro dell'istruzione. Le sue proposte per una diffusione efficace dell'italiano in tutto il Paese sono: **maestri e maestre toscani** in tutte le scuole, **viaggi scolastici in Toscana** e la creazione di **un vocabolario della lingua fiorentina contemporanea**. Queste proposte non producono però nessun risultato concreto: nel 1861 il 78% della popolazione non sa né leggere, né scrivere e conosce solo il proprio dialetto. **Nessuna riforma decisa a tavolino può risolvere una situazione così grave**. E infatti ci vorrà ancora un secolo per iniziare a vedere un'alfabetizzazione di massa e una vera diffusione della lingua italiana.

Carlo Collodi
[Firenze 1827 – 1890]

1883 LE AVVENTURE DI PINOCCHIO
romanzo per ragazzi e ragazze con scopi educativi in cui un burattino di legno prende vita

Federico De Roberto
[Napoli 1861 – Catania 1927]

1894 I VICERÉ
romanzo verista che racconta il passaggio all'unità d'Italia attraverso le ipocrisie e le malvagità di una famiglia della nobiltà siciliana.

Edmondo De Amicis
[Oneglia 1846 – Bordighera 1908]

1886 CUORE
romanzo di grande successo che descrive il sistema scolastico e sociale dell'Italia dell'epoca

> Scrivo dappertutto e di tutto con audacia unica, conquisto il mio posto a forza di urti, di gomitate, col fitto e ardente desiderio di arrivare, senza avere nessuno che mi aiuti o quasi nessuno. Ma tu sai che io non do ascolto alle debolezze del mio sesso e tiro avanti per la vita come se fossi un giovanotto.
>
> **Matilde Serao** da una lettera a un amico dopo il suo arrivo a Roma

Tra OTTOCENTO e NOVECENTO

Mi chiedo...

Quali caratteristiche hanno le opere del *Decadentismo*?
Che cos'è il Futurismo?
Com'è la poesia *crepuscolare*?

L'ETÀ dell'IMPERIALISMO

> **NOTE**
>
> **nazionalismo** ideologia che esalta le priorità della propria nazione anche a svantaggio degli altri Paesi
>
> **frontiere** confini, limiti di uno Stato
>
> **quarto Stato** dopo il primo (il clero), il secondo (la nobiltà), il terzo (la borghesia)

[Premessa sulla divisione dei capitoli]

Dalla metà dell'Ottocento alla metà del Novecento le correnti e le figure letterarie importanti sono talmente tante che sarebbe stato impossibile includerle in un solo capitolo. Per questo abbiamo deciso di distribuirle in tre capitoli diversi (8, 9 e 10). Vi capiterà dunque di trovare autori e autrici più o meno contemporanei, ma trattati in capitoli differenti, in funzione di un'organizzazione delle tematiche il più possibile chiara e funzionale.

• Il cambio degli equilibri internazionali

Verso la fine dell'Ottocento la politica estera degli Stati diventa sempre più aggressiva. Ormai la coscienza patriottica dei primi tempi è diventata vero e proprio **nazionalismo**: i governi chiudono le **frontiere** e cercano in tutti i modi di portare vantaggi economici alla propria nazione senza preoccuparsi delle conseguenze sugli altri Paesi. La **corsa all'industrializzazione** e il bisogno di estendere sempre di più le proprie colonie coinvolgono anche gli Stati Uniti, il Giappone e la Russia che si aggiungono ai vecchi imperi coloniali nella gara all'espansione politica e commerciale in Asia, Africa e America. Questo comporta uno **sfruttamento** estremo del **proletariato** che sviluppa però anche una nuova **coscienza di classe**: i sindacati e i partiti politici di sinistra si organizzano in movimenti politici internazionali. Nasce il "**quarto Stato**".

La politica in Italia

In Italia il governo cerca di portare la nazione al livello delle grandi potenze estere, ispirandosi alla Germania di Bismarck: adotta una politica estera aggressiva e reprime con violenza tutte le rivolte interne dei lavoratori.
In questo periodo nasce il **Partito Socialista Italiano**. Il nuovo **governo di Giolitti** interrompe le missioni all'estero, stabilisce un nuovo dialogo con i sindacati, concede un aumento dei salari e prova a combattere l'analfabetismo che caratterizza ancora la maggior parte della popolazione. Si apre un periodo di **grandi lavori di** ammodernamento delle infrastrutture e delle industrie, ma anche degli uffici pubblici, delle scuole e degli ospedali. Questa politica, però, non piace agli industriali e ai monarchici nazionalisti. E infatti, il governo successivo sarà quello che farà entrare l'Italia nella Prima guerra mondiale.

NOTE

Bismark la sua politica aggressiva e strategica ha creato l'Impero Tedesco

Giolitti membro della Sinistra storica, ha governato per molti anni

sindacati organizzazioni nazionali per la difesa dei diritti di varie categorie di lavoratori e lavoratrici

ammodernamento insieme di modifiche per rendere più moderno qualcosa

monarchici fautori della monarchia

PER CAPIRE

1. Completa le frasi con le parole mancanti.

   politica • nazionalismo • espansione • analfabetismo • coscienza

   a. A fine Ottocento si passa dal patriottismo al _____.
   b. Stati Uniti, Giappone e Russia si uniscono nella corsa all'_____ politica e commerciale.
   c. Il proletariato sviluppa una nuova _____ di classe.
   d. L'Italia adotta inizialmente una _____ estera agressiva, come quella della Germania.
   e. Il governo di Giolitti prova a combattere l'_____, ancora molto diffuso in tutta Italia.

CRISI di tutte le CERTEZZE

Il Decadentismo

Verso la fine dell'Ottocento il pensiero positivista e i valori della società borghese entrano in crisi. Il filosofo tedesco **Friedrich Nietzsche** dichiara la **superiorità dell'individuo** rispetto al sistema sociale e alle leggi della massa, mentre il medico e filosofo austriaco **Sigmund Freud** elabora per la prima volta il concetto di inconscio e fonda la **psicoanalisi**. Sono solo alcune delle basi teoriche del Decadentismo, una nuova corrente letteraria e artistica nata in Francia e **ispirata a Baudelaire** e agli altri *bohémien* parigini.

Sigmund Freud.

NOTE

massa tra gli elementi-chiave c'è il concetto di Supeuomo: l'uomo di una nuova era, senza limiti morali alla propria affermazione

inconscio attività psichica che si svolge al di fuori del controllo della coscienza

Decadentismo dal francese *décadent*, che indica all'inizio la "caduta" dei valori del Positivismo e poi il nuovo gruppo francese di poeti "maledetti" che si opponevano alla società borghese

> **NOTE**
>
> **fine a se stessa** che non ha nessuno scopo oltre alla propria esistenza
>
> **analogie** l'analogia è, in questo caso, un legame di somiglianza tra due parole, o due concetti, basato su libere associazioni di pensiero
>
> **simboli** segni che rappresentano contenuti o valori particolari o universali

In questa nuova era in cui tutti gli **ideali di progresso** sono **tramontati**, l'**arte** sembra l'unico linguaggio capace di immergersi nei misteri e nelle profondità dell'esistenza, senza più nessun bisogno di comprendere o di insegnare qualcosa: è semplicemente *fine a se stessa*. In questo nuovo scenario l'immaginazione diventa più importante della realtà. Il linguaggio è un flusso fatto di *analogie*, richiami spirituali, *simboli* e suoni.

• *Le Avanguardie*

A inizio secolo la teoria della relatività di **Albert Einstein** mette profondamente in discussione anche le certezze della scienza. Siamo all'inizio di una **grande rivoluzione scientifica** e culturale che cambierà per sempre i destini del mondo.
La reazione degli intellettuali e degli artisti a questo **crollo completo di certezze** è molto forte: nascono le **avanguardie**, cioè gruppi di persone che aprono nuove strade nell'arte, nella letteratura, nel teatro e nella musica, spesso in netto contrasto con il sistema del passato. Il **Futurismo**, il **Dadaismo**, il **Surrealismo**, l'**Espressionismo** sono tutti movimenti che vogliono rompere la relazione con le opere passate e **negano** con forza i **valori** del sapere ufficiale. La loro rivoluzione è pubblica ed è quasi sempre comunicata attraverso un **manifesto**, cioè una lista di principi, regole e obiettivi che definiscono l'identità del movimento.

Albert Einstein.

Foto di gruppo di alcuni artisti futuristi: Aldo Palazzeschi, Carlo Carrà, Giovanni Papini, Umberto Boccioni, e Filippo Tommaso Marinetti.

La letteratura in Italia

Anche l'Italia partecipa da protagonista alle grandi correnti letterarie europee e americane a cavallo dei due secoli. Per il **Decadentismo** l'autore italiano più famoso è **Gabriele D'Annunzio** che celebra con la sua vita e con le sue opere l'importanza dei sensi, il **potere dell'istinto** e il trionfo dell'estetica su qualsiasi principio morale. Altro autore di riferimento è un allievo di Giosuè Carducci, **Giovanni Pascoli**, che interpreta in modo **più intimo** i principi del Decadentismo, raccontando con lo sguardo del "fanciullino", cioè del bambino che vive in ogni poeta, la **complessità dell'esistenza** e i **pericoli della modernità**.

Con l'arrivo del nuovo secolo, il concetto di avanguardia si sviluppa grazie al **Futurismo**, che celebra la **velocità**, l'**aggressività** e l'**azione** come concetti chiave della modernità e considera l'arte e la letteratura come strumenti di **rottura con le** convenzioni sociali. Contemporaneamente, un gruppo di poeti sparsi per l'Italia, definiti "**crepuscolari**" (da *crepuscolo* cioè tramonto) si oppongono all'enfasi della poesia ufficiale e raccontano la **solitudine** della provincia, la **sofferenza** e la **noia** della **vita borghese**, annunciando l'**inutilità della poesia** nella società moderna; un altro gruppo di poeti sperimentatori dell'anti-poesia sono i "vociani", chiamati così perché collaboratori della rivista letteraria "La Voce": la loro poesia è fatta di **piccoli** frammenti dove prosa e versi si mescolano per raccontare la **crisi dell'essere umano** contemporaneo.

NOTE

importanza dei sensi è il Sensismo, secondo cui tutta l'esistenza si basa sull'esperienza dei sensi (udito, olfatto, vista, gusto…)

estetica in questo contesto indica l'esperienza del Bello

fanciullino piccolo fanciullo, bambino

convenzioni accordi accettati dalla comunità su aspetti della società

enfasi eccessiva forza e grandezza dei toni

provincia piccola città o insieme di piccoli centri abitati lontani da una metropoli; si contrappone all'idea di "città"

anti-poesia poesia con caratteristiche opposte a quelle della poesia ufficiale

frammenti testi brevissimi e incompleti

PER CAPIRE

2. Per ogni movimento letterario (D = Decandentismo, A = Avanguardie) trova i concetti corrispondenti. Attenzione: alcuni concetti sono comuni a entrambe le correnti (DA).

	D	A	DA
a. rottura con il Positivismo	☐	☐	☐
b. culto del Bello attraverso i sensi	☐	☐	☐
c. culto della modernità	☐	☐	☐
d. rottura con i valori borghesi	☐	☐	☐
e. pubblicazione di un manifesto	☐	☐	☐
f. ispirazione dai poeti maledetti	☐	☐	☐

La PROSA

I PRINCIPALI GENERI LETTERARI

NOTE

stravagante eccentrica, originale

scandali azioni ed eventi fuori dalla morale comune

fascismo vedi capitolo successivo

quadrilogia opera formata da quattro opere distinte collegate tra loro

Continua a cavallo dei due secoli la grande era del romanzo con modelli della narrativa decadente come *À rebours* del francese **Joris-Karl Huysmans** e *Il ritratto di Dorian Gray* dell'irlandese **Oscar Wilde**.

• *Il romanzo decadente*

Anche in Italia, il romanzo di questo periodo si allontana sempre di più dai grandi racconti sociali ottocenteschi e sposta lo sguardo **verso il mondo interiore dei personaggi**, con un'attenzione profonda per il **lato oscuro** e **irrazionale** dell'essere umano.

Il piacere • GABRIELE D'ANNUNZIO

Questo autore abruzzese ha scritto moltissimo, soprattutto poesie, romanzi e tragedie, interpretando con la sua **vita stravagante** e piena di **scandali** lo spirito del Decadentismo e diventando un importante punto di riferimento per la **cultura ufficiale** dell'epoca, soprattutto con l'arrivo del **fascismo**. In questo romanzo racconta la **vita di un giovane aristocratico**, un **esteta** che trasforma la sua vita in un'opera d'arte, seguendo l'**istinto del piacere** e il desiderio di bellezza al di là di qualsiasi regola morale, proprio come i protagonisti di altri romanzi europei contemporanei. L'opera, in perfetto **stile decadente**, si concentra più sulle emozioni e sulle atmosfere, e meno sulla costruzione narrativa.

Gabriele D'Annunzio.

Piccolo mondo antico • ANTONIO FOGAZZARO

L'autore è un ricco avvocato del Nord Italia che sceglie di dedicarsi alla scrittura. Questo romanzo in particolare è il primo di una **quadrilogia** dedicata a una famiglia del piccolo paese di origine dell'autore e ha subito un grande successo. Racconta il **crollo del legame** tra **due giovani sposi**, lui nobile, ottimista e di idee liberali, lei di condizioni umili e con un carattere cupo. La storia è ambientata **durante il Risorgimento** ed evidenzia come la **distanza tra le classi sociali** possa creare profondi conflitti tra le persone: l'indagine psicologica dei personaggi e la complessità del loro mondo interiore fanno di questo romanzo un'opera profondamente moderna.

Canne al vento • GRAZIA DELEDDA

L'autrice cresce in una famiglia sarda piuttosto povera, ma riesce comunque a seguire la sua passione per la scrittura. Per l'ambientazione nella **Sardegna rurale** le sue opere richiamano le caratteristiche del Verismo, ma dimostrano nei temi trattati e nei ritratti dei personaggi il loro tono decadente.
In questo romanzo, come già si intuisce dal titolo, l'autrice descrive l'**impossibilità** dell'essere umano **di decidere il proprio destino** a causa della sua fragilità interiore. Siamo tutti deboli, come "canne al vento". La storia ruota attorno alla **famiglia** Pintor, **in rovina** dopo due eventi importanti: prima la morte del capofamiglia e poi la fuga di una delle quattro figlie. In casa vivono solo le donne e il fedele servo, vero protagonista del romanzo, che continua a prendersi cura di loro nonostante il tracollo finanziario e vive in un mondo popolato di creature e fenomeni sovrannaturali, tipici della tradizione contadina. L'arrivo del nipote dal "continente", sconvolgerà gli equilibri emotivi della casa.

NOTE

continente così gli abitanti delle isole chiamano la penisola italica, attaccata al continente europeo

PER CAPIRE

3. Leggi le descrizioni dei protagonisti dei romanzi e indica a quale opera appartengono.

   a. Giovane aristocratico di idee liberali, innamorato di una ragazza di famiglia plebea.
   b. Servo fedele che lavora per i membri di una famiglia decaduta.
   c. Giovane aristocratico colto e raffinato, grande seduttore e amante dei piaceri della vita.

Il piacere	Piccolo mondo antico	Canne al vento
Andrea Sperelli ☐	Franco Maironi ☐	Efix ☐

La POESIA

I PRINCIPALI GENERI LETTERARI

> **NOTE**
>
> **Alcyone** secondo una versione del mito greco, è una dea che si butta in mare dopo la perdita del suo amante e per questo è trasformata da Zeus in uccello marino
>
> **Ermione** come la figlia del re greco Menelao e della donna più bella del mondo, Elena
>
> **richiami simbolici** legami profondi e universali

La poesia decadente

La pioggia nel pineto • GABRIELE D'ANNUNZIO

Sono tantissime le opere poetiche dannunziane, questa in particolare è tra le più famose ed è contenuta nella raccolta *Alcyone*, dedicata all'**unione tra uomo e natura** e alla **storia d'amore** del poeta con la famosa attrice Eleonora Duse, qui chiamata **Ermione**. I richiami al classicismo, soprattutto greco, sono sempre numerosi in tutte le opere dannunziane, non per imitare i modelli come volevano i classicisti, ma per riportare in vita i **modelli ideali** nati nel mondo greco, la presenza dell'**anima** in tutte le cose e il dominio del **Bello** assoluto, in stile decadente. La poesia è divisa in quattro strofe di versi **liberi**, cioè senza un numero preciso di sillabe che si ripete, e **sciolti** cioè senza uno schema fisso di rime.

Eleonora Duse.

Le rime sparse e i richiami sonori sono comunque tantissimi. Infatti il linguaggio è ricco di **sperimentazioni linguistiche** e **figure retoriche**, per comunicare tutti i sensi attraverso l'esperienza di un'**improvvisa pioggia d'estate** sotto una pineta, vissuta insieme alla persona amata: la vista, l'udito, il tatto, l'olfatto diventano protagonisti di questa **fusione tra essere umano e natura**.

Temporale • GIOVANNI PASCOLI

Questa poesia appartiene alla raccolta *Myricae*, cioè piccole piante sempre verdi, simbolo della poesia bucolica dei classici legata alle piccole cose, in contrapposizione alle grandi imprese dei racconti epici. Appare evidente l'**opposizione** di Pascoli **all'eroismo dannunziano**. In particolare, in questa raccolta il poeta descrive in **piccoli quadri** il paesaggio della **campagna** attraverso il passare del tempo e delle stagioni. Ma i **piani di lettura**, come spesso accade nella poesia, sono più di uno. Il primo ci mostra una descrizione della natura in modo semplice e immediato, attraverso la potenza del dettaglio. Il secondo ci porta altrove: attraverso i suoni e i loro **richiami simbolici**, il testo diventa **un potente canale** per raggiungere **la parte irrazionale** di noi, in connessione con i **significati più profondi** dell'esistenza.

La poesia futurista

Come dichiarato nel *Manifesto tecnico della letteratura futurista* scritto dal fondatore del movimento **Filippo Tommaso Marinetti**, la poesia futurista vuole essere **libera da tutte le regole**, comprese quelle della grammatica, l'ortografia e la punteggiatura. La scrittura deve tradurre il più possibile la velocità, la modernità e la **rottura con il passato**. Per questo nasce il concetto di "**parole in libertà**" o "**paroliberismo**": la frase scompare, così come il verso tradizionale, perché le parole non devono avere necessariamente un legame logico tra di loro. Entrano nella pagina note musicali, simboli matematici, caratteri tipografici. I verbi sono all'infinito e le figure retoriche preferite sono quelle che uniscono due sensi differenti e sconvolgono la logica dei significati. Uno dei poeti del movimento futurista è **Aldo Palazzeschi** che in poesie come *La passeggiata*, *La fontana malata* e *E lasciatemi divertire* mostra che la **distruzione del verso tradizionale** e l'estrema **sperimentazione linguistica** sono un canale per raccontare il crollo del ruolo del poeta e i nuovi miti della società contemporanea: modernità e individualismo.

La poesia crepuscolare

Alcuni poeti di questo periodo decidono di opporsi sia alla grande poesia ufficiale, sia a quella gridata e violentemente ribelle dei futuristi. Un gruppo in particolare fa una poesia definita da un critico letterario dell'epoca "**al crepuscolo**" rispetto alla stagione dei grandi poeti come Pascoli e D'Annunzio. Infatti le atmosfere, il tono e il linguaggio vogliono raccontare la **crisi delle persone comuni**, prigioniere di una vita grigia e borghese, vissuta nelle periferie delle nuove grandi città in modo anonimo. Il **linguaggio** è semplice e **vicino alla prosa**, in perfetta sintonia con i contenuti e con il messaggio. Tra i poeti più famosi di questa corrente c'è **Guido Gozzano**, che smitizza i grandi temi e autori della poesia in modo **ironico**, attraverso il racconto di oggetti, personaggi e aspetti della sua **vita quotidiana**. Famoso per esempio è il poemetto *La signorina Felicita, ovvero la Felicità* in cui in un momento di grave malattia il poeta ricorda in modo malinconico un amore del passato: una donna semplice e umile, lontanissima dalle muse della "grande" letteratura.

Guido Gozzano.

NOTE

ortografia insieme di regole per la scrittura corretta della lingua

punteggiatura insieme dei segni che regolano la logica e il ritmo di lettura di un testo (il punto, la virgola ecc.)

caratteri tipografici simboli vari legati alla scrittura stampata

all'infinito in grammatica il modo verbale in -are, -ere, -ire (parlare, vedere, capire ecc.)

crepuscolo il momento che segue il tramonto

corrente movimento culturale che riunisce diversi artisti attorno a una serie di valori comuni

smitizza toglie sacralità, rende normali

NOTE

Simbolismo corrente artistica e letteraria per cui la realtà è un universo fatto di simboli. Vedi capitolo 10

Eugenio Montale vedi capitolo 10

allucinazione fenomeno per cui si crede di vedere qualcosa che non esiste nella realtà ma solo nella propria mente

La Chimera creatura mitologica mostruosa, simbolo di desiderio irraggiungibile

● *La poesia vociana*

Agli inizi del secolo il ruolo delle **riviste** come spazio di confronto tra intellettuali sulle trasformazioni profonde della società è sempre più importante. Infatti, l'altro gruppo di poeti ribelli rispetto alle grandi correnti del Decadentismo e del Futurismo si riunisce attorno a una di queste riviste, "La Voce", e produce una **poesia nuova**, composta da **versi brevissimi**, forti **richiami autobiografici** e sperimentazioni linguistiche. Uno degli scrittori più interessanti di questa nuova corrente è **Dino Campana**, poeta ricoverato varie volte in un ospedale psichiatrico e che per un breve periodo ha avuto una relazione con la scrittrice **Sibilla Aleramo**. Il Simbolismo e lo stile sperimentale dei suoi *Canti orfici* influenzeranno alcuni grandi poeti della letteratura italiana del Novecento, come Eugenio Montale. La struttura di questa raccolta è quella del **prosimetro**, cioè componimenti in parte in versi e in parte in prosa. Tra i temi fondamentali, legati alla vita del poeta, ci sono l'**oscurità**, il **sogno**, l'allucinazione, la **pazzia** e la rovina esistenziale dell'essere umano. Tra le parti in versi, famosa è la poesia *La Chimera* che apre la sezione chiamata "Notturni" ed è dedicata alla figura della **donna / poesia**, alla sua **essenza inafferrabile e misteriosa**, al suo linguaggio oscuro fatto di contrasti, sogno e inquietudine.

PER CAPIRE

4 • Leggi i versi tratti dalle poesie citate e poi indica per ognuno la figura retorica corrispondente.

TITOLO	TESTO	NOTE
☐ La pioggia nel pineto	*Sola una nota ancor¹ **trema, si spegne**, risorge, **trema, si spegne**.*	1 ancora 2 cupo, scuro 3 sconosciute
☐ Temporale	*Un **bubbolìo** lontano*	
☐ La signorina Felicita, ovvero la Felicità	*coi suoi ciliegi e con la sua Marchesa dannata, e l'orto dal **profumo tetro**²*	
☐ La Chimera	*Non so se tra roccie il tuo **pallido viso** m'apparve, o sorriso di lontananze ignote³*	

a. onomatopea	b. ripetizione	c. enjambement	d. sinestesia
quando la parola indica qualcosa riproducendone anche il suono.	quando una parola o un'espressione compaiono in uno o più versi.	quando una coppia di parole con un nesso logico sono divise tra la fine di un verso e l'inizio del successivo.	l'unione di due parole che di solito indicano due sfere sensoriali diverse.

Il TEATRO

I PRINCIPALI GENERI LETTERARI

Il teatro europeo registra la crisi di fine Ottocento producendo gli ultimi capolavori del secolo legati al **dramma borghese** di ambientazione contemporanea, con **personaggi complessi** e realistici e vicende che ruotano attorno al mondo quotidiano della borghesia: non più vicende e personaggi chiusi nei canoni della commedia o della tragedia, ma rappresentazioni di **vite e storie reali**, a volte divertenti a volte tragiche, ma sempre vicine alla realtà del pubblico.

La tragedia dannunziana

Una delle opere dannunziane più famose è *La figlia di Iorio*, una **tragedia pastorale in versi**, divisa in tre atti e ambientata in **Abruzzo**, sua amata terra di origine. I protagonisti sono i **pastori** di un piccolo villaggio, dove **riti primitivi** e **tradizioni ancestrali** guidano le vicende della storia che porterà **la protagonista** a finire **bruciata come strega**. Quest'opera di enorme successo sarà poi adattata in un'opera lirica e portata anche sul grande schermo del neonato **cinema muto**.

Gabriele D'Annunzio entra in contatto con il teatro grazie alla sua storia d'amore con **Eleonora Duse**, attrice famosissima dell'epoca. Al dramma borghese, però, lui oppone un tipo di teatro completamente diverso, legato all'antico **rito collettivo** e alla sua capacità di **rigenerare la comunità**, così come aveva già suggerito Wagner nella sua riforma profonda del melodramma tedesco. D'Annunzio concepisce inizialmente un teatro all'aperto, un evento fuori dal contesto della scena tradizionale, che abbia **come scenografia il paesaggio** naturale o la città: è il cosiddetto "**teatro di festa**". I tentativi di realizzare questo teatro "totale", che coinvolga centinaia di attori e sia aperto a migliaia di persone lo porterà poi a progettare strutture colossali e **avveniristiche**. La sua rivoluzione non sarà realizzabile perché troppo complessa, ma darà spunto per futuri importanti cambiamenti nella concezione della scena e della teatralità.

Il teatro futurista

Un altro genere teatrale che si oppone al dramma borghese è il teatro degli artisti futuristi: un **teatro-evento** legato alle caratteristiche del "**teatro di varietà**": non esiste più nessuna trama, solo esibizioni e performances brevi e isolate, con il **pubblico** che diventa **parte attiva** della scena. La **lingua** è quella futurista, **provocatoria** e **libera** da qualsiasi costruzione logica. Anche la **scenografia** diventa terreno di **sperimentazione**, abolendo la scena realistica ed esplorando altre forme di espressione artistica e **illusione visiva**. Altro elemento fondamentale è l'**effetto sorpresa** con cui i futuristi vogliono **spiazzare** il pubblico, portandolo a vivere un'esperienza spesso violenta.

NOTE

ancestrali delle origini, degli antenati di un passato lontanissimo

cinema muto vedi box a pagina 149

avveniristiche che immaginano o anticipano il futuro

provocatoria che vuole creare nel pubblico una reazione forte, di rabbia e irritazione

spiazzare sorprendere e disorientare

PER CAPIRE

5. Per ogni tipo di teatro (F = futurista; D = dannunziano), trova le caratteristiche corrispondenti.

	F	D
a. stile decadente	☐	☐
b. parole in libertà	☐	☐
c. teatro di varietà	☐	☐
d. opera bucolica	☐	☐
e. storia di pastori	☐	☐
f. velocità e modernità	☐	☐
g. effetto sorpresa	☐	☐
h. divisione in atti	☐	☐
i. assenza di trama	☐	☐

TEMPORALE
di Giovanni Pascoli

GUIDA ALLA LETTURA

1. La struttura del testo che stai per leggere ricorda una piccola ballata. Quali sono le caratteristiche metriche di questa poesia? Osserva e poi scegli l'opzione giusta.

Un bubbolìo lontano…

Rosseggia l'orizzonte,
come affocato, a mare:
nero di pece, a monte,
stracci di nubi chiare:
tra il nero un casolare:
un'ala di gabbiano.

VERSI	SCHEMA METRICO	STROFE
1. ☐ endecasillabi	1. ☐ A BABCBA	1. ☐ una
2. ☐ ottonari	2. ☐ A BCBCCA	2. ☐ due
3. ☐ settenari	3. ☐ A ABABAA	3. ☐ nessuna

2. Ora rileggi la poesia: cerca di concentrarti sulle parole. Vedrai che il primo verso isolato ha il ruolo fondamentale di portarci subito dentro un suono: quello di un temporale in arrivo. Le altre immagini nel testo ci aiutano a visualizzare alcuni dettagli del paesaggio, ma ci parlano anche di altro, come sempre accade nella poesia. Prova ad associare ogni verso del testo a una delle parole della lista.
Poi condividi le tue scelte con una compagna o un compagno. Ricorda: la poesia, soprattutto quella moderna e contemporanea, è spesso una questione soggettiva, raramente c'è un modo universalmente corretto di interpretarla.

PASSIONE	_____	PROTEZIONE	_____
RABBIA	_____	RICORDO	_____
ANGOSCIA	_____	FAMIGLIA	_____
SPERANZA	_____		

	Parafrasi
Un bubbolìo lontano…	Un rumore di tuono arriva in lontananza…
Rosseggia l'orizzonte,	L'orizzonte diventa rosso,
come affocato, a mare:	dalla parte del mare è come infuocato:
nero di pece, a monte,	dalla parte della montagna è nero come la pece,
stracci di nubi chiare:	(*liquido nero e denso che viene dal catrame*)
tra il nero un casolare:	nubi chiare che sembrano degli stracci (*pezzi di stoffa rovinati e sporchi*)
un'ala di gabbiano.	nel cielo nero si vede un casolare:
	sembra un'ala di gabbiano.

3. **Ora lavorate in gruppo. Scegliete una delle parole della lista (attività 2) e provate a comporre una breve poesia che, attraverso la descrizione di un paesaggio particolare, descriva quell'emozione o quell'idea.**

_____
_____
_____
_____
_____
_____
_____

Giovanni Pascoli

San Mauro di Romagna 1855 – Bologna 1912

- Nella sua vita vive molti lutti familiari: quando ha 12 anni suo padre è assassinato. L'anno dopo muoiono la madre e la sorella, l'anno successivo muore il fratello e poco dopo un altro fratello. Questi traumi influenzeranno la sua visione della poesia come rifugio, salvezza e consolazione.

- Abiterà per molti anni insieme alle due sorelle, con cui avrà sempre un legame complicato. Quando una delle due si sposerà, il poeta rimarrà a vivere con l'altra, la più piccola, che si occuperà dell'archivio delle sue opere e della sua prima biografia ufficiale.

- Lavora come professore di liceo in varie città finché non prenderà il posto del suo maestro Carducci all'università di Bologna. Contemporaneamente, continua a scrivere e a comporre fino a quando la depressione e l'alcolismo lo porteranno alla morte a soli 57 anni.

Lo sapevi?

CANNE AL VENTO
di Grazia Deledda

GUIDA ALLA LETTURA

4. Stai per leggere il brano di un romanzo di Grazia Deledda che è stato definito "decadente", nonostante abbia anche alcune caratteristiche del romanzo verista. Quali? Indica per ogni frase l'opzione giusta (D = Decadente; V = Verista).

	D	V
a. I protagonisti sono vittime inconsapevoli di un meccanismo sociale inevitabile.	☐	☐
b. La psiche dei personaggi rivela aspetti dell'inconscio.	☐	☐
c. La storia è secondaria rispetto alla visione soggettiva dei personaggi.	☐	☐
d. L'ambiente sociale è descritto con precisione e i personaggi ne sono parte.	☐	☐
e. La narrazione si concentra di solito sul punto di vista di un solo protagonista.	☐	☐

5. In questo brano iniziale, nella casa del protagonista Efix (chiamato in dialetto Efisé dagli abitanti del paese) arriva un ragazzo (Giovanni Antonio, detto Zuannantò) per portargli un messaggio delle sue padrone. Leggi il brano e poi scegli se le affermazioni sono vere o false.

– Zio Efisè, zio Efisè!
– Che è accaduto, Zuannantò? Stanno bene le mie dame?
– Stanno bene, sì, mi pare. Solo mi mandano per dirvi di tornare domani presto in paese, che hanno bisogno di parlarvi. Sarà forse per una **lettera gialla**[1] che ho visto in mano a donna Noemi. Donna Noemi la leggeva e donna Ruth col fazzoletto bianco in testa come una monaca spazzava il cortile, ma stava ferma appoggiata alla scopa e ascoltava.
– Una lettera? Non sai di chi è?
– Io no; non so leggere. Ma la mia nonna dice che forse è di **sennor**[2] Giacinto il nipote delle vostre padrone.
Sì, Efix lo sentiva; doveva esser così: tuttavia si grattava pensieroso la guancia, a testa **china**[3], e sperava e **temeva**[4] d'ingannarsi.
Il ragazzo s'era seduto stanco sulla pietra davanti alla capanna e si slacciava gli scarponi domandando se non c'era nulla da mangiare.
– Ho corso come un cerbiatto: avevo paura dei **folletti**[5]...
Efix sollevò il viso **olivastro**[6] duro come una maschera di bronzo, e fissò il ragazzo coi piccoli occhi **azzurrognoli**[7] **infossati**[8] e circondati di rughe: e quegli occhi vivi lucenti esprimevano un'angoscia infantile.

segue ▶

NOTE

1 un telegramma, cioè un messaggio spedito con il telegrafo - chiamato qui "lettera gialla" per il suo colore

2 signor

3 piegata verso il basso

4 aveva paura

5 piccole creature magiche del bosco

6 olivastro: con la pelle abbastanza scura

7 di un azzurro debole

8 incavati

– Ti han detto s'io devo tornare domani o stanotte?
– Domani, vi dico! Intanto che voi sarete in paese io starò qui a guardare il **podere**[9].

Il servo era abituato a obbedire alle sue padrone e non fece altre richieste: tirò una cipolla dal grappolo, un pezzo di pane dalla **bisaccia**[10] e mentre il ragazzo mangiava ridendo e piangendo per l'odore dell'aspro **companatico**[11], ripresero a chiacchierare.

I personaggi più importanti del paese attraversavano il loro discorso: primo veniva il **Rettore**[12], poi la sorella del Rettore, poi il **Milese**[13] che aveva sposato una figlia di questa ed era diventato, da venditore ambulante di arance e di anfore, il più ricco mercante del villaggio. Seguiva don Predu, il sindaco, cugino delle padrone di Efix. Anche don Predu era ricco, ma non come il Milese. Poi veniva Kallina l'**usuraia**[14], ricca anche lei ma in modo misterioso.

NOTE

9 pezzo di terra coltivata

10 grossa sacca di pelle

11 cibo che accompagna il pane (in questo caso la cipolla)

12 il direttore di un istituto religioso

13 abitante di Milis, un villaggio della Sardegna

14 chi presta denaro con interessi altissimi

V F

a. Efix si trova nella casa in paese quando riceve il messaggio del ragazzo. ☐ ☐
b. Il ragazzo gli dice che le sorelle Pintor hanno ricevuto una lettera gialla. ☐ ☐
c. La nonna pensa che la lettera venga dal nipote delle padrone di Efix. ☐ ☐
d. Il ragazzo dice che ha corso perché era molto in ritardo. ☐ ☐
e. Il ragazzo dice a Efix che deve anndare subito in paese. ☐ ☐
f. Efix e il ragazzo si mettono a parlare di alcuni personaggi del paese. ☐ ☐

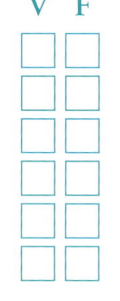

6 . Ora lavorate in gruppo. Trovate online la trama del romanzo: che cosa ha fatto Efix di terribile? E perché lo ha fatto?

Parole in viaggio

passatista indica una **persona troppo attaccata alle tradizioni del passato**. Questa parola deriva da **Passatismo**, un termine inventato dai Futuristi per descrivere l'atteggiamento della cultura ufficiale italiana.

avanguardia indica una **qualsiasi corrente che propone nuovi linguaggi in netto contrasto con quelli della tradizione ufficiale**. La parola deriva dal francese "avant-garde" che in origine indicava il piccolo gruppo di soldati che andava avanti per controllare e proteggere il resto dell'esercito. Agli inizi del Novecento comincia a essere usata per indicare i nuovi movimenti artistici, detti anche **prime avanguardie** o avanguardie storiche, per distinguerli dalle **seconde avanguardie**, o neoavanguardie degli anni Cinquanta / Sessanta e dalle più recenti **terze avanguardie** comparse dalla fine del secolo scorso.

Grazia Deledda

Lo sapevi?

Nuoro 1871 – Roma 1936

- Cresce in una famiglia sarda benestante e molto conservatrice. Con grande determinazione riesce comunque a seguire la sua passione per la scrittura, pubblicando i suoi scritti prima sui giornali e poi per una delle case editrici più importanti dell'epoca: i Fratelli Treves.

- È l'unica donna italiana a ricevere il Premio Nobel per la letteratura e anche l'unica donna a essere candidata per una carica politica importante in un periodo in cui le donne non votavano ancora: le ingiustizie del sistema patriarcale e la volontà di autodeterminazione femminile sono temi molto presenti nelle sue opere.

- Per le sue descrizioni crude e forti è stata spesso considerata una scrittrice verista, ricevendo anche molte critiche dagli abitanti sardi, soprattutto della sua città, che non amavano il ritratto primitivo della Sardegna rurale che emergeva nelle sue opere.

> La poesia consiste nella visione d'un particolare inavvertito, fuori e dentro di noi.
>
> **Giovanni Pascoli** da *Il fanciullino*

LINEA DEL TEMPO di alcune delle opere italiane principali

Giovanni Pascoli
[San Mauro di Romagna 1855 – Bologna 1912]

1891 MYRICAE
descrizione in piccoli quadri poetici del valore simbolico, profondo e universale degli elementi naturali nel loro rapporto con l'essere umano

Gabriele D'Annunzio
[Pescara 1863 – Gardone Riviera 1938]

1903 ALCYONE
tra le poesie più conosciute c'è *La pioggia nel pineto* in cui descrive una passeggiata in una pineta sotto la pioggia estiva insieme alla donna amata

1880 — 1885 — 1890 — 1895 — **1900**

Antonio Fogazzaro
[Vicenza 1842 – Vicenza 1911]

1895 PICCOLO MONDO ANTICO
romanzo decadente che racconta la crisi di una relazione d'amore tra un giovane nobile di idee liberali e una ragazza della piccola borghesia

Filippo Tommaso Marinetti
[Alessandria d'Egitto 1876 – Bellagio 1944]

1909 MANIFESTO DEL FUTURISMO
pubblicato sul giornale francese "Le Figarò", è il primo manifesto futurista che diffonde le linee guida del movimento

La nascita del cinema

Nasce in questo periodo una delle arti più importanti del Novecento: il **cinema**. Grazie alla fotografia e ad altre **invenzioni** per la riproduzione di immagini in movimento, si realizzano i primi filmati che portano poi alla costruzione delle **prime sale cinematografiche** da parte dell'americano **Thomas Edison**. Ma è con i **fratelli** francesi **Lumière** che il cinema diventa un vero e proprio **evento artistico di massa**. E così si diffonde anche in Europa questa nuova **arte collettiva**.
Il suono non esiste ancora, e infatti parliamo in questo periodo di **cinema muto**. La prima persona **in Italia** a realizzare film agli inizi del Novecento è una donna, **Elvira Notari**, regista, sceneggiatrice e fondatrice di una delle case di produzione più importanti dell'epoca, la "**Dora film**", con cui produce moltissime opere, la maggior parte **ambientate a Napoli** e considerate all'origine del futuro Neorealismo italiano.

I fratelli Lumière.

Connessioni

Per immergerti nell'atmosfera di fine secolo puoi guardare **Morte a Venezia** di **Luchino Visconti** (1971), tratto dal romanzo dello scrittore tedesco **Thomas Mann**, punto di riferimento del Decadentismo europeo. Il regista di questo film è uno dei più importanti della storia del cinema e qui racconta la rovina di un compositore tedesco in vacanza a Venezia. Per un amore disperato verso un ragazzo molto più giovane resterà nella città italiana fino ad ammalarsi e morire.

Se invece vuoi osservare le caratteristiche della Belle Époque degli inizi del Novecento in Italia puoi guardare **Qui rido io** di **Mario Martone** (2021), in cui si racconta la vera storia di Eduardo Scarpetta, un commediografo e attore napoletano di grande successo che crea una parodia de *La figlia di Iorio* di **D'Annunzio** e per questo avrà molti guai, anche giudiziari. Da lui nasce la famosissima dinastia Scarpetta-De Filippo, che diffonderà la comicità napoletana nel mondo.

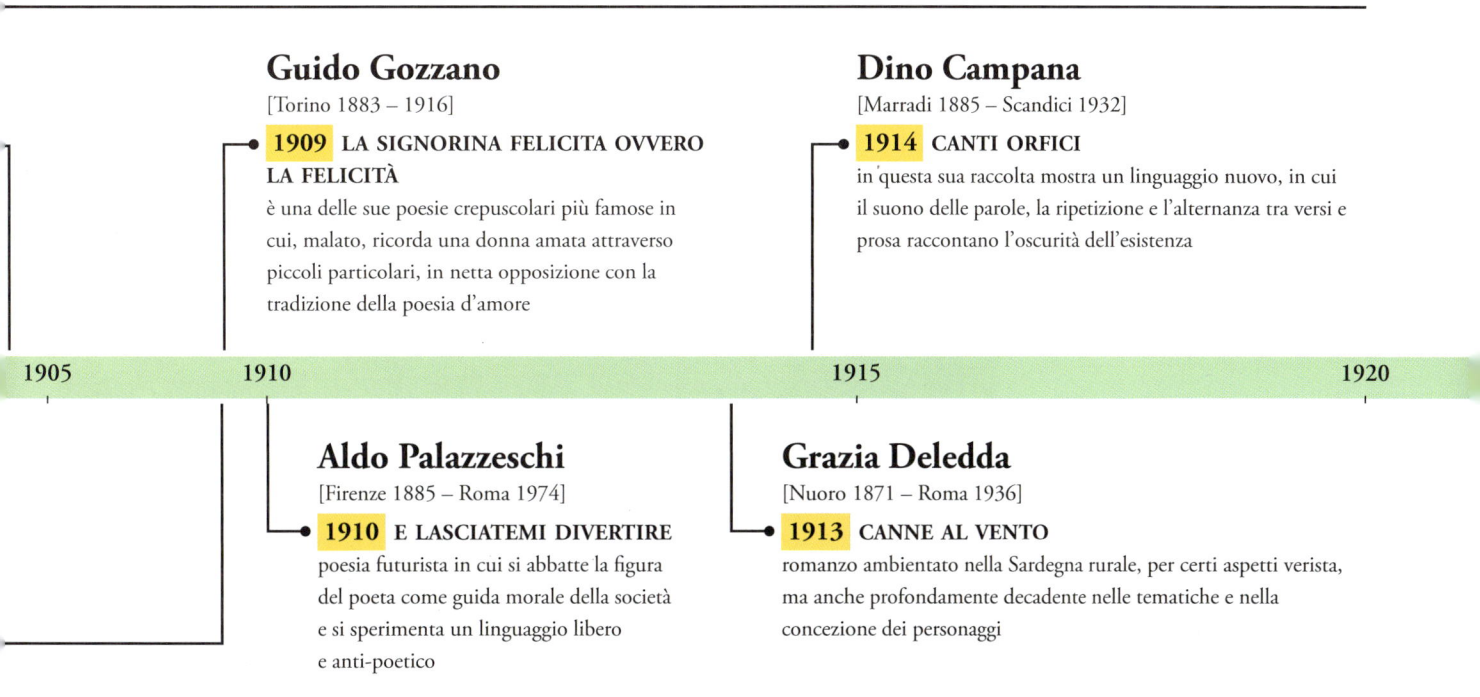

Guido Gozzano
[Torino 1883 – 1916]

1909 LA SIGNORINA FELICITA OVVERO LA FELICITÀ
è una delle sue poesie crepuscolari più famose in cui, malato, ricorda una donna amata attraverso piccoli particolari, in netta opposizione con la tradizione della poesia d'amore

Dino Campana
[Marradi 1885 – Scandici 1932]

1914 CANTI ORFICI
in questa sua raccolta mostra un linguaggio nuovo, in cui il suono delle parole, la ripetizione e l'alternanza tra versi e prosa raccontano l'oscurità dell'esistenza

1905 — 1910 — 1915 — 1920

Aldo Palazzeschi
[Firenze 1885 – Roma 1974]

1910 E LASCIATEMI DIVERTIRE
poesia futurista in cui si abbatte la figura del poeta come guida morale della società e si sperimenta un linguaggio libero e anti-poetico

Grazia Deledda
[Nuoro 1871 – Roma 1936]

1913 CANNE AL VENTO
romanzo ambientato nella Sardegna rurale, per certi aspetti verista, ma anche profondamente decadente nelle tematiche e nella concezione dei personaggi

Il NOVECENTO delle DUE GUERRE

Mi chiedo...

Perché *Pirandello* diventa famoso anche all'estero?
Di che cosa parla *La coscienza di Zeno*?
In che modo la *poesia* racconta la nuova coscienza del Novecento?

I CONFLITTI MONDIALI

La Grande Guerra e le prime stragi di massa

Il primo ventennio del Novecento in Europa è segnato dalla Prima guerra mondiale, chiamata anche **Grande Guerra**. Le cause del conflitto sono legate alla necessità degli Stati più potenti di espandere il proprio dominio.
Le nazioni coinvolte sono da un lato l'**Austria** che **dichiara guerra alla Serbia** ed è sostenuta dalla **Germania** nella **Triplice Alleanza** e dall'altro la **Russia**, che risponde in difesa della Serbia ed è sostenuta da **Francia** e **Gran Bretagna** nella **Triplice Intesa**.

Soldati francesi durante una battaglia della Prima guerra mondiale.

L'Italia giolittiana decide all'inizio di non intervenire. Si pensa a una guerra breve, la cosiddetta "guerra lampo", ma così non è. L'**Italia entra in guerra** nel 1915 con un **patto segreto con Londra** per recuperare alcuni territori ancora occupati dagli austriaci. La **Russia si ritira nel 1917** per lo scoppio interno della Rivoluzione d'ottobre, ma contemporaneamente arriva il sostegno degli **Stati Uniti** e la guerra si conclude con **la vittoria di Francia, Gran Bretagna, Stati Uniti insieme all'Italia**, che però alla fine non ottiene tutti i territori stabiliti nell'accordo di Londra. Il conflitto dura in tutto quattro anni, facendo **milioni di morti**.

• *Nuovi confini, nuovi squilibri*

Con la Prima guerra mondiale crolla definitivamente la società liberale e aristocratica. Finisce il periodo della cosiddetta **Belle Époque**, l'epoca d'oro che aveva caratterizzato l'Europa e l'America nei primi anni del secolo: un periodo di grande **ottimismo, gioia di vivere e libertà espressiva**. La crisi economica del dopoguerra, la Rivoluzione d'ottobre in Russia e la nascita di nuovi Stati indipendenti creano **squilibri e tensioni sia interne che internazionali**. Durante la conferenza di pace del 1919, gli Stati vincitori provano a stabilire un ordine duraturo. Ma gli accordi di pace lasciano **molti Stati scontenti** e pongono condizioni percepite come ingiuste e durissime, soprattutto per la Germania. Poco dopo, il crollo finanziario **del '29** partito dalla Borsa di Wall Street, porta a una forte recessione anche in tutta Europa: i lavoratori e le lavoratrici, già in condizioni inaccettabili, cadono in una povertà estrema. Ed è in questa situazione di forte scontentezza che in alcuni Paesi si sviluppano idee nazionaliste e fortemente razziste.

• *Gli orrori della Seconda guerra mondiale*

In questi Paesi cadono tutti i principi democratici e si cercano capri espiatori per giustificare la povertà della popolazione: con l'avvento delle dittature nazifasciste in Italia, e poi anche in Germania e in altri Paesi europei, la colpa si fa ricadere senza ragione sulle **persone di cultura ebraica**, le quali, insieme ad altre minoranze, sono perseguitate e alla fine deportate nei campi di concentramento in cui tantissime vite saranno eliminate in maniera atroce e sistematica. È la **Shoah**, uno dei capitoli più terribili della storia occidentale. La politica aggressiva di **Hitler** e la sua decisione di **invadere la Polonia nel 1939** portano allo scoppio della **Seconda guerra mondiale**. Francia e Gran Bretagna inizialmente non riescono a battere l'esercito tedesco, poi l'Italia entra in guerra insieme a Germania e Giappone; gli Stati Uniti si schierano con la Francia, la Russia, la Gran Bretagna e la Cina: le sorti del conflitto cambiano finché, dopo bombardamenti aerei e stragi di massa, **la Germania viene sconfitta** e gli Stati Uniti lanciano due **bombe atomiche** sul Giappone. La guerra è finita: milioni di persone sono morte in battaglia e nei lager, lasciando una profonda ferita nelle coscienze, viva e dolorosa ancora oggi.

NOTE

guerra lampo guerra brevissima, come il lampo

Rivoluzione d'ottobre rivoluzione socialista che porterà alla nascita dell'URSS

crollo finanziario grossa e improvvisa crisi del sistema bancario

recessione la diminuzione di tutte le attività produttive

capri espiatori espressione di origine biblica per indicare la necessità di dare la colpa a qualcuno (in realtà innocente) per qualcosa

campi di concentramento enormi prigioni all'aperto dove i prigionieri perdono i diritti fondamentali, sono obbligati a lavorare e spesso sono poi eliminati in massa

le sorti i destini

lager campo di concentramento

PER CAPIRE

1 • Completa le frasi con le opzioni giuste.

> Russia • accordi • Grande Guerra • Belle Époque • ottimismo • Italia • guerra lampo
> Gran Bretagna • crisi • Stati Uniti • Novecento • concentramento

a. La _____ aveva caratterizzato i primi anni del Novecento: l'_____ e la voglia di vivere producono una grande stagione artistica e letteraria.

b. La Prima guerra mondiale è chiamata _____ o anche "_____" perché si pensava che sarebbe durata poco.

c. Le sorti della guerra cambiano quando la _____ si ritira ed entrano nel conflitto gli _____.

d. Gli _____ del dopoguerra e la grande _____ del 1929 mettono gli Stati d'Europa in una situazione di estrema difficoltà economica e sociale.

e. I campi di _____ sono uno dei capitoli più terribili della storia del _____.

f. Nel secondo conflitto mondiale l'_____ entra in guerra alleata della Germania e del Giappone contro la Russia, gli Stati Uniti, la Francia, la _____ e la Cina.

LETTERATURA ITALIANA DELLE DUE GUERRE

NOTE

ascesa salita al potere

esistenziale che riguarda l'esistenza e la vita dell'essere umano

alienazione isolamento e solitudine

frantumazione dell'io la personalità di ognuno è divisa in tante identità

• *La scrittura e la politica*

Gli scrittori e le scrittrici del Decadentismo e delle Avanguardie sono per la maggior parte **ancora attivi** allo scoppio della Prima guerra mondiale. Ad esempio, i **futuristi** sono tra gli **interventisti**, cioè vogliono l'entrata in guerra dell'Italia, così come **Gabriele D'Annunzio**, che partecipa anche come soldato volontario nell'ultima parte del conflitto. Varie figure letterarie restano importanti punti di riferimento per la comunità intellettuale anche durante l'ascesa del **regime fascista**. Gabriele D'Annunzio, **Luigi Pirandello** e **Giuseppe Ungaretti** diventano personaggi chiave per lo sviluppo della **cultura ufficiale** promossa da Mussolini.

• *La crisi d'identità: il romanzo e il teatro*

In questo periodo di **oscurità** esistenziale, la **crisi d'identità** dell'essere umano diventa sempre più profonda. Nella prosa si affermano soprattutto due scrittori: **Luigi Pirandello** e **Italo Svevo**. Entrambi attivi già alla fine dell'Ottocento, rappresentano con le loro opere il salto verso la modernità attraverso l'approfondimento dei grandi temi del Novecento: il senso di alienazione, la definitiva frantumazione dell'io e la **visione ironica** della società borghese. I generi chiave per la prosa sono senza dubbio il **romanzo** e il **racconto**. Ma **Pirandello** sarà un autore fondamentale **a livello internazionale** anche e soprattutto per il **teatro**, dove sviluppa una visione completamente nuova e profondamente rivoluzionaria sia della scena sia del rapporto tra chi recita e il pubblico. Tra le grandi autrici del Novecento, oltre a Grazia Deledda, c'è sicuramente **Sibilla Aleramo**, che con i suoi romanzi, ma anche con le sue poesie, ha mostrato luci e ombre dell'animo umano, condividendo in maniera indubbiamente moderna le proprie esperienze personali.

• La coscienza della caduta: la poesia

A fianco alle esperienze del Decadentismo e delle varie avanguardie, i due conflitti mondiali riportano nella coscienza di alcuni poeti e alcune poetesse, compresa Sibilla Aleramo, il **bisogno di assoluto**, la necessità di ritornare alla **potenza della parola** poetica come strumento di **cura e liberazione**. Uno studioso degli anni Trenta ha definito questo atteggiamento **Ermetismo**, dal nome di Ermete, il dio greco dei misteri, per il **linguaggio** spesso enigmatico e misterioso di alcune opere di questo periodo. Nella tradizione delle antologie scolastiche i poeti più famosi considerati per certi aspetti vicini all'Ermetismo sono **Salvatore Quasimodo** e **Giuseppe Ungaretti**, creatori di versi spesso brevissimi ma portatori di messaggi universali. C'è poi la figura isolata di **Eugenio Montale**, poeta del male di vivere, dal linguaggio ricercato e profondissimo. Molto diversa è la poetica di **Umberto Saba**, che riprende il tono dei crepuscolari e dei vociani, per elaborare però un linguaggio nuovo, dove quotidiano e assoluto, alto e basso si mescolano, mentre nella struttura metrica si riprendono i versi e le rime più tradizionali.

> **NOTE**
>
> **enigmatico** misterioso come un enigma
>
> **antologie** manuali che raccolgono e spiegano i testi di vari autori e autrici
>
> **ricercato** risultato di una ricerca accurata, quindi non facile
>
> **poetica** visione, ruolo e significato generale delle opere di un autore o un'autrice

PER CAPIRE

2 • Abbina le espressioni alle loro definizioni. Attenzione: c'è un'espressione in più.

Crisi d'identità • Sguardo comico • Struttura metrica

Linguaggio criptico • Letterati/e interventisti/e • Visione ironica

a. _____: scrittori e scrittrici che sostengono l'entrata in guerra del proprio Stato.
b. _____: incapacità di riconoscere chi si è veramente.
c. _____: dichiarazione dell'esatto contrario di ciò che si pensa o si vede.
d. _____: modo di comunicare volutamente difficile da comprendere.
e. _____: insieme di caratteristiche formali di una poesia.

La PROSA

I PRINCIPALI GENERI LETTERARI

> **NOTE**
>
> **benestante** abbastanza ricco
>
> **monologo interiore** tecnica narrativa costituita da un discorso che il personaggio, tra sé e sé
>
> **umorismo** modo per comunicare l'aspetto ridicolo di situazioni, cose e persone
>
> **sparsi** non in un ordine preciso

Il Novecento delle due guerre continua a produrre grandi romanzi – e racconti – europei e americani, dove la ricerca dell'interiorità umana e le sperimentazioni stilistiche portano a opere che sono dei classici della letteratura mondiale come *Ulisse* di James Joyce, *Viaggio al termine della notte* di Louis-Ferdinand Céline, *Alla ricerca del tempo perduto* di Marcel Proust.
Con il secondo conflitto arrivano altre opere fondamentali come *La nausea* di Jean-Paul Sartre, *Lo straniero* di Albert Camus e *1984* dell'inglese George Orwell in cui l'unione di fantascienza e politica disegnano un futuro che sembra terrificante, ma che si rivelerà più realistico del previsto.

• Il romanzo del Novecento

I romanzi italiani di questo periodo esprimono la **crisi esistenziale** del Novecento e indagano nella **psiche** dei personaggi. Il loro **mondo interiore** è sempre più centrale nella costruzione narrativa.

Uno, nessuno, centomila • LUIGI PIRANDELLO

L'autore è una delle figure letterarie più importanti del Novecento europeo, vincitore del premio Nobel per la letteratura. In quest'opera modernissima descrive la **frammentazione dell'esistenza umana**: siamo fatti solo apparentemente da un'unica identità, perché in realtà siamo composti da infiniti ruoli sociali. Chi siamo noi, quindi, una volta eliminate tutte le maschere del nostro quotidiano? Nessuno. Il protagonista del romanzo è **Vitangelo Moscarda**, alter ego dell'autore e come lui siciliano e benestante. Un semplice **commento della moglie sul suo naso** causerà una crisi d'identità che porterà l'uomo a comprendere, attraverso lo sguardo degli altri, le sue centomila **maschere**. Questa graduale presa di coscienza lo farà diventare pazzo. L'uso frequente del monologo interiore, l'umorismo sottile e il modo in cui il protagonista si rivolge spesso al lettore rendono quest'opera uno dei romanzi più interessanti e innovativi del Novecento.

La coscienza di Zeno • ITALO SVEVO

In quest'opera il protagonista **Zeno Cosini**, alter ego dell'autore, scrive un **diario personale su consiglio del suo psicanalista**. Nel gioco della finzione narrativa, lo psicanalista decide poi di pubblicare il diario. Il romanzo è quindi **un lungo viaggio nell'interiorità** di Zeno Cosini. Gli eventi della sua vita sono raccontati attraverso **ricordi** sparsi **e soggettivi**. Il diario è diviso per argomenti, come per esempio "Il fumo" che racconta i vari tentativi del protagonista di smettere di fumare, "La morte di mio padre" in cui emerge il rapporto difficile con il padre, "Storia del mio matrimonio" e "La moglie e l'amante" che mostrano una **visione disincantata** delle relazioni sentimentali. Interessante è poi l'ultimo capitolo "Psico-analisi" in cui Zeno spiega la sua decisione di non andare più dallo psicanalista. La struttura dell'opera mescola **presente narrativo e flusso dei ricordi** attraverso la tecnica del **monologo interiore**.

Una donna • SIBILLA ALERAMO

Considerato il **primo romanzo femminista** della storia italiana, ripercorre **la vita** della sua autrice, dall'infanzia fino ai trent'anni. Tra gli eventi fondamentali raccontati c'è la **violenza sessuale**, il **matrimonio riparatore** con il suo **stupratore**, la nascita del figlio e la sua **sofferta decisione di rinascere** lontano dalla sua famiglia, riprendendosi la sua **libertà di donna** al di fuori dei ruoli imposti dalla società. Il titolo dice molto sulla visione dell'autrice: per la prima volta in un'opera letteraria emerge la necessità da parte di ogni donna di combattere il **patriarcato** e trovare la propria strada. Il romanzo ha un **successo immediato** e viene tradotto in molte lingue. L'autrice continuerà il suo cammino di affermazione sia come scrittrice e poetessa, sia come donna nelle numerose, e spesso tormentate, relazioni con figure letterarie e artistiche dell'epoca.

• La novella del Novecento

In questo periodo continua anche in Italia la tradizione delle novelle, un genere spesso esplorato da molti autori e autrici di romanzi. La tradizione del racconto breve continua ad essere molto diffusa, soprattutto ora che le novelle non sono pubblicate solo sui giornali, ma diventano un **prodotto editoriale** a sé.

La giara • LUIGI PIRANDELLO

Contenuta nella raccolta *Novelle per un anno*, è una delle più famose. Questa raccolta è concepita dall'autore per donare ai lettori **una novella al giorno** per 365 giorni. I temi ricorrenti sono quelli di tutta la produzione pirandelliana: **l'assurdo, l'umorismo del contrario, la frantumazione dell'identità, la maschera, la follia**. In questa novella in particolare, un ricco proprietario terriero siciliano, avaro e prepotente, chiama un artigiano per riparare una grande **giara** appena comprata per contenere l'olio, ma già misteriosamente danneggiata. Ne nasce una lunga discussione tra i due su quale sia il modo più efficace per riparare il recipiente: per accontentare le assurde richieste del proprietario, l'artigiano rimane alla fine **intrappolato** dentro la giara. Da qui si sviluppa una **situazione comica e paradossale**.

NOTE

disincantata cinica, senza illusioni

matrimonio riparatore unione ufficiale che deve "riparare", aggiustare, cioè rendere ufficiale, la relazione tra due persone che hanno già avuto uno o più rapporti sessuali

stupratore chi compie una violenza sessuale su un'altra persona

patriarcato sistema sociale in cui solo gli uomini hanno il potere

giara grande vaso usato per conservare olio o vino

intrappolato imprigionato, bloccato dentro

Un ritratto di Sibilla Aleramo.

PER CAPIRE

3. Leggi gli *incipit* e indica a quale opera si riferiscono.

1. ☐ Uno, nessuno, centomila
2. ☐ La coscienza di Zeno
3. ☐ Una donna
4. ☐ La giara

a. La mia fanciullezza fu libera e gagliarda.
b. Piena anche per gli olivi quell'annata.
c. Che fai? — mia moglie mi domandò, vedendomi insolitamente indugiare davanti allo specchio.
d. Io sono il dottore di cui in questa novella si parla talvolta con parole poco lusinghiere.

La POESIA

I PRINCIPALI GENERI LETTERARI

NOTE

caducità l'essere destinata a "cadere" cioè finire, presto

trincea lungo fosso scavato nella terra per difendersi dagli attacchi del nemico

Questo periodo produce una poesia di altissimo livello, che esplora le profondità dell'inconscio e racconta la crisi esistenziale dell'essere umano attraverso un'intensa ricerca formale e linguistica. Tre esempi significativi potrebbero essere gli americani T.S. Eliot ed Ezra Pound e l'argentino Jorge Luis Borges.

• *La poesia del Novecento*

Il linguaggio della poesia di questo periodo vuole indagare **la complessità della psiche** e portare alla luce le mille **sfumature della coscienza**. Qui condividiamo come sempre solo alcuni tra i componimenti più interessanti.

Soldati • GIUSEPPE UNGARETTI

Famosa poesia scritta verso la fine della **Grande Guerra**, racconta in pochissime parole, ma piene di significato, la caducità della vita attraverso la similitudine con le **foglie d'autunno**. Questo componimento fa parte di *L'Allegria*, una raccolta di poesie sull'esperienza della trincea dal punto di vista del suo autore, interventista e soldato volontario. Gli orrori del conflitto sono l'occasione per riflettere sui **significati universali** dell'esistenza umana. Il verso è libero e brevissimo, a volte di una sola parola, e la punteggiatura quasi assente.

Ed è subito sera • SALVATORE QUASIMODO

Una delle poesie più famose della letteratura italiana: come *Soldati* di Ungaretti, anche questa è **molto breve**, perché doveva inizialmente essere la parte conclusiva di un altro componimento. Finisce poi per dare anche il **titolo a una raccolta** della prima produzione poetica dell'autore. In **tre** brevi **versi liberi**, il poeta riesce a parlare in profondità di temi eterni, come la **solitudine**, la **brevità della vita**, la **ricerca della felicità** e l'**ineluttabilità** del dolore.

Trieste • UMBERTO SABA

Saba è triestino come Italo Svevo, ma la sua poesia si distacca da quella dei suoi contemporanei, da un lato perché sceglie **atmosfere semplici e situazioni quotidiane** per indagare la coscienza e raccontare la sofferenza dell'era moderna, dall'altro perché torna nella struttura dei suoi componimenti alla **tradizione poetica dei grandi classici** della letteratura italiana. E infatti una delle sue raccolte più importanti si chiama *Canzoniere*, diviso in vari capitoli legati a un tema preciso per raccontare il difficile cammino del poeta verso la salvezza. Questa poesia in particolare è contenuta in *Trieste e una donna* ed è dedicata al forte legame del poeta con la sua città natale.

> **NOTE**
>
> **ineluttabilità** l'essere inevitabile
>
> **Canzoniere** come le grandi raccolte poetiche del passato, prima fra tutte quella di Petrarca

Panorama di Trieste, la città natale di Italo Svevo e Umberto Saba.

NOTE

postuma realizzata dopo la morte

vuoto esistenziale la perdita di senso e di realtà del mondo attorno a noi

Desiderio di cose leggere • ANTONIA POZZI

È contenuta nella raccolta **postuma** *Parole* ed è una delle poesie più interessanti di questa poetessa milanese, che si toglie la vita ancora giovane. La prefazione è di Eugenio Montale, che definisce la sua opera un vero "diario dell'anima". In questo componimento in particolare, l'autrice racconta il **profondo desiderio di leggerezza** dell'animo poetico, che inevitabilmente soffre della propria sensibilità. Anche qui gli elementi naturali sono una proiezione del mondo interiore della poetessa.

Forse un mattino • EUGENIO MONTALE

Poeta fondamentale del Novecento europeo, vincitore del premio Nobel per la letteratura, racconta in questa poesia l'improvvisa apparizione del **vuoto esistenziale** davanti allo sguardo terrorizzato del poeta, l'unico ad avere accesso alle **verità più profonde**, mentre attorno a lui la **massa** va avanti serena e **inconsapevole**, senza farsi domande. Contenuta nella famosa raccolta *Ossi di seppia*, la analizzeremo nella parte di questo capitolo dedicata ai testi.

PER CAPIRE

4. Abbina gli incipit ai titoli delle poesie corrispondenti.

a. ☐ Giuncheto lieve biondo / come un campo di spighe
b. ☐ Si sta come d'autunno
c. ☐ Ho attraversato tutta la città
d. ☐ Ognuno sta solo sul cuor della terra

1. Soldati
2. Ed è subito sera
3. Trieste
4. Desiderio di cose leggere

Il TEATRO
I PRINCIPALI GENERI LETTERARI

Continua la stagione del teatro d'autore, con grandi drammaturghi come l'irlandese George Bernard Shaw e il tedesco Bertolt Brecht, che portano in scena nuovi linguaggi e raccontano l'inquietudine del Novecento.

• Il teatro pirandelliano

Luigi Pirandello è conosciuto a livello internazionale per aver cambiato con i suoi drammi l'essenza stessa della rappresentazione teatrale. I temi delle sue opere sono quelli tipici del periodo, cioè il crollo dell'oggettività e la frammentazione dell'identità. Ma oltre alle tematiche, nel teatro di Pirandello cambia il rapporto tra pubblico e palcoscenico in maniera determinante.

Sei personaggi in cerca di autore • LUIGI PIRANDELLO

È la prima opera della trilogia definita dallo stesso Pirandello "**teatro nel teatro**" (anche detto "metateatro"), cioè un teatro dove **si parla** appunto **del teatro stesso** e dove crolla il gioco tradizionale della finzione. In questo dramma in particolare, i personaggi di una sceneggiatura mai realizzata prendono vita e incontrano in teatro una compagnia teatrale che sta preparando un altro spettacolo. Il **conflitto tra chi recita** un ruolo e chi invece "è" quel ruolo crea una situazione paradossale e in alcuni punti tragica, a causa della storia dolorosa che "i sei personaggi in cerca di autore" vogliono portare sul palco.
Quando lo spettacolo viene rappresentato per la prima volta in un famoso teatro romano causa subito uno scandalo: le indicazioni di Pirandello, come per esempio quella di far entrare i sei personaggi all'improvviso dalla platea, creano talmente confusione nel pubblico che alcune persone lasciano il teatro sciocate. **Il pubblico è disorientato**: nessuno aveva mai abbattuto in maniera così violenta la quarta parete.

> **NOTE**
>
> **sceneggiatura** testo di un'opera cinematografica
>
> **prendono vita** diventano vere persone
>
> **platea** posti del teatro dove siedono le persone del pubblico
>
> **quarta parete** si chiama così la parete immaginaria che divide il pubblico dal palcoscenico dove recitano gli attori e le attrici

PER CAPIRE

5 • La storia che "i personaggi in cerca d'autore" vivono è davvero tragica. Leggi e prova a completare la trama con i personaggi coinvolti. Poi insieme a un compagno o a una compagna verificate online le vostre risposte.

> Il Padre e la Figliastra • il Giovinetto • la Figliastra, la Bambina e il Giovinetto • il Padre
> Bambina • il Figlio • la Figliastra • Il Padre e la Madre

(1)_____ fanno un **Figlio** e poi si separano. La **Madre**, incoraggiata dal Padre, crea una nuova famiglia con il segretario che lavorava in casa loro. I due fanno tre figli: (2)_____. Con la morte del segretario, la famiglia non ha più soldi e così (3)_____ diventa una prostituta nell'atelier di Madama Pace, dove la **Madre** lavora come sarta. Uno dei clienti abituali è proprio il **Padre**. (4)_____ si incontrano all'atelier ma non si riconoscono; per fortuna la **Madre** arriva in tempo e li allontana. Pieno di vergogna e sensi di colpa, (5)_____ accoglie di nuovo in casa la **Madre** con la **Figliastra**, la **Bambina** e il **Giovinetto**. Ma (6)_____ nato dal primo matrimonio non è d'accordo con la decisione del **Padre** e la convivenza diventa impossibile. Un giorno una doppia tragedia colpisce la famiglia: la (7)_____ annega nella vasca del giardino e (8)_____ si uccide.

SEI PERSONAGGI IN CERCA D'AUTORE
di Luigi Pirandello

GUIDA ALLA LETTURA

1. In questo dramma si intrecciano due livelli di narrazione. Da una parte c'è una compagnia teatrale che sta mettendo in scena una famosa commedia di Pirandello. Dall'altra ci sono sei personaggi nati dalla fantasia dell'autore, e poi da lui rifiutati, che cercano qualcuno che realizzi sul palcoscenico la loro tragica storia. Lavora con una compagna o un compagno e insieme provate a rimettere in ordine le parti della trama dell'opera, come nell'esempio.

   a. ☐ Dopo molte discussioni e rifiuti da parte della compagnia, il Direttore accetta e così i sei personaggi raccontano la loro tragica storia in modo che gli attori e le attrici possano recitarla.

   b. ☐ sono sei personaggi creati e poi rifiutati dal loro autore (sempre Pirandello): cercano qualcuno che metta in scena il loro terribile dramma.

   c. ☐ Su un palcoscenico una compagnia teatrale sta provando una commedia di Pirandello.

   d. ☒ 2 Improvvisamente, dal fondo della platea, arrivano sei strani personaggi: sono la **Madre**, il **Padre**, il **Figlio**, la **Figliastra**, il **Giovinetto** e la **Bambina**:

   e. ☐ Lo spettacolo si chiude con un'ultima battuta del Direttore, preoccupato per aver perso una giornata di lavoro.

   f. ☐ Durante la confusione della discussione, l'ultimo pezzo del racconto si realizza: la **Bambina** e il **Giovinetto** muoiono. È successo davvero o è finzione?

   g. ☐ Ma l'impresa sembra impossibile: secondo i personaggi, infatti, nessuno è capace di recitare bene il loro ruolo. Ne nasce una lite tra personaggi e attori.

2. Ora leggi il brano: in quale paragrafo della trama si trova, secondo te?

L'Uscere[1]
(*col berretto in mano*).
Scusi, signor **Commendatore**[2].

Il Direttore (*di scatto, sgarbato*).
Che cosa c'è?

L'Uscere (*timidamente*).
Ci sono là certi signori, che chiedono di lei.

Il Direttore (*di nuovo sulle furie*[3]).
Ma io qua provo! E sapete bene che durante la prova non deve passar nessuno! (*Rivolgendosi in fondo*) Chi sono lor signori? Che cosa vogliono?

Il Padre
(*facendosi avanti, seguito poco dopo dagli altri, un po' perplessi*[4])
Noi veramente veniamo qua in cerca d'un autore.

Il Direttore (*fra stordito e irato*[5]).
D'un autore? Che autore?

Il Padre.
D'uno qualunque, signore.

NOTE

[1] persona che lavora all'entrata di edifici pubblici per controllare l'ingresso delle persone

[2] appellativo per persone rispettate e riconosciute dalla comunità

[3] arrabbiatissimo

[4] dubbiosi e preoccupati

[5] un po' confuso e un po' arrabbiato

segue ▶

IL DIRETTORE.
Ma qui non c'è nessun autore, perché non abbiamo in prova nessuna «novità»!

LA FIGLIASTRA (*con gaja[6] vivacità*).
Tanto meglio, tanto meglio, allora, signore! Potremmo esser noi la loro «novità»!

QUALCUNO DEGLI ATTORI
(*tra i vivaci commenti e le risate degli altri*).
Oh **senti, senti**[7]!

IL PADRE (*alla Figliastra*).
Già, ma se non c'è l'autore! (*Al Direttore*). Tranne che non voglia esser lei....

IL DIRETTORE.
Lor[8] signori vogliono scherzare?

IL PADRE.
No, per carità, che dice? Le portiamo un dramma, signore!

LA FIGLIASTRA.
Potremmo esser la sua fortuna!

IL DIRETTORE.
Ma mi facciano il piacere d'andar via, perché qua non abbiamo tempo da perdere **coi**[9] pazzi!

IL PADRE (*ferito e mellifluo*[10]).
Oh, signore, lei sa bene che la vita è piena d'infinite assurdità, **che sfacciatamente non han neppure bisogno di parer verosimili; perché sono vere**[11].

IL DIRETTORE.
Ma **che diavolo**[12] dice?

IL PADRE.
Dico che può **stimarsi**[13] realmente una pazzia, sissignore, sforzarsi di fare il contrario: cioè, di crearne di verosimili, perché **pajano**[14] vere. Ma mi permetta di farle osservare, che se pazzia è, questa è per **l'unica ragion d'essere del loro mestiere**[15]. (*Gli attori si agitano, sdegnati*)

IL DIRETTORE (*alzandosi e squadrandolo*).
Ah sì? Le sembra un mestiere da pazzi, il nostro?

IL PADRE.
Eh, **far parer**[16] vero quello che non è; senza bisogno, signore, per giuoco.... Non è loro **ufficio**[17] dar vita sulla scena a personaggi **fantasticati**[18]?

NOTE

6 allegra

7 un modo per esprimere diffidenza e ironia per quello che si è appena sentito

8 loro (all'epoca si usava il "loro" per rivolgersi a un gruppo di persone in maniera formale)

9 con i

10 falsamente gentile

11 assurdità che apertamente non hanno bisogno di apparire verosimili, perché sono vere

12 che cosa (in modo rabbioso e colloquiale)

13 essere considerata

14 sembrino

15 chi recita vive per questa "follia": mettere in scena storie finte che devono sembrare vere

16 far(e) sembrare

17 compito

18 inventati

---

3 • Nella scena che hai appena letto puoi osservare alcune caratteristiche del teatro pirandelliano. I personaggi sono attori, attrici o altre figure dell'ambiente teatrale: realtà e finzione sono spesso difficili da separare. Con un compagno o una compagna proseguite il dialogo letto aggiungendo almeno cinque battute. Potete far parlare anche altri personaggi della storia. Per aiutarvi, riguardate la trama.

Luigi Pirandello

Agrigento 1867 – Roma 1936

- Nelle sue opere ci sono moltissimi riferimenti alla sua vita personale. L'elemento per esempio della follia, così presente sia nei romanzi che nei testi teatrali, è legato alla malattia mentale della moglie, che infatti finirà ricoverata in un istituto psichiatrico.

- *Sei personaggi in cerca d'autore* crea un enorme scandalo, ma segna anche una svolta epocale nel teatro internazionale, diventando presto una delle opere più famose e rappresentate, sia in Italia che all'estero.

- Nel suo saggio *L'Umorismo*, descrive molto bene la sua idea di arte e di vita: tutto per lui ruota attorno al sentimento del contrario, cioè l'ironia, che lui considera superiore alla comicità.

Lo sapevi?

LA COSCIENZA DI ZENO
di Italo Svevo

GUIDA ALLA LETTURA

4. Il romanzo di Italo Svevo non segue un ordine cronologico, ma è diviso per argomenti che seguono il flusso dei ricordi. Tutto emerge dalla coscienza di Zeno, come dice il titolo. Trova per ogni passaggio il capitolo corrispondente, come nell'esempio.

   a. Così riuscii ad avere il suo conforto anche quand'ebbi tutt'altri dolori. Un giorno, ammalato dal dolore di averla tradita, mormorai per svista: «Povero Cosini!».
   b. M'assisi a quel tavolo al quale troneggiava il mio futuro suocero e di là non mi mossi più, sembrandomi di essere arrivato ad una vera cattedra commerciale, quale la cercavo da tanto tempo.
   c. *3 Maggio 1915* L'ho finita con la psico-analisi. Dopo di averla praticata assiduamente per sei mesi interi sto peggio di prima.
   d. Ma allora io non sapevo se amavo o odiavo la sigaretta e il suo sapore e lo stato in cui la nicotina mi metteva.

Il fumo	Matrimonio	Moglie e amante	Psico-analisi
	b		

5. **Ora leggi il brano e poi riordina le frasi.**
   a. ☐ Emerge un ricordo: il fratello riceve da Giuseppe più sigarette in regalo e così Zeno decide di rubare dei soldi al padre per comprarle da solo.
   b. ☐ Come risultato di questo primo ricordo emerso, il protagonista prova ad accendersi un'altra sigaretta per vedere se è già guarito.
   c. ☐ La prima cosa che fa il protagonista è accendersi una sigaretta mentre sta scrivendo.
   d. ☐ Lo psicanalista consiglia a Zeno di scrivere sulla sua inclinazione al fumo per smettere davvero una volta per tutte.

21 🔊

Il dottore al quale ne parlai mi disse d'iniziare il mio lavoro con un'analisi storica della mia **propensione**[1] al fumo:
– Scriva! Scriva! Vedrà come arriverà a vedersi intero.
Credo che del fumo posso scrivere qui al mio tavolo senz'andar a sognare su quella poltrona. Non so come cominciare e **invoco**[2] l'assistenza delle sigarette tutte tanto **somiglianti**[3] a quella che ho in mano.
Oggi scopro subito qualche cosa che piú non ricordavo. Le prime sigarette ch'io fumai non esistono piú in commercio. Intorno al '70[4] se ne avevano in Austria di quelle che venivano vendute in scatoline di cartone **munite del**[5] marchio dell'**aquila bicipite**[6]. Ecco: attorno a una di quelle scatole **s'aggruppano**[7] subito varie persone con qualche loro **tratto**[8], sufficiente per suggerirmene il nome, non **bastevole**[9] però a **commovermi**[10] per l'**impensato**[11] incontro. Tento di ottenere di piú e vado alla poltrona: le persone **sbiadiscono**[12] e al loro posto si mettono dei buffoni che mi deridono. Ritorno **sconfortato**[13] al tavolo.
Una delle figure, dalla voce un po' roca, era Giuseppe, un giovinetto della stessa mia età, e l'altra, mio fratello, di un anno di me piú giovine e morto tanti anni **or sono**[14]. Pare che Giuseppe ricevesse molto denaro dal padre suo e ci regalasse di quelle sigarette. Ma sono certo che ne offriva di piú a mio fratello che a me. **Donde**[15] la necessità in cui mi trovai di **procurarmene da me**[16] delle altre. Cosí avvenne che rubai. D'estate mio padre abbandonava su una sedia nel **tinello**[17] il suo **panciotto**[18] nel cui taschino si trovavano sempre degli **spiccioli**[19]: mi procuravo i dieci soldi occorrenti per acquistare la preziosa scatoletta e fumavo una dopo l'altra le dieci sigarette che conteneva, per non conservare a lungo il **compromettente**[20] frutto del furto. Tutto ciò **giaceva**[21] nella mia coscienza a portata di mano. Risorge solo ora perché non sapevo prima che potesse avere importanza. Ecco che ho registrata l'origine della **sozza**[22] abitudine e (chissà?) forse ne sono già guarito. Perciò, per provare, accendo un'ultima sigaretta e forse la getterò via subito, disgustato.

NOTE

1 tendenza verso qualcosa
2 chiamo
3 simili
4 1870
5 con il
6 aquila a due teste, simbolo dell'Austria
7 arrivano tutte insieme (nei miei ricordi)
8 caratteristica
9 sufficiente
10 commuovermi, emozionarmi
11 non previsto
12 perdono i contorni e i colori della loro immagine
13 molto deluso
14 (tanti anni) fa
15 da qui (viene)
16 trovarne da solo
17 piccola stanza da pranzo
18 capo d'abbigliamento, si metteva sotto la giacca nei completi classici maschili
19 monete di poco valore
20 che rende evidente un crimine
21 stava
22 sporca

6. In questo brano il protagonista cerca di ritrovare nei ricordi l'origine della sua dipendenza dal fumo. Oggi una delle dipendenze più diffuse è quella dallo smartphone e in particolare dai social media.
Tu ricordi quando hai avuto il tuo primo cellulare? Prova a ricordare e scrivi una pagina di diario in cui racconti quando e come hai ricevuto il tuo primo telefonino, che emozioni hai provato, che tipo di rapporto hai creato con questo nuovo strumento ecc. Entra nel flusso della tua memoria e fatti portare dai ricordi. Poi leggi il tuo testo a un tuo compagno o a una tua compagna.

Lo sapevi?

Italo Svevo

Trieste 1861 – Motta di Livenza 1928

- Nasce a Trieste in una famiglia ebrea. Il suo vero nome è Ettore Schmitz. Lo cambia in Italo Svevo con la pubblicazione del suo primo romanzo e lo fa soprattutto per rappresentare e unire le sue due culture di provenienza: quella italiana (Italo) e quella germanica (Svevo).

- I suoi primi due romanzi sono completamente ignorati. Solo con *La coscienza di Zeno* riuscirà finalmente a farsi conoscere come scrittore, soprattutto grazie all'intenso rapporto intellettuale con il suo insegnante d'inglese: James Joyce!

- Lavora anche come traduttore di un saggio tedesco che diventerà un'opera universale: *L'interpretazione dei sogni* di Sigmund Freud. Questa lettura approfondita e il suo interesse per la psicanalisi saranno fondamentali per la creazione de *La coscienza di Zeno*.

FORSE UN MATTINO
di Eugenio Montale

GUIDA ALLA LETTURA

7. La poesia che stai per leggere è divisa in due parti. Leggi il testo a pagina 165 e indica se le espressioni date si riferiscono alla parte 1 o 2.

	1	2
a. apparizione improvvisa	☐	☐
b. cecità della massa	☐	☐
c. forte paura che disorienta	☐	☐
d. ritorno alla normalità	☐	☐
e. evento fuori dal comune	☐	☐
f. crisi esistenziale	☐	☐

> **PARTE 1**
> Forse un mattino andando in **un'aria di vetro**[1],
> **arida**[2], **rivolgendomi**[3], vedrò compirsi il miracolo:
> il nulla alle mie spalle, il vuoto dietro
> di me, con un terrore **di ubriaco**[4].
>
> **PARTE 2**
> Poi come s'uno schermo, s'accamperanno **di gitto**[5]
> alberi case colli per **l'inganno consueto**[6].
> Ma sarà troppo tardi; ed io me ne andrò zitto
> tra gli uomini che non si voltano, col mio segreto.

NOTE

[1] di una giornata di sole invernale, molto limpida

[2] secca

[3] voltandomi

[4] che mi disorienta, come fossi ubriaco

[5] improvvisamente

[6] il solito inganno (dell'apparenza)

8. In questa poesia il poeta adotta una struttura metrica particolare. Quale? Osservala e poi prova a completare le frasi.

> assonanza • alternata • liberi • strofe • sillabe

a. Il componimento è formato da due _____ con rima _____.
b. I versi dispari della prima strofa sono anche in _____ con quelli pari della seconda strofa, cioè hanno in comune le vocali "E" e "O" della parte finale con la rima.
c. I versi sono _____, cioè non hanno tutti lo stesso numero di _____.

9. In questa poesia Montale definisce la massa attorno a lui "gli uomini che non si voltano". Che cosa vuole dire esattamente con questa espressione? Prova a spiegarlo a un tuo compagno o a una tua compagna e poi trovate insieme due o tre comportamenti tipici di questo tipo di persone.

Eugenio Montale

Lo sapevi?

Genova 1896 – Milano 1981

- Non è solo uno dei più grandi poeti del Novecento. È stato anche giornalista, critico letterario, teatrale e musicale e pittore. La sua formazione è però completamente da autodidatta, avendo lui fatto studi tecnici e non letterari, che sarebbero stati troppo lunghi per la sua salute spesso fragile.

- Il legame con la sua terra, la Liguria, sarà sempre molto presente nella sua poesia. Per esempio *Ossi di seppia*, la sua raccolta più famosa, si riferisce alla struttura piatta e bianca dei molluschi che le onde del mare trascinavano a riva e che probabilmente lui trovava durante le sue passeggiate solitarie.

- Ha una lunga storia d'amore con Drusilla Tanzi, una scrittrice molto più grande di lui. Alla fine si sposano, ma lei morirà poco dopo. Il dolore per questa perdita lo riavvicina alla poesia, che aveva per un periodo abbandonato: scrive molti componimenti dedicati a lei, tra cui il famoso *Ho sceso, dandoti il braccio, almeno un milione di scale*.

Connessioni

Per vivere in maniera insolita la condizione dell'essere umano nell'Italia fascista alla vigilia della Seconda Guerra Mondiale, puoi guardare **Una giornata particolare** di **Ettore Scola** (1977), con due degli attori italiani più importanti della storia del cinema: Sophia Loren e Marcello Mastroianni. Se invece vuoi immergerti nel teatro pirandelliano e osservare la nascita di "Sei personaggi in cerca d'autore" attraverso un film profondo e divertente, ti consiglio di vedere **La stranezza** di **Roberto Andò** (2022), con Toni Servillo, altro famosissimo attore del grande schermo.

Parole in viaggio

tramezzino è un panino morbido a forma di triangolo farcito in vario modo, soprattutto con salumi, formaggi, verdure e salse. La parola è stata inventata da Gabriele D'Annunzio durante il Fascismo nell'ambito della rigida politica linguistica che vietava l'uso di parole straniere. In questo caso sostituiva la parola inglese *sandwich* e indicava letteralmente un piccolo tramezzo, cioè uno spuntino a metà tra la colazione e il pranzo.

LINEA DEL TEMPO di alcune delle opere italiane principali

Sibilla Aleramo
[Alessandria 1876 – Roma 1960]

1906 UNA DONNA
romanzo autobiografico in cui l'autrice racconta eventi drammatici come lo stupro, il conseguente matrimonio, la prigione della vita in famiglia e infine la lotta interiore per la propria libertà

Umberto Saba
[Trieste 1883 – Gorizia 1957]

1921 CANZONIERE
raccolta poetica che rappresenta un viaggio autobiografico in cui le piccole cose raccontano temi universali. Tra le poesie più famose c'è *Trieste e una donna*

1900 — 1905 — 1910 — 1915 — 1920

Giuseppe Ungaretti
[Alessandria d'Egitto 1888 – Milano 1970]

1916 ALLEGRIA
una delle sue tante raccolte poetiche in cui emerge la ricerca della parola pura, universale e piena di significati nascosti con la famosa *Soldati* dove la vita dei soldati è paragonata quella delle foglie in autunno

Luigi Pirandello
[Agrigento 1867 – Roma 1936]

1921 SEI PERSONAGGI IN CERCA D'AUTORE
dramma teatrale in cui l'autore mette letteralmente in scena l'ambiguità tra realtà e teatro, tra verità e rappresentazione

La QUESTIONE della LINGUA

Il nazionalismo linguistico del fascismo

La diffusione della lingua italiana come lingua nazionale aveva ricevuto una nuova spinta dopo l'unità d'Italia grazie soprattutto al sistema dell'istruzione pubblica, al servizio militare obbligatorio e alla diffusione dei giornali. Nel primo Novecento due elementi molto efficaci contribuiscono ancora più intensamente all'educazione linguistica di massa: la radio e il cinema. Tuttavia, con l'arrivo della dittatura fascista, questo processo di evoluzione linguistica si trasforma in una rigida imposizione dall'alto. Nascono nuove regole: si vieta l'uso di parole straniere, anche quelle che erano ormai parte dell'italiano. Anche i cognomi e i nomi di luogo stranieri sono italianizzati. L'uso dei dialetti è vietato e la formula del "Lei", usata in situazioni formali e di rispetto, è sostituita con il "voi". Il sistema di propaganda di Mussolini agisce con prepotenza attraverso tutti i mezzi di comunicazione di massa. Giornali, radio e cinema celebrano il fascismo attraverso film, documentari e programmi "informativi". Nasce l'Istituto L.U.C.E (L'Unione Cinematografica Educativa) per "istruire" attraverso le immagini la popolazione, ancora per la maggior parte analfabeta. Ha origine proprio qui l'antenato del moderno telegiornale.

> "La facoltà d'illuderci che la realtà d'oggi sia la sola vera, se da un canto ci sostiene, dall'altro ci precipita in un vuoto senza fine, perché la realtà d'oggi è destinata a scoprire l'illusione domani.
> **Luigi Pirandello** da *Uno, nessuno, centomila*"

Italo Svevo
[Trieste 1861 – Motta di Livenza 1928]

1923 LA COSCIENZA DI ZENO
romanzo in cui il protagonista Zeno Cosini, alter-ego dell'autore, racconta i suoi ricordi liberamente raccolti attorno a temi fondamentali della sua vita

Antonia Pozzi
[Milano 1912 – 1938]

1939 PAROLE
raccolta di poesie, tra cui *Desiderio di cose leggere*, pubblicata postuma: qui la sua sofferenza esistenziale e il senso di speranza emergono in un linguaggio lieve, ricercato, modernissimo

1925 — 1930 — 1935 — 1940 — 1945 — **1950**

Eugenio Montale
[Genova 1896 – Milano 1981]

1925 OSSI DI SEPPIA
titolo della sua raccolta più famosa, è legato alla sua amata Liguria e racconta il dolore universale dell'esistenza: in *Forse un mattino*, il senso del vuoto esistenziale è descritto come una verità incomunicabile alla massa, una condanna alla solitudine per ogni anima profonda

Salvatore Quasimodo
[Modica 1901 – Napoli 1968]

1942 ED È SUBITO SERA
è il suo componimento più famoso e più breve, che dà anche il titolo definitivo alla raccolta di cui fa parte. Qui in pochissime parole il poeta riesce a comunicare temi universali come la brevità dell'esistenza, l'illusione della gioia, la solitudine

Il SECONDO NOVECENTO

Mi chiedo...
Che cos'è il *Neorealismo*?
Che cosa significa *postmoderno*?
In che modo i romanzi raccontano la *complessità* di questo periodo?

L'ORIZZONTE INTERNAZIONALE

NOTE

URSS Unione delle Repubbliche Socialiste Sovietiche

sfruttamento utilizzo per il proprio vantaggio spesso a danno di altri

CEE Comunità Economica Europea

blocco sovietico l'URSS e i paesi alleati dell'Europa centrale e orientale

• *Nuovi assetti e nuovi conflitti*

Dopo la fine della Seconda Guerra Mondiale l'Europa è divisa in **due zone d'influenza**: a est ci sono i territori controllati dall'**URSS** e a ovest i territori occidentali, sotto l'influenza degli **Stati Uniti**: è la cosiddetta **Guerra Fredda**. Sono anni di enorme tensione.

Altro fenomeno di questo periodo è l'ultima fase della **decolonizzazione**, che avviene spesso attraverso battaglie sanguinose, come per esempio in Algeria. Tuttavia, l'**indipendenza ufficiale** di varie ex colonie in tutto il mondo non riesce a bloccare il loro **sfruttamento** economico e politico da parte dei Paesi più ricchi.

Uno dei conflitti più importanti di questo periodo è la **guerra del Vietnam** anche in questo caso per l'indipendenza dalla Francia. Gli **Stati Uniti** non accettano la vittoria dei vietnamiti appoggiati da Cina e URSS e così il **conflitto si riapre**: gli americani hanno un esercito molto più potente e numeroso, ma alla fine il popolo vietnamita, nonostante milioni di morti tra i suoi civili, riesce a vincere.

• *Il muro di Berlino e il Sessantotto*

L'Europa degli **anni Cinquanta e Sessanta** vive un periodo di grande **crescita economica**, grazie sia alle **politiche della CEE**, sia al sostegno finanziario degli **Stati Uniti** che vogliono contrastare l'influenza comunista e diffondere il **modello capitalista**. La reazione del **blocco sovietico** è la costruzione del **muro**

L'Europa negli anni della Guerra Fredda fino al 1989.

di Berlino che divide la città in due mondi opposti per quasi trent'anni. La diffusione dell'istruzione crea nelle nuove generazioni una maggiore **conoscenza storica** e una diversa consapevolezza del proprio **ruolo sociale**. E così le **proteste collettive** si diffondono in molti Paesi del mondo. Dagli Stati Uniti arriva il **movimento degli "hippie"**, cioè ragazzi e ragazze che rifiutano il neocapitalismo e la società di massa occidentale e promuovono la **libertà di espressione** in ogni sua forma (artistica, sociale, sessuale ecc.). Contemporaneamente gli **studenti** e la **classe operaia** si uniscono per mettere in discussione, non sempre in modo pacifico, i principi della politica e della società contemporanea. Molti di loro **sostengono il comunismo** come sistema di opposizione all'imperialismo americano. L'anno scelto come simbolo di questi fenomeni è il **1968**, momento in cui la protesta diventa più estesa e significativa.

• *Verso il mondo contemporaneo*

La **caduta del muro di Berlino** nel 1989 e la **crisi dell'URSS** concludono un'era: inizia un periodo di **grandi disordini**, fatto di scontri etnici e religiosi violentissimi, come quello nella **ex Jugoslavia**, e guerre civili, come quella in **Albania**. Ma ci sono anche altri conflitti più lontani, ma strategicamente rilevanti in cui l'ONU interviene con ampi mezzi, come per esempio nella **Guerra del Golfo**. Siamo ormai alla fine del secolo, momento di grandi progressi tecnologici, anche se le **guerre** e gli attentati terroristici in tutto il mondo non si fermano.
In questo periodo nasce anche l'**Unione Europea**, che cercherà di costruire una sua **identità istituzionale**, economica e sociale per tutti i suoi Stati.
Il secolo si conclude con la diffusione dei **telefoni cellulari**, dei **computer** e soprattutto del **World Wide Web**: una rivoluzione che porterà, come sappiamo, a un cambiamento epocale.

NOTE

neocapitalismo nuova accelerazione del capitalismo dopo la Seconda guerra mondiale

significativa che ha un valore riconosciuto

ONU Organizzazione delle Nazioni Unite, nata per garantire a livello internazionale la pace e il rispetto dei diritti umani

attentati terroristici atti di violenza estrema che hanno lo scopo di spaventare un'intera comunità

PER CAPIRE

1. Indica a quale paragrafo si riferiscono le frasi.

   A Nuovi assetti e nuovi conflitti
   B Il muro di Berlino e il Sessantotto
   C Verso il mondo contemporaneo

   A B C

   1. L'URSS e i Paesi alleati costruiscono il muro di Berlino per contrastare il modello sociale ed economico occidentale. ☐ ☐ ☐
   2. L'Europa è divisa in due: a est ci sono i territori sotto l'influenza dell'URSS e a ovest i territori sotto l'influenza degli USA. ☐ ☐ ☐
   3. Il processo di decolonizzazione non elimina lo sfruttamento dei Paesi più poveri da parte degli Stati più potenti e più ricchi. ☐ ☐ ☐
   4. Si diffondono movimenti di protesta contro il neocapitalismo che hanno come data simbolica il 1968. ☐ ☐ ☐
   5. La crisi dell'URSS cambia gli equilibri politici e si apre un periodo di grandi conflitti in tutto il mondo. ☐ ☐ ☐
   6. Negli anni Cinquanta e Sessanta le politiche della CEE e il supporto degli USA aiutano il processo di crescita economica. ☐ ☐ ☐
   7. Nasce l'Unione Europea e si diffondono nuove tecnologie che porteranno a una rivoluzione della società a livello mondiale. ☐ ☐ ☐

La SITUAZIONE in ITALIA

NOTE

referendum strumento di democrazia diretta che chiama cittadini e cittadine ad esprimersi su un tema specifico

Costituzione insieme di leggi fondamentali di uno Stato

Democrazia cristiana partito politico di indirizzo cattolico e moderato

degrado peggioramento

• *Il secondo dopoguerra*

Il secondo dopoguerra si apre in Italia con la **nascita della Repubblica** scelta dalla maggioranza dei cittadini e delle cittadine grazie al referendum del 1946, dove finalmente votano anche le donne. Viene scritta la Costituzione **italiana**, considerata anche dagli esperti di altre nazioni una delle più belle del mondo. È il periodo della **ricostruzione** politica, economica e sociale del Paese, che è governato fino agli anni Novanta da un partito di centro: la Democrazia Cristiana. La differenza tra il Nord industrializzato e il Sud agricolo è sempre più evidente. Nasce la cosiddetta **questione meridionale**, un tema che resterà attuale fino ai giorni nostri. Dal Sud, durante il boom economico, emigrano moltissimi lavoratori e lavoratrici, che vanno ad abitare nelle città del Nord per lavorare soprattutto nelle fabbriche. I centri urbani non sono però preparati ad accogliere così tante persone. Si creano situazioni di **povertà**, **emarginazione** e degrado sociale.

Le proteste e gli "anni di piombo"

Dopo il cosiddetto "boom" economico degli **anni Sessanta** arrivano anche in Italia le **proteste** dei movimenti studenteschi che si uniscono a quelle dei lavoratori e delle lavoratrici. Nascono gruppi di **lotta armata**, sia nell'estrema sinistra che nell'estrema destra. Gli **anni Settanta** sono i cosiddetti "anni di piombo": **attentati terroristici** colpiscono il Paese, causando centinaia di morti e feriti, le **manifestazioni di protesta** politica si trasformano in violenti scontri armati, rapimenti e uccisioni programmate sono cronaca quotidiana. L'ultimo evento importante legato a questo periodo è il sequestro e l'uccisione da parte delle "Brigate Rosse" di **Aldo Moro**, ex capo del governo italiano e presidente della **Democrazia Cristiana**. Come per molti altri crimini di questo periodo, restano ancora oggi molti misteri sulle cause, sulle responsabilità e sulle dinamiche dei fatti.

Milano, 14 maggio 1977: una foto storica degli anni del terrorismo.

La nuova TV e il Berlusconismo

Con gli **anni Ottanta** si apre anche in Italia un periodo di **stabilità economica** e di importanti **progressi tecnologici**. La **televisione** è entrata in tutte le case: non è più solo uno strumento di informazione ed educazione, ma diventa anche un **mezzo di** intrattenimento e **persuasione al consumo** grazie alla presenza sempre più massiccia della **pubblicità**. È in questo contesto che arriva agli inizi degli **anni Novanta** lo scandalo di "Tangentopoli": a Milano sono arrestati centinaia di politici e imprenditori legati a tutti i partiti politici con l'accusa soprattutto di corruzione. Questo evento segna la **fine della cosiddetta** Prima Repubblica e crea un vuoto di potere. E così **Silvio Berlusconi**, un imprenditore italiano già molto ricco e potente, proprietario di vari canali televisivi, si presenta alla tv come "l'uomo nuovo" e vince le elezioni. Inizia così la lunga era del **Berlusconismo**, in cui la **visione liberista**, il **culto della ricchezza** e dell'individualismo con una forte identità maschilista cambieranno per sempre la politica e la società italiane.

NOTE

anni di piombo chiamati così perché il piombo è il materiale con cui sono fatti i proiettili

rapimenti azioni criminali in cui le persone vengono prese e tenute prigioniere

sequestro rapimento

Brigate rosse (anche dette: BR) organizzazione terroristica di estrema sinistra

intrattenimento divertimento senza impegni e riflessioni

massiccia grande e pesante

Tangentopoli letteralmente "la città delle tangenti", cioè i soldi dati o ricevuti per favori illegali

partiti politici gruppi politici ufficiali che rappresentano ideali condivisi da una parte della comunità

corruzione ricevere soldi in cambio di un favore

Prima Repubblica definizione giornalistica per indicare il periodo dal 1946 al 1994

PER CAPIRE

2. Completa le frasi della colonna sinistra scegliendo tra le opzioni della colonna destra.

a. ☐ In Italia dopo la seconda guerra mondiale

b. ☐ Il Nord e il Sud dell'Italia

c. ☐ Gli anni Settanta in Italia

d. ☐ Alla fine degli anni Settanta

e. ☐ Gli anni Ottanta

f. ☐ Negli anni Novanta

1. sono un periodo di progresso sia economico che tecnologico per l'Italia: la televisione diventa uno strumento potentissimo di promozione del consumismo.

2. sono caratterizzati da molti attentati, rapimenti e violente proteste: sono per questo chiamati "gli anni di piombo".

3. scoppia lo scandalo di "Tangentopoli": finisce la Prima Repubblica e si apre la lunga epoca del Berlusconismo.

4. la cittadinanza sceglie in un referendum la forma di governo: nasce la Repubblica Italiana.

5. Aldo Moro viene rapito e poi ucciso dalle Brigate Rosse: ancora oggi molti aspetti di questo crimine restano misteriosi.

6. hanno caratteristiche sociali, economiche e culturali molto diverse: nasce la questione meridionale.

La COMPLESSITÀ del SECONDO NOVECENTO

NOTE

militanza civile volontà di agire nella società per diffondere i valori di rispetto ed eguaglianza sociale

● *Neorealismo e militanza intellettuale*

L'esperienza della **Seconda Guerra Mondiale** e poi della **guerra di Liberazione dal nazifascismo** combattuta dalla **Resistenza italiana**, lasciano nella memoria collettiva un segno profondo. Durante il secondo dopoguerra si diffonde il **Neorealismo**: gli intellettuali **criticano la società borghese** e vogliono **raccontare** in maniera il più possibile "reale" i **contesti più poveri** del Paese e le **ingiustizie** subite dalle classi sociali più umili, con un'attenzione anche alle diverse situazioni **regionali**. Ritornano quindi alcuni elementi del **Verismo** uniti a una militanza civile, che riguarda soprattutto l'esperienza drammatica dei **partigiani** e le **lotte operaie e contadine**. Sono tante le **figure letterarie** che hanno scritto romanzi riconosciuti come neorealisti: ricordiamo per esempio *Uomini e no* di **Elio Vittorini**, *La luna e i falò* di **Cesare Pavese**, *Il sentiero dei nidi di ragno* di **Italo Calvino**, *Il partigiano Johnny* di **Beppe Fenoglio**.
Al di fuori di questa corrente, ma vicino per i temi trattati, è il romanzo di **Primo Levi**, *Se questo è un uomo*, che racconta la sua esperienza di sopravvissuto al campo di concentramento di Auschwitz.

Le Neoavanguardie e il Gruppo '63

Chiusa la stagione del Neorealismo, gli artisti tornano a esplorare: è il periodo delle cosiddette **neoavanguardie**, in cui emerge un rifiuto dell'ideologia neocapitalista borghese e del suo linguaggio intimista e quotidiano. Tornano la **sperimentazione** e la provocazione con scrittori, come **Edoardo Sanguineti**, che abbandonano la soggettività del primo Novecento e provano a tradurre nelle loro opere la **crisi** e la **confusione** della società contemporanea in maniera differente. Nella prosa, lo scrittore romano **Carlo Emilio Gadda** diventa un modello per i nuovi avanguardisti, soprattutto con *Quer pasticciaccio brutto de via Merulana*, un romanzo che parte dal genere **giallo** per fare una profonda **rivoluzione** sia nella struttura narrativa, sia nella lingua.

Discipline accademiche come la **sociologia**, la semiotica e la **linguistica** sono coinvolte in questo processo di **modernizzazione**. Tra le realtà più importanti per lo sviluppo di queste tendenze innovatrici c'è il **Gruppo '63**, nato dopo un convegno organizzato per mettere in discussione le opere della letteratura ufficiale. Sono moltissimi gli autori che partecipano a questo movimento, compresi scrittori che saranno ancora molto attivi nel nuovo Millennio, come **Alberto Arbasino**, **Luigi Malerba** e **Umberto Eco**.

Il postmodernismo e i best seller

L'ultima parte del Novecento è caratterizzata da una forte **crescita dell'industria editoriale**. La letteratura "alta" è coinvolta nelle dinamiche del consumo di massa. Il **romanzo** diventa il genere letterario più **apprezzato**, producendo il fenomeno dei cosiddetti **best seller**. È l'epoca del **postmodernismo**, cioè il superamento delle certezze e della fiducia nella modernità: una concezione **disincantata** e spesso **ironica** del mondo contemporaneo. La letteratura del passato diventa per molti scrittori un contenitore infinito da cui ripescare e rielaborare contenuti. **Umberto Eco**, per esempio, è considerato uno degli autori postmoderni più importanti. Anche **Italo Calvino** e **Dino Buzzati** riflettono sui generi letterari e ne sperimentano vari, come il racconto e il romanzo fantastico. Ma di autori e autrici di romanzi fondamentali in questo periodo storico ce ne sono davvero moltissimi: **Leonardo Sciascia**, politico, saggista e autore di importanti romanzi sociali sulla mafia e sui giochi di potere; **Alberto Moravia**, attento osservatore della decadenza borghese; **Elsa Morante** intellettuale, poetessa e grande romanziera; **Pier Paolo Pasolini**, uno dei registi, poeti e narratori più importanti e controversi del Novecento; **Natalia Ginzburg** scrittrice, drammaturga e figura politica tra le più attive del secolo; **Dacia Maraini**, un'autrice che, come molti suoi contemporanei, sperimenta vari generi, conservando però una profonda attenzione all'essenza e alla condizione delle donne.

Ma questi sono solo alcuni dei nomi fondamentali: siamo di fronte a una stagione di grande successo di pubblico per il romanzo italiano.

NOTE

provocazione atteggiamento di sfida e ribellione rispetto alle caratteristiche della tradizione

semiotica nella filosofia del linguaggio è la scienza che studia i segni linguistici e il loro significato

alta di grande qualità

controversi che creano reazioni e opinioni molto diverse e spesso in contrasto tra loro

NOTE

antinovecentista che si oppone alle tendenze sperimentali del Novecento e riprende la tradizione della grande poesia narrativa da Petrarca in poi

• *L'ultima poesia prima della crisi*

La ricerca sperimentale iniziata dal **Gruppo '63** produce un'ondata di **dibattito intellettuale** anche nel linguaggio poetico. Numerose sono le **riviste** e i **saggi** degli anni Sessanta in cui si prova a **definire la poesia contemporanea**, capace di raccontare le crepe della nuova società di massa, soprattutto attraverso la **ricerca** e la **sperimentazione linguistica**. Tra i poeti più interessanti e originali c'è per esempio **Andrea Zanzotto**, che esplora le **parole** e la loro **etimologia**, supera i confini delle regole linguistiche e ridà alla poesia un ruolo chiave per la comprensione profonda dell'esistenza. Contemporaneamente, un gruppo di poeti e poetesse decide di reagire alle provocazioni delle neoavanguardie: si cerca di recuperare un **linguaggio della tradizione** per raccontare, descrivere, richiamare e condividere. Tra le figure più interessanti di questa **tendenza antinovecentista** c'è **Alda Merini**, che nei suoi versi parla di **follia** e di **sofferenza**, ma anche di **amore** e di **passione** per la vita.

PER CAPIRE

3 • Leggi le caratteristiche e indica la giusta corrente letteraria, come nell'esempio.

1. ☐ Neorealismo   2. ☐ Neoavanguardia   3. ☐ Postmodernismo   4. [b] Antinovecentismo

a. Superamento delle certezze legate al progresso e alla modernità con un atteggiamento spesso ironico e di rottura con la tradizione letteraria, che si preferisce utilizzare soprattutto come contenitore per nuovi giochi di stile.

b. Opposizione alle tendenze sperimentali del Novecento e ritorno alla grande tradizione letteraria della poesia classica da Petrarca fino a Saba, con un recupero della funzione anche narrativa del verso.

c. Critica della società borghese e racconto delle realtà più povere e svantaggiate, con un'attenzione particolare ai contesti regionali e alle ingiustizie sociali.

d. Rifiuto del neocapitalismo borghese e sperimentazione di nuovi linguaggi che possano raccontare la crisi della società contemporanea, anche attraverso l'incontro con discipline come la semiotica e la sociologia.

La PROSA

I PRINCIPALI GENERI LETTERARI

Il Secondo Novecento è, come già detto, un'epoca complessa e ricca di romanzi fondamentali. Inoltre, il cinema ama portare sullo schermo la letteratura, con film che diventeranno spesso più famosi delle opere da cui sono tratti: in Italia possiamo ricordare per esempio *Il Gattopardo*, romanzo del siciliano **Giuseppe Tomasi di Lampedusa**, diventato poi un film famosissimo di **Luchino Visconti**; oppure molte opere di **Alberto Moravia** che sono diventate **trasposizioni cinematografiche** di grande successo internazionale, come per esempio *La ciociara* di **Vittorio De Sica**.

> **NOTE**
>
> **memorialistico** che riporta ricordi in ordine sparso e legati a un particolare periodo
>
> **deportazione** trasferimento forzato in un luogo di prigionia lontano
>
> **distaccato** che mostra una distanza emotiva

• Il romanzo

Diamo qui una serie di esempi di romanzi divisi per categorie che però non devono essere prese come assolute: come sempre, e per fortuna, le grandi opere sfuggono alle etichette e mostrano al loro interno caratteristiche che richiamano generi diversi.

Memorialistico

Se questo è un uomo • PRIMO LEVI

In questo romanzo **memorialistico**, l'autore ripercorre la sua vita nel **campo di concentramento di Auschwitz**. Le tappe principali della storia sono la **deportazione**, la **vita nel lager**, i rapporti con gli altri prigionieri e gli ultimi giorni prima della liberazione. Scopriamo così la **dignità umana** e la lotta per non perderla, le dinamiche quotidiane di **sopravvivenza**, a volte eroiche, a volte terribili, e le regole assurde del campo di concentramento. La scrittura pulita e lo stile **distaccato** di Levi lasciano a chi legge il compito di giudicare **gli orrori e le sofferenze della Shoah**, ma anche la possibilità di osservare nel bene e nel male gli aspetti più universali della natura umana.

Campo di concentramento di Auschwitz, oggi meta di visite per non dimenticare gli orrori della guerra.

NOTE

falò grande mucchio di legna che si brucia in uno spazio aperto

Gli indifferenti primo romanzo di Moravia (1929) sulla decadenza della borghesia italiana nel periodo del fascismo e per questo censurato dal regime di Mussolini

esistenzialismo corrente di pensiero filosofica e letteraria che indaga il senso di vuoto, assurdità e assenza di significato dell'esistenza

lessico insieme di parole

Neorealista

La luna e i falò • CESARE PAVESE

Questo romanzo, ricco di elementi autobiografici, è pubblicato lo stesso anno in cui Pavese decide di suicidarsi, il 1950. Racconta in prima persona il **ritorno** dall'America **nella sua terra d'origine** di "Anguilla", questo il soprannome del protagonista. Attraverso i suoi **incontri** e i suoi **ricordi**, si scoprono da un lato le vicende legate alla **Seconda Guerra Mondiale** e alla guerra di **Liberazione**, dall'altro le storie tragiche del protagonista e dei personaggi che incontra.
La trama si sviluppa su **due piani** temporali intrecciati: il **passato** e il **presente**. Nel titolo compaiono i simboli della **società contadina** descritta nel romanzo: la **luna**, che richiama miti antichi e regola il ritmo delle coltivazioni, e i fuochi dei **falò**, protagonisti dei rituali legati alla terra, ma anche simbolo di morte e distruzione.

Esistenzialista

La noia • ALBERTO MORAVIA

Dopo *Gli indifferenti*, torna anche in questo romanzo del 1960 il ritratto duro di una **borghesia** incapace di esprimere sentimenti o ideali. Centrale è appunto il **sentimento della noia**: solo il **sesso** e il **denaro** sembrano interessare i personaggi. Il protagonista è **Dino**, **nobile romano** che si dedica senza passione alla pittura, finché non incontra **Cecilia**, la giovane amante di un anziano pittore. Inizia **una storia con lei**, ma si annoia presto anche di questa novità. Eppure la **totale indifferenza della ragazza** e i suoi tradimenti creano in Dino un nuovo bisogno di lei e lo portano persino a **tentare il suicidio**. Solo questo evento muoverà qualcosa nella coscienza del protagonista. L'**individualismo**, la **solitudine** dell'io, il senso di **straniamento**, l'**angoscia** dell'esistenza collegano quest'opera alla corrente dell'**esistenzialismo**, soprattutto francese.

Autobiografico

Lessico famigliare • NATALIA GINZBURG

L'autrice racconta in maniera **affettuosa** e spesso **ironica** la sua **vita quotidiana**, con uno sguardo particolare alla comunicazione con i membri della sua famiglia. Ogni famiglia sviluppa infatti un suo particolare **lessico**. Gli eventi e i personaggi sono raccontati senza un ordine preciso; seguono i **ricordi della scrittrice** e riguardano soprattutto il periodo del **fascismo**, della guerra e del dopoguerra. L'uccisione del marito antifascista, il suicidio dell'amico Cesare Pavese e altri avvenimenti sono visti attraverso lo **sguardo** emotivo e vivace **dell'autrice**, che partecipa in maniera attiva fin da giovane alla vita culturale e politica del suo tempo.

Un caso letterario

La storia • ELSA MORANTE

In quest'opera si raccontano le **vicende** complicate e profondamente **drammatiche** di una **famiglia romana** durante l'ultimo periodo della **guerra** e i primi anni del **dopoguerra**. I protagonisti sono: **Ida**, vedova di guerra di origini ebraiche, **Nino**, suo figlio adolescente dal carattere impulsivo e il piccolo "**Useppe**" (Giuseppe) l'altro figlio nato dallo stupro di un soldato tedesco. Ci sono poi altri personaggi che entreranno nella storia, come **Davide Segre**, un borghese ebreo di idee anarchiche, generoso e tossicodipendente.
Elsa Morante tratta qui il trauma in maniera profondissima: esplora non solo gli **orrori della Grande Storia** e le loro conseguenze nelle **vite individuali**, ma mostra anche l'umanità universale dei personaggi. L'uscita di questo romanzo nel 1974 diventa subito un caso letterario: il successo di pubblico, mai visto prima in Italia, è accompagnato da un forte dibattito tra le figure intellettuali dell'epoca sulla vera natura di quest'opera, che per alcuni segna l'arrivo di una nuova epoca per la letteratura.

Postmoderno

Se una notte d'inverno un viaggiatore • ITALO CALVINO

Le opere di narrativa e di critica letteraria di questo autore sono tante e attraversano la storia del XX secolo **dal Neorealismo fino al Postmodernismo**, una corrente artistica e letteraria che critica, come abbiamo detto, i grandi ideali del Modernismo, spesso giocando con i modelli narrativi tradizionali. L'autore lo fa proprio in questo romanzo del 1979, che è **tra le sue opere più sperimentali**: una serie di incipit di romanzi di diverso genere e di autori inventati si sviluppa dentro la cornice narrativa di una ricerca avventurosa, complicatissima e piena di enigmi. I protagonisti principali sono un lettore, chiamato **Lettore**, e una Lettrice, **Ludmilla**. Tutto il romanzo è scritto per chi lo legge: in seconda persona (tu). Al centro dell'opera c'è infatti **il piacere della lettura**. Si parla perciò di **metaromanzo**, cioè un romanzo che riflette su sé stesso e, più in generale, sul **valore della letteratura**.

Il nome della rosa • UMBERTO ECO

Anche questo è un romanzo che riflette sui modi di narrare, contenendo in sé generi diversi: **storico, filosofico, giallo, gotico**… L'autore è un semiologo e teorico della letteratura già molto famoso. Qui decide per la prima volta di tradurre le sue riflessioni teoriche in un romanzo, pubblicato nel 1980. La storia principale ruota intorno a un **monaco medievale** che racconta alcune vicende vissute quando era giovane insieme al suo maestro **Guglielmo da Baskerville**, che è il vero protagonista della storia e indaga per scoprire che cosa si nasconde dietro una serie di **strane morti** in un monastero. Lotte di potere, **libri proibiti** e **oscuri segreti** compongono una **struttura narrativa complessa** dove le citazioni storiche, filosofiche e letterarie offrono livelli diversi di lettura e di interpretazione.

NOTE

vedova di guerra il marito è morto combattendo in guerra

impulsivo istintivo

caso letterario si dice così di un'opera letteraria di successo che diventa protagonista di grandi discussioni tra intellettuali

Modernismo corrente di pensiero a cavallo tra Ottocento e Novecento che esalta la modernizzazione della società

giallo poliziesco (chiamato così in Italia perché le prime serie pubblicate avevano la copertina gialla)

gotico ricco di atmosfere cupe e misteriose ed elementi sovrannaturali

semiologo esperto di semiologia, la scienza che studia i segni linguistici

citazioni pensieri e riflessioni di un autore riportati fedelmente

NOTE

sociali il romanzo sociale nasce nell'Ottocento in Inghilterra. Protagonista è la società contemporanea dell'autore o dell'autrice

film *Una storia semplice* di Emidio Greco (1991)

infiltrazioni mafiose presenza della mafia nelle istituzioni

sordomuta che non sente e non parla

l'ha violentata l'ha obbligata con la violenza ad avere un rapporto sessuale

traumatizzata colpita e segnata dal punto di vista psicologico

America Latina l'autore più importante di questa corrente è Gabriel Garcia Marquez

soprannaturali che vanno oltre la scienza e la conoscenza umana

briganti ladri vagabondi

imprevisto un evento improvviso e inaspettato

Giallo / Poliziesco

Una storia semplice • LEONARDO SCIASCIA

Tutte le opere di questo autore siciliano si sono concentrate soprattutto sulle contraddizioni della sua terra, sulla presenza della mafia e sul ruolo della criminalità nei rapporti di potere: romanzi **sociali** in forma di **giallo**. In questo breve romanzo del 1989, che diventerà anche un **film** di successo, la **storia** raccontata è in realtà **complicatissima**: tutto comincia a Palermo da una telefonata anonima. Protagonista è un ufficiale della polizia che per risolvere una serie di **omicidi e misteri** arriverà a scoprire traffici di droga, **infiltrazioni mafiose** e persino il furto di un famosissimo quadro di Caravaggio. Anche qui, come spesso accade nelle opere di Sciascia, le storie raccontate si ispirano a fatti e a personaggi reali.

Storico

La lunga vita di Marianna Ucrìa • DACIA MARAINI

In questo romanzo storico ambientato a **metà del Settecento** si racconta la **vita di Marianna**, ragazza **sordomuta** di una **nobile famiglia siciliana**, costretta a **sposare a soli tredici anni** uno zio che è molto più grande di lei. Dopo molti anni Marianna scoprirà che proprio suo marito è la causa delle sue disabilità. Infatti **l'ha violentata**, e quindi profondamente **traumatizzata**, quando era una bambina. Queste e altre sofferenze vissute dalla protagonista non fermano la sua **ricerca di libertà**, il suo **amore per la vita** e il suo **coraggio**. L'autrice dimostra qui, come in molte altre sue opere, una capacità straordinaria nel raccontare le epoche e nel descrivere le **donne** del passato e del presente.

• Il racconto

È questa una buona stagione per il racconto, che si diffonde anche **in modo autonomo** nel mercato editoriale, con autori e autrici spesso già famosi per i loro romanzi. Presentiamo qui solo uno degli innumerevoli esempi interessanti.

Sessanta racconti • DINO BUZZATI

L'elemento comune in questa selezione di racconti pubblicati nel 1958 è il forte legame con il **realismo magico**, una corrente artistica e letteraria che si sviluppa nel Novecento in Europa e ancora di più in **America Latina**. Elemento comune a tutte le storie è infatti la presenza di **fenomeni soprannaturali** che entrano nel **contesto quotidiano** dei personaggi. Le ambientazioni spaziali e temporali di questa raccolta sono molto varie, così come la tipologia dei personaggi: **briganti**, **cavalieri**, **viaggiatori**, **soldati**, ma anche **uomini e donne della borghesia contemporanea**. Tutti vittime di un **imprevisto** misterioso che spesso fa entrare non solo i protagonisti, ma anche chi legge, in una dimensione irreale e inquietante.

PER CAPIRE

4. Leggi le definizioni delle protagoniste e dei protagonisti e abbinale al romanzo corrispondente. Attenzione: c'è un personaggio in più (appartiene a uno dei *Sessanta racconti* di Buzzati).

   a. ☐ *Se questo è un uomo* di Primo Levi
   b. ☐ *La luna e i falò* di Cesare Pavese
   c. ☐ *La noia* di Alberto Moravia
   d. ☐ *Lessico famigliare* di Natalia Ginzburg
   e. ☐ *La storia* di Elsa Morante
   f. ☐ *Se una notte d'inverno un viaggiatore* di Italo Calvino
   g. ☐ *Il nome della rosa* di Umberto Eco
   h. ☐ *Una storia semplice* di Leonardo Sciascia
   i. ☐ *La lunga vita di Marianna Ucrìa* di Dacia Maraini

   1. un ragazzo che dall'America torna nella sua terra d'origine.
   2. un uomo sopravvissuto al campo di concentramento di Auschwitz.
   3. un ragazzo ricco e viziato che decide di dedicarsi alla pittura.
   4. una vedova che cerca di sopravvivere con i suoi due figli.
   5. un fantasma che cerca ospitalità tra amici e conoscenti.
   6. un lettore e una lettrice che cercano invano un romanzo dopo l'altro.
   7. un brigadiere che si trova al centro di un giallo molto complicato.
   8. l'autrice stessa che ricorda la sua vita in famiglia.
   9. un monaco che racconta la sua esperienza in un misterioso monastero.
   10. una ragazza di una nobile famiglia che non parla e non sente.

La POESIA

I PRINCIPALI GENERI LETTERARI

> **NOTE**
>
> **sovvertite** cambiate in maniera estrema
>
> **scardinare** smontare dalla base
>
> **sintassi** la costruzione delle frasi
>
> **oralmente** parlando e non scrivendo

Una delle correnti più interessanti del secondo Novecento è quella della "beat generation", cioè una generazione di poeti e poetesse, soprattutto statunitensi, che sperimentano linguaggi alternativi, anche attraverso l'uso di alcol e droghe. Vogliono aprirsi a nuove possibilità creative e abbattere i tabù culturali della società neocapitalista. Questo movimento, connesso a livello più generale con l'universo "hippie", rappresenta uno degli ultimi fenomeni collettivi del linguaggio letterario in versi. Infatti, come abbiamo detto, la poesia diventerà sempre di più una questione per pochi intellettuali: sarà infatti la canzone d'autore ad ereditare il suo ruolo sociale nella comunità.

• La neoavanguardia

La beltà • ANDREA ZANZOTTO

In questa raccolta del 1968 l'autore realizza in modo estremo la sua operazione sulla parola poetica: le definizioni e le **regole linguistiche** vengono sovvertite. Per lui infatti scardinare la lingua è qui un modo per raccontare la realtà attorno a lui: un **paesaggio distrutto** dalla modernità e le **persone** che lo abitano **prigioniere** del consumismo. In questa raccolta in particolare, il poeta dialoga con **altre lingue** e **dialetti**, e gioca con la struttura delle parole e con la loro sintassi. La sua poetica si basa sul concetto che non esistono significati autonomi, perché ogni cosa è parte di un sistema fatto di **connessioni complesse**, che devono essere indagate.

• La poesia antinovecentista

La volpe e il sipario • ALDA MERINI

Questa poetessa ha raccontato sempre molto di sé e delle persone attorno a lei. Della sua esperienza nell'**ospedale psichiatrico**, delle sue storie d'amore, dei suoi affetti. Linea comune di tutta la sua poesia è un **linguaggio appassionato**, intenso e in profonda connessione con l'altro. Per questo molti l'hanno associata alla linea antinovecentista. Tra i suoi temi fondamentali ci sono l'**amore**, l'**amicizia** e la **solitudine**, la **malattia**, la **spiritualità** e la **scrittura**. In questa raccolta pubblicata nel 1995 compaiono molte **poesie improvvisate** oralmente dall'autrice, trascritte da altri e accompagnate poi da **illustrazioni** di un suo amico artista: Gianni Casari. Tema principale è **la forza oscura e vitale del sentimento amoroso**. Nel titolo compaiono due simboli chiave: la **volpe**, animale solo in apparenza delicato ed esile, ma in realtà forte e feroce, e il **teatro**, luogo di maschere che permettono di raccontare profonde verità sulla natura umana.

PER CAPIRE

5. Leggi queste dichiarazioni tratte da due interviste e poi indica se si riferiscono al poeta Andrea Zanzotto (Z) o alla poetessa Alda Merini (M).

		Z	M
a.	Nel mio scrivere, con insistenza si affaccia l'etimologia delle parole: mentre sto scrivendo una poesia, improvvisamente vedo anche l'etimologia che salta fuori, che mi porta in una direzione imprevista.	☐	☐
b.	Il dolore del sogno non è mai così feroce come il dolore della realtà. È un simbolo del dolore. Io amo molto il sogno. Diciamo che dal sogno traggo la poesia. Guai se il poeta non sognasse. Il sogno è necessario all'uomo, non lo crede anche Lei? Chi non sogna è un disperato.	☐	☐
c.	L'ispirazione è qualcosa che sorprende sempre il poeta, sempre. [...] Sta male nel proprio corpo, nel proprio ambiente. E allora, non lo so, forse la poesia attenua i suoi mali. Non c'è un medico che cura un poeta. I suoi versi sono un po' le sue infule (bende)... tragiche. Però sono delle bende, sono delle garze.	☐	☐
d.	In una poesia, comunque, si spera sempre che almeno una parte dell'armonia dei suoni riesca a trasmettere qualche cosa [...]. Qualche cosa di veramente straordinario: se si esamina una poesia, molte volte capita che le parole vere siano sotto e non sopra.	☐	☐

GLI AMICI
tratto da *Sessanta racconti*

di Dino Buzzati

GUIDA ALLA LETTURA

1. Prima di leggere il brano, prova a riordinare le parti della trama del racconto. Attenzione: c'è una frase in più!

   a. ☐ L'unica a reagire con paura e violenza sincera è una prostituta da cui l'uomo andava abitualmente.
   b. ☐ Purtroppo la nobildonna non riesce a liberarsi dalle sue ossessioni e decide così di fuggire lontano dal suo mondo dorato.
   c. ☐ È la storia un fantasma che, in attesa di andare nell'oltretomba, cerca invano accoglienza nelle case dei suoi amici.
   d. ☐ Il povero fantasma è alla fine costretto a vagare nella notte, rifiutato da tutti i suoi "amici".
   e. ☐ Nessuno di loro però vuole accoglierlo: alcuni sono spaventati, altri infastiditi, tutti comunque lo allontanano in modo ipocrita, con una gentilezza falsa e codarda.

2. Ora leggi il brano e trova il sinonimo di ogni parola sottolineata tra quelli qui sotto.

rimase • disse • si sentì • si mostrò • andò contro • disse a bassa voce

Il **liutaio**[1] Amedeo Torti e la moglie stavano prendendo il caffè. I bambini erano già andati a letto. I due **tacevano**[2], come succedeva spesso. **A un tratto**[3] lei:
"Vuoi che ti dica una cosa... è tutto il giorno che ho una sensazione strana... Come se questa sera dovesse venire a trovarci Appacher."
"Ma non dirle neanche per scherzo queste cose!" fece il marito con un gesto di fastidio. Infatti Toni Appacher, violinista, suo vecchio intimo amico, era morto venti giorni prima.
"Lo so, lo so che è orribile" disse lei "ma è un'idea da cui non riesco a liberarmi."
"Eh, magari..." mormorò il Torti con una vaga **contrizione**[4] ma senza voler approfondire l'argomento. E **scosse il capo**[5]. Tacquero ancora. Erano le dieci meno un quarto. Poi suonò il campanello della porta. Piuttosto lungo, **perentorio**[6]. Entrambi ebbero un **sussulto**[7].
"Chi sarà a quest'ora?" disse lei. Si udì in anticamera il passo strascicato della Ines, la porta che veniva aperta, poi un sommesso parlottare. La ragazza si affacciò in tinello pallidissima.
"Ines, chi c'è?" domandò la signora.
La cameriera si rivolse al padrone, **balbettando**[8]: "Signor Torti, venga lei, un momento, di là... Se sapesse!". "Ma chi c'è? chi c'è?" chiese **rabbiosa**[9] la padrona, pur sapendo già benissimo chi fosse.
La[10] Ines si curvò come chi ha da dire cose segretissime. Le parole le uscirono in un soffio: "C'è... c'è... Signor Torti, venga lei... è tornato il maestro Appacher!".
"Che storie!" disse il Torti, irritato da tutti quei misteri, e alla moglie: "Vado io... Tu resta qui".
Uscì nel corridoio buio, urtò nello **spigolo**[11] di un mobile, **d'impeto**[12] aprì la porta che dava in anticamera. Qui, in piedi, con la sua aria un poco timida, c'era Appacher. Non proprio uguale al solito Appacher, bensì alquanto meno sostanzioso, per una specie di indecisione nei contorni. Era un fantasma? Forse non ancora. Forse non si era completamente liberato di ciò che gli uomini definiscono materia. Un fantasma, ma con una certa residua consistenza. Vestito come era sua abitudine di grigio, la camicia a righe azzurre, una cravatta rossa e blu e il cappello di feltro molto **floscio**[13] ch'egli **cincischiava**[14] nervosamente tra le mani. (Si intende: un fantasma di vestito, un fantasma di cravatta e così via.)
Il Torti non era un uomo impressionabile. Tutt'altro. Eppure restò lì senza fiato. Non è uno scherzo vedersi ricomparire in casa il più caro e vecchio amico da venti giorni accompagnato al cimitero.

NOTE

1 costruttore e riparatore di strumenti a corda, come per esempio il violino

2 stavano in silenzio

3 improvvisamente

4 senso di colpa

5 fece segno di no con la testa

6 molto forte e deciso

7 movimento istintivo

8 parlando con difficoltà

9 con rabbia

10 in alcune regioni si usa mettere l'articolo davanti ai nomi di persona per influenza dialettale

11 l'angolo

12 con tutta la sua forza e volontà

13 molle

14 stringeva nervosamente

fece	_____	si affacciò	_____
mormorò	_____	urtò	_____
Si udì	_____	restò	_____

3. Ora prova a immaginare la scena successiva. Scrivi la conversazione tra il signor Torti e il signor Appacher (almeno 10 battute). Confronta il tuo dialogo con quello di una compagna o un compagno e poi… provate a recitarli!

_____
_____
_____
_____
_____
_____
_____
_____
_____
_____

Dino Buzzati

Lo sapevi?

Belluno 1906 – Milano 1972

- La pittura per lui viene prima della letteratura. A chi gli chiede che cosa faccia, lui risponde che è un pittore con l'hobby della scrittura. *La piazza del duomo di Milano* e altri suoi dipinti famosi sono usati spesso come copertine dei suoi libri.

- Altra grande passione è la montagna e in particolare la catena delle Dolomiti, il luogo dove è nato e cresciuto. Per molte delle sue opere si è ispirato a questo paesaggio, come per esempio in due dei suoi romanzi più famosi: *Il segreto del bosco vecchio* e poi *Il deserto dei Tartari*.

- Grande appassionato di fumetti, è anche l'autore di una delle prime "graphic novel": *Poema a fumetti*, di cui realizza sia la storia sia i disegni. I temi sono quelli tipici di tutta la sua opera: l'erotismo, la poesia, il mistero e l'inquietudine.

SE UNA NOTTE D'INVERNO UN VIAGGIATORE
di Italo Calvino

GUIDA ALLA LETTURA

4. In questo romanzo di Calvino compaiono dieci romanzi di genere diverso. In un articolo in cui parla del suo libro, l'autore crea uno schema preciso della sua opera con queste definizioni per ognuno dei romanzi da lui inventati. Se non capisci qualche parola cercane il significato in rete o chiedi all'insegnante. Poi rispondi: quale di questi romanzi vorresti leggere e perché? Di cosa parlerebbe secondo te?

   a. Il romanzo della nebbia
   b. Il romanzo dell'esperienza corposa
   c. Il romanzo simbolico-interpretativo
   d. Il romanzo politico-esistenziale
   e. Il romanzo cinico brutale
   f. Il romanzo dell'angoscia
   g. Il romanzo logico-geometrico
   h. Il romanzo della perversione
   i. Il romanzo tellurico-primordiale
   l. Il romanzo apocalittico

5. Ora leggi l'incipit del libro e poi trova per ogni posizione descritta (sottolineata nel testo) l'immagine corrispondente. Qual è la tua preferita per leggere? Confrontati con una compagna o un compagno.

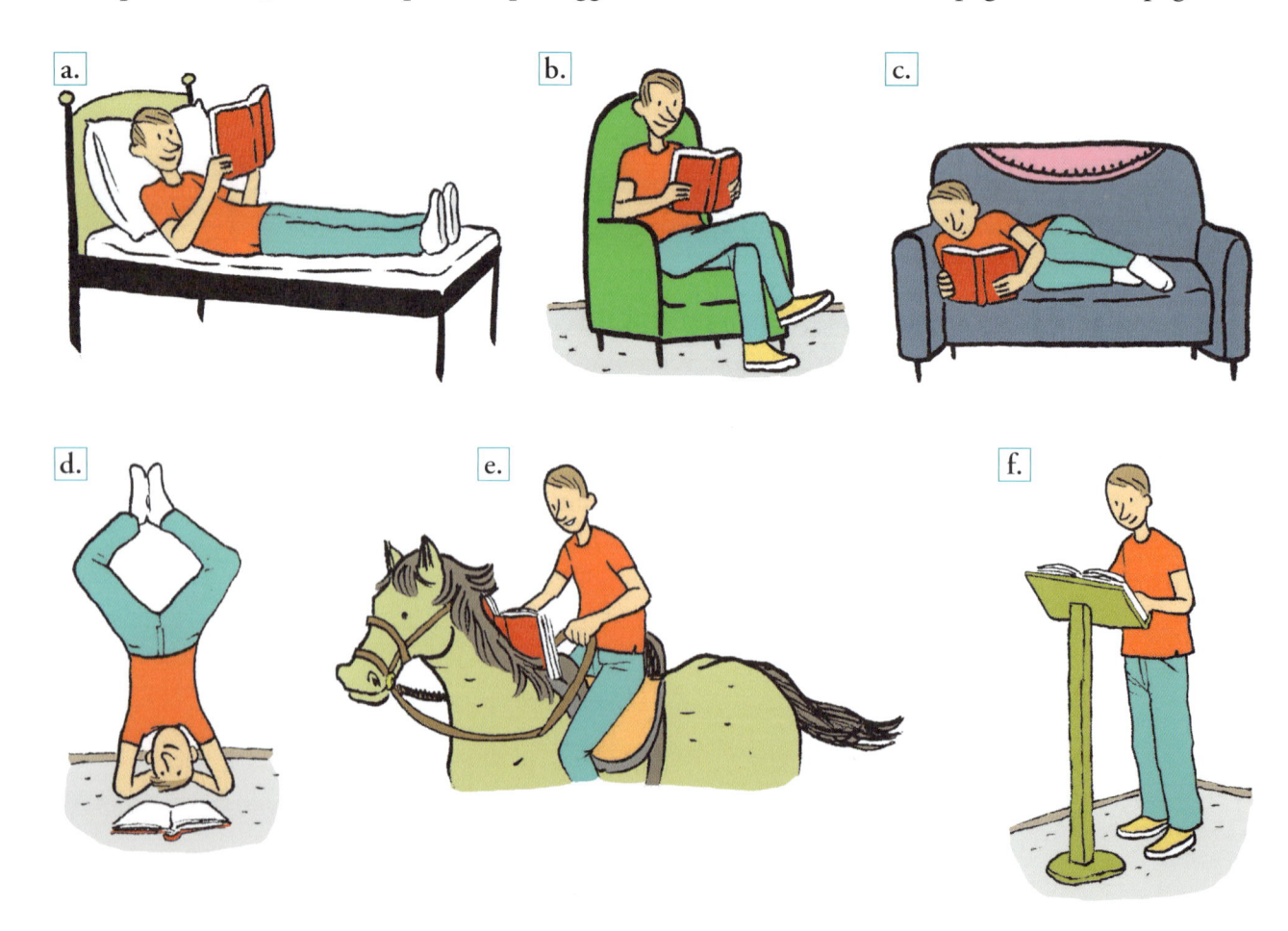

Stai per cominciare a leggere il nuovo romanzo *Se una notte d'inverno un viaggiatore* di Italo Calvino. Rilassati. Raccogliti, Allontana da te ogni altro pensiero. Lascia che il mondo che ti circonda **sfumi nell'indistinto**[1]. La porta è meglio chiuderla; di là c'è sempre la televisione accesa. Dillo subito, agli altri: «No, non voglio vedere la televisione!» Alza la voce, se no non ti sentono: «Sto leggendo! Non voglio essere disturbato!» Forse non ti hanno sentito, con tutto quel **chiasso**[2]; dillo più forte, grida: «Sto cominciando a leggere il nuovo romanzo di Italo Calvino!» O se non vuoi non dirlo; speriamo che ti lascino in pace.

Prendi la posizione più comoda: seduto, sdraiato, raggomitolato, **coricato**[3]. Coricato sulla schiena, su un fianco, sulla pancia. In poltrona, sul divano, sulla sedia a dondolo, sulla sedia a sdraio, sul pouf. Sull'amaca, se hai un'amaca. Sul letto, naturalmente, o dentro il letto. Puoi anche metterti a testa in giù, in posizione yoga. Col libro capovolto, si capisce.

Certo, la posizione ideale per leggere non si riesce a trovarla. Una volta si leggeva in piedi, di fronte a un **leggio**[4]. Si era abituati a stare fermi in piedi. Ci si riposava così quando si era stanchi d'andare a cavallo. A cavallo nessuno ha mai pensato di leggere; eppure ora l'idea di leggere stando **in arcioni**[5], il libro posato sulla **criniera**[6] del cavallo, magari appeso alle orecchie del cavallo con un **finimento**[7] speciale, ti sembra attraente. Coi piedi nelle staffe si dovrebbe stare molto comodi per leggere; tenere i piedi sollevati è la prima condizione per godere della lettura.

Bene, cosa aspetti? Distendi le gambe, allunga pure i piedi su un cuscino, su due cuscini, sui braccioli del divano, sugli orecchioni della poltrona, sul tavolino da tè, sulla scrivania, sul pianoforte, sul mappamondo. Togliti le scarpe, prima. Se vuoi tenere i piedi sollevati; se no, rimettitele. Adesso non restare lì con le scarpe in una mano e il libro nell'altra. Regola la luce in modo che non ti stanchi la vista. Fallo adesso, perché appena sarai sprofondato nella lettura non ci sarà più verso di smuoverti. Fa' in modo che la pagina non resti in ombra, un **addensarsi**[8] di lettere nere su sfondo grigio, uniformi come un branco di topi; ma sta' attento che non le batta addosso una luce troppo forte e non si rifletta sul bianco crudele della carta **rosicchiando**[9] le ombre dei **caratteri**[10] come in un mezzogiorno del Sud. Cerca di prevedere ora tutto ciò che può evitarti d'interrompere la lettura. Le sigarette a portata di mano, se fumi, il portacenere. Che c'è ancora? Devi far pipì? Bene, saprai tu.

NOTE

1 si perda gradualmente

2 rumore forte

3 disteso

4 oggetto che serve per sostenere libri per la lettura o il canto

5 in sella a un cavallo

6 i "capelli" del cavallo

7 uno degli elementi per sellare il cavallo

8 diventare una massa densa

9 dando piccoli morsi (come fanno per esempio i topi)

10 le singole lettere

segue ▶

> Non che t'aspetti qualcosa di particolare da questo libro in particolare. Sei uno che per principio non s'aspetta più niente da niente. Ci sono tanti, più giovani di te o meno giovani, che vivono in attesa d'esperienze straordinarie; dai libri, dalle persone, dai viaggi, dagli avvenimenti, da quello che il domani tiene in serbo. Tu no. Tu sai che il meglio che ci si può aspettare è di evitare il peggio. Questa è la conclusione a cui sei arrivato, nella vita personale come nelle questioni generali e addirittura mondiali.

6. **Rileggi la conclusione del testo: ti riconosci in quello che scrive Calvino al suo lettore? Rispondi a queste affermazioni in un testo in cui spieghi se e perché sei d'accordo o in disaccordo con le sue parole.**

   Tu sai che il meglio che ci si può aspettare è di evitare il peggio. Questa è la conclusione a cui sei arrivato, nella vita personale come nelle questioni generali e addirittura mondiali.

   _____
   _____
   _____
   _____
   _____

Italo Calvino

Lo sapevi?

Santiago de Las Vegas 1923 – Siena 1985

- Vive per molti anni a Parigi, dove partecipa al progetto OuLiPo (Officina di Letteratura Potenziale): un gruppo di autori e matematici stabiliscono complesse limitazioni linguistiche o matematiche alla costruzione delle loro opere. Lo scopo è stimolare il processo creativo.

- Si sposa a Cuba, dove è anche nato, con Esther Judith Singer, per tutti "Chichita", traduttrice e vivace intellettuale argentina che sarà fondamentale anche per la diffusione delle sue opere all'estero. Dopo la morte del marito, Chichita continuerà fino alla fine a tenere viva l'eredità letteraria di Calvino.

- Le *Lezioni americane* sono la sua ultima opera. Sei discorsi per l'università di Harvard negli Stati Uniti che non farà mai. Diventeranno un libro di enorme successo internazionale.
  Il tema sono le trasformazioni di fine secolo: quali valori ci servono in letteratura per affrontarle? Ecco la risposta di Calvino in ordine di importanza: 1) Leggerezza, 2) Rapidità, 3) Esattezza, 4) Visibilità, 5) Molteplicità, 6) Coerenza.

LA LUNGA VITA DI MARIANNA UCRIA
di Dacia Maraini

GUIDA ALLA LETTURA

7. Prova a riordinare le parti della trama del romanzo, come negli esempi.

   a. ☐ E poi c'è Giacomo Camaleo, il pretore della città che la aiuta a gestire una grossa tragedia familiare. Ostacolata dalla sua famiglia per questa amicizia "scandalosa", Marianna decide di lasciare la Sicilia.

   b. [1] Siamo nella Sicilia del Settecento in una famiglia nobile formata da due genitori e sei figli. Tra questi c'è la protagonista: Marianna Ucrìa, una bambina che è diventata misteriosamente sordomuta quando aveva cinque anni. Da allora la lettura e la scrittura sono la sua salvezza per comunicare con il mondo.

   c. ☐ A tredici anni Marianna è costretta a sposarsi con suo zio Pietro Ucrìa, molto più vecchio di lei. Scoprirà poi che è proprio lui la causa del suo trauma, perché l'ha violentata quando era bambina.

   d. ☐ In questa vita familiare Marianna si sente isolata, ma la sua natura determinata e curiosa la guida comunque alla scoperta del mondo e dei rapporti più veri.

   e. [3] I genitori hanno deciso di risolvere la situazione con un matrimonio "riparatore": sposerà proprio il suo stupratore. In pochi anni Marianna partorisce cinque figli, anche se uno muore presto.

   f. ☐ Con la morte dei genitori e poi del marito, Marianna allarga i propri spazi di crescita emotiva e intellettuale, creando nuove relazioni sentimentali. Prima di tutto con Saro, il fratellino della serva Fila, da sempre innamorato di lei.

8. Ora leggi questo brano del romanzo in cui Marianna, già madre e nonna, ascolta le confidenze della figlia Giuseppa. Come vedrai nel dialogo si nota la presenza del dialetto siciliano che si mescola spesso alla lingua italiana. Dopo la lettura, prova insieme a un compagno o a una compagna a "tradurre" in italiano le frasi sottolineate e poi confrontatevi con la classe.

22 🔊

La porta prende a muoversi un'altra volta, scivola sui **cardini**[1] allungando un'ombra quadrata sul pavimento. Cosa si trascina dietro? che corpo, che sguardo? forse quello di un ragazzo che mostra dodici anni e invece ne ha diciannove?
Questa volta è Giuseppa col figlio piccolo che viene a trovarla. Com'è ingrassata! I vestiti trattengono **a stento**[2] la carne, la faccia è pallida, spenta. Entra con passo **risoluto**[3], si siede sul bordo del letto, **si sfila**[4] le scarpe che le **serrano**[5] i piedi, distende le gambe sul pavimento, guarda la madre e scoppia a piangere.
Marianna le si avvicina amorevolmente, la stringe al petto; ma la figlia **anziché acquietarsi**[6] si lascia andare ai **singhiozzi**[7] mentre il bambino, a quattro zampe, si infila sotto il letto.
"Per carità che hai?" scrive Marianna su un foglietto e lo **caccia**[8] sotto il naso della figlia.

NOTE

1 elementi che permettono alla porta di aprirsi e chiudersi

2 faticosamente

3 deciso

4 si toglie

5 stringono

6 invece di calmarsi

7 pianto

8 mette

segue ▶

Giuseppa si asciuga le lacrime col **dorso**[9] della mano, incapace di frenare i singhiozzi. Torna ad abbracciare la madre, poi afferra un **lembo**[10] dello **spolverino**[11] di lei e si soffia il naso rumorosamente. Solo dopo molte sollecitazioni, mettendole la penna tra le dita, Marianna riesce a farle scrivere qualcosa.

"Giulio mi maltratta, me ne voglio andare."
"Che t'ha fatto **meschinedda**[12]?"
"Mi portò a casa una "cuffiara"[13], me la mise nel letto con la scusa che è malata e poi siccome non ciaveva vestiti le regalò la mia con tutti i vestagli francesi che tenevo ammucciati."
"Ne parlerò con il signor padre **zio**[14]"
"No mamà ti pregassi, lassalu stari."
"Che posso fare allora?"
"Voglio che lo fai **bastonare**[15]."
"Non siamo mica ai tempi di tuo bisnonno… e poi a che servirebbe?"
"Per **vindicarmi**[16]."
"Che ci fai con la vendetta?"
"Mi piace, mi faccio pena e mi voglio ristorare."
"Ma perché nel letto la cuffiara, non capisco" scrive Marianna in fretta; le risposte arrivano sempre più lente, storte e disordinate.
"**Per sfregio**[17]."
"Ma perché vuole sfregiarti tuo marito?"
"Susapiddu."

Una storia curiosa, incredibile: se il signor marito Giulio Carbonelli vuole divertirsi non ha bisogno di cacciare nel letto della moglie l'amante "cuffiara".
Cosa ci può essere dietro questo gesto insensato?
Ed ecco che piano piano fra parole **mozze**[18] e frasi dialettali **fanno capolino**[19] alcune rivelazioni: Giuseppa è diventata amica della zia Domitilla, la moglie di Signoretto, la quale l'ha introdotta ai libri proibiti dei **pensatori francesi, alle riflessioni laiche, alle richieste di libertà**[20].
Don Giulio Carbonelli, che odia le idee nuove che circolano fra i giovani peggio del signor marito zio, aveva cercato di fermarla su quella strada "assolutamente **disdicevole**[21] per una Carbonelli dei baroni di Scarapullè". Ma la moglie non gli **aveva dato retta**[22] e così lui aveva trovato un modo **obliquo**[23] e brutale per dimostrarle senza tante parole che il padrone in casa era lui.

NOTE

[9] la parte superiore, opposta al palmo

[10] pezzo di stoffa

[11] in questo caso è una vestaglia

[12] poverina (in dialetto siciliano)

[13] una donna che crea e vende cuffie (un capo di abbigliamento molto diffuso all'epoca)

[14] il marito di Marianna è anche suo zio

[15] picchiare con un bastone

[16] vendicarmi

[17] per offendermi

[18] tagliate, non pronunciate interamente

[19] si affacciano

[20] siamo nell'epoca dell'Illuminismo

[21] che rovina la sua immagine sociale, la sua reputazione

[22] l'aveva ascoltato

[23] indiretto e non corretto

---

9. Secondo te quale consiglio darà Marianna a Giuseppa? Asseconderà la sua richiesta di vendetta? Prova a fare un'ipotesi e poi scrivi in un testo la sua risposta alla figlia in cui le spiega anche le ragioni del suo consiglio.

Dacia Maraini

Fiesole 1936

- Da bambina parte con i genitori per un lunghissimo viaggio in terre lontane fino ad arrivare in Giappone dove vive per alcuni anni. Qui verso la fine della Seconda Guerra Mondiale è imprigionata per due lunghi anni con tutta la sua famiglia. Nel libro *La nave per Kobe. Diari giapponesi di mia madre* racconta anche di questa esperienza.

- La protagonista del suo romanzo *La lunga vita di Marianna Ucrìa* è esistita davvero ed era una sua antenata. Era infatti della famiglia di sua madre, la pittrice e gallerista siciliana Topazia Alliata. Alcuni eventi sono stati modificati, ma il cuore della storia è reale.

- È un importantissima figura di riferimento per il femminismo, anche perché è sempre stata molto attenta alla condizione delle donne, dedicando loro romanzi, racconti, articoli e saggi: *L'età del malessere*, *Donna in guerra*, *Dialogo di una prostituta con il suo cliente* sono solo alcuni esempi di tante sue opere dedicate all'essere donna nei contesti più diversi.

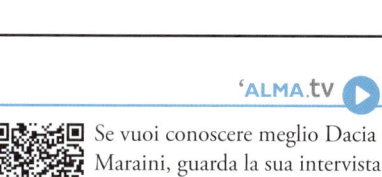

Lo sapevi?

'ALMA.tv

Se vuoi conoscere meglio Dacia Maraini, guarda la sua intervista nella rubrica 10 domande a.

Nuovi generi di massa: il film e la canzone

Il secondo Novecento rappresenta in Italia un **periodo d'oro sia per il cinema che per la canzone**. Entrambe queste forme d'arte hanno per la prima volta nella storia la capacità di raggiungere la massa, superando le barriere legate all'alfabetizzazione e alla formazione culturale. Esplode il cosiddetto **divismo**, con attori, attrici e cantanti venerati come divinità.

Nel cinema italiano i registi e le registe che hanno diretto film fondamentali sono moltissimi. Dal **Neorealismo** del dopoguerra, al **cinema d'autore** e alla **commedia all'italiana** degli anni Sessanta, fino ai film politicamente più impegnati degli anni Settanta. Negli anni Ottanta e Novanta trionfa sempre di più il cinema d'evasione legato a **generi precisi**, ma si registra anche una crisi del mercato cinematografico, minacciato da un lato dalla televisione e dall'altro dalle grandi produzioni americane. I film di grande valore continuano a essere realizzati, ma il pubblico che va a vederli nelle sale diminuisce sempre più.

Anche la **canzone italiana d'autore**, cioè caratterizzata da **testi di valore** sia nella forma che nei contenuti, diventa dagli anni Sessanta un vero e proprio genere riconosciuto in tutto il mondo. Il livello dei testi è altissimo, con collaborazioni che coinvolgono spesso anche il mondo letterario. Al contrario del cinema, la canzone d'autore continua ad avere un grande successo di massa fino alla fine del secolo.

Connessioni

Per inquadrare la storia d'Italia dal dopoguerra alla fine del secolo vi consigliamo due film: ***C'eravamo tanto amati*** di **Ettore Scola (1974)** che racconta la vita e l'amicizia di tre partigiani e segue la loro vita fino agli anni Settanta, e ***La meglio gioventù*** di **Marco Tullio giordana (2003)** che descrive il rapporto complesso tra due amici che, prendendo strade molto diverse, ci raccontano la storia d'Italia dalle proteste del Sessantotto agli inizi del Nuovo Millennio.

Parole in viaggio

mass media parola composta da *mass* cioè "massa" in inglese e *media* cioè "mezzi" (di comunicazione) in lingua latina. La parola compare per la prima volta in lingua inglese negli anni Venti, ma nella lingua italiana questa espressione arriva solo negli anni Sessanta per indicare tutti gli strumenti che diffondono le notizie a un vasto pubblico: giornali, radio e televisione.

cantautore/cantautrice parola che nasce in Italia negli anni Sessanta per indicare artisti e artiste che scrivono e cantano le loro canzoni. Unisce due parole: cantante e autore / autrice. Fabrizio De André, Bruno Lauzi, Gino Paoli, Lucio Dalla, Francesco De Gregori, Nada, Vasco Rossi, Carmen Consoli sono solo alcuni dei moltissimi esempi che si potrebbero fare.

Luigi Tenco, uno dei primi grandi cantautori italiani.

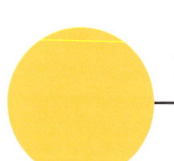

LINEA DEL TEMPO di alcune delle opere italiane principali

Primo Levi
[Torino 1919 – Torino 1987]
1947 SE QUESTO È UN UOMO
romanzo in cui l'autore, tra i sopravvissuti della Shoah, racconta con lucidità la sua esperienza nei campi di concentramento

Dino Buzzati
[Belluno 1906 – Milano 1972]
1958 SESSANTA RACCONTI
raccolta di racconti in cui le ambientazioni sono allo stesso tempo surreali e verosimili

Natalia Ginzburg
[Palermo 1916 – Roma 1991]
1963 LESSICO FAMIGLIARE
romanzo breve in cui la storia personale dell'autrice e quella sociale e culturale italiana si intrecciano

1940 — **1950** — **1960**

Cesare Pavese
[Santo Stefano Belbo 1908 – Torino 1950]
1950 LA LUNA E I FALÒ
romanzo in cui l'autore rielabora i suoi ricordi in una storia di ambientazione contadina: il passato della guerra e il presente del ritorno alla propria terra si mescolano nelle vicende tragiche del protagonista

Alberto Moravia
[Roma 1907 – Roma 1990]
1960 LA NOIA
romanzo di grande successo in cui l'autore fa un ritratto spietato della borghesia del suo tempo: individualismo, solitudine e senso di straniamento guidano i rapporti tra i personaggi, e le loro scelte

Andrea Zanzotto
[Pieve di Soligo 1921 – Conegliano 2011]
1968 LA BELTÀ
raccolta di poesie in cui l'autore sperimenta il linguaggio in maniera estrema e innovativa per descrivere i dolorosi cambiamenti della modernità

> La lettura è un rapporto con noi stessi e non solo col libro, col nostro mondo interiore attraverso il mondo che il libro ci apre.
>
> **Italo Calvino** da *Mondo scritto e mondo non scritto*

La Questione della Lingua

La lingua della TV e dei giornali

Il linguaggio dei mezzi di comunicazione di massa diventa in questo periodo un modello linguistico molto forte e contribuisce all'unificazione e alla diffusione della lingua italiana: è un periodo in cui i dialetti sono ancora in molte regioni la prima lingua parlata dalla maggior parte degli abitanti. La lingua dei mass media, cioè i giornali, la radio, ma soprattutto la televisione, è una lingua semplice, chiara, immediata. Vuole arrivare al pubblico, emozionarlo e spesso anche colpirlo o addirittura impressionarlo. E infatti, con il passare degli anni, il linguaggio giornalistico, radiofonico e televisivo diventa sempre più vivace e colorito. Inoltre, soprattutto dagli anni Ottanta in poi, anche i giornali e le radio seguono la tendenza della televisione: dare più spazio all'intrattenimento rispetto all'educazione e all'informazione. Eppure la televisione resta fino alla fine del secolo il mezzo più diffuso per informarsi: la frase "l'ha detto la TV" diventa un "mantra" in molte case italiane ogni volta che si vuole dare valore di verità a qualcosa.

Italo Calvino
[Santiago de Las Vegas 1923 – Siena 1985]

1979 SE UNA NOTTE D'INVERNO UN VIAGGIATORE
romanzo sperimentale in cui la storia si sviluppa attraverso una serie di incipit di romanzi diversi dentro la cornice di una ricerca avventurosa da parte di un lettore e una lettrice

Leonardo Sciascia
[Racalmuto 1921 – Palermo 1989]

1989 UNA STORIA SEMPLICE
romanzo dove Sicilia, mafia e società italiana s'intrecciano in una trama avvincente

Alda Merini
[Milano 1931 – Milano 2009]

1994 LA VOLPE E IL SIPARIO
raccolta di poesie in cui l'autrice racconta la follia, la passione e, insieme, la sofferenza dell'amore

1970 — 1980 — 1990 — 2000

Elsa Morante
[Roma 1912 – Roma 1985]

1974 LA STORIA
romanzo di grande successo che racconta le vicende tragiche di una famiglia romana alla fine della guerra

Umberto Eco
[Alessandria 1932 – Milano 2016]

1980 IL NOME DELLA ROSA
romanzo di grande successo mondiale ambientato nel medioevo, in cui si intrecciano vari generi e si sviluppano diversi piani di lettura

Dacia Maraini
[Fiesole 1936]

1990 LA LUNGA VITA DI MARIANNA UCRÌA
romanzo storico ambientato nel Settecento in cui la protagonista è una nobile donna sordomuta che lotta per la propria affermazione in una famiglia siciliana chiusa e conservatrice

Il NUOVO MILLENNIO

Mi chiedo...

Come si è trasformato il mercato letterario?
Quali sono le *nuove tendenze* degli scrittori e delle scrittrici di oggi?
Che cos'è la *questione di genere*?

Come molti studiosi e studiose sostengono, è difficile storicizzare il contemporaneo. Il canone, cioè la selezione dei classici della letteratura, quelli da studiare a scuola e da ricordare come opere fondamentali per l'umanità, si stabilisce di solito su autrici e autori morti da un po' di tempo e che quindi possiamo inquadrare con la giusta distanza. Prendiamo dunque quest'ultimo capitolo soprattutto come uno sguardo curioso sulla realtà culturale e letteraria italiana attorno a noi.

CAMBIAMENTI e TRASFORMAZIONI

NOTE

assetto ordine, sistema

tesa piena di preoccupazione e agitazione

discriminazioni distinzioni basate su pregiudizi

• *Alcuni eventi traumatici*

Il Nuovo Millennio si apre con un evento traumatico, soprattutto per l'Occidente: l'**11 Settembre 2001** l'organizzazione terroristica Al Qaida compie **quattro attentati suicidi** che causano quasi tremila morti e più di seimila feriti negli Stati Uniti. Questa tragedia viene vista **in diretta televisiva** da milioni di persone. Da quel momento l'assetto geopolitico in Occidente e nel mondo cambia. Si aprono **nuovi conflitti** e **cambiano gli equilibri internazionali**. L'atmosfera è molto tesa: la percezione del pericolo di guerre e attentati in Paesi che finora si consideravano "al sicuro" crea paure, discriminazioni razziali e forme di controllo senza precedenti. Qualche anno dopo, **nel 2008**, il mondo occidentale viene colpito da una gravissima **crisi economica** che parte di nuovo dagli USA e sconvolge la vita di milioni di persone in tutto il mondo.

A questa situazione di **grave instabilità sociale, politica ed economica**, contribuiscono anche la **crisi climatica** sempre più evidente e la **crisi migratoria** che raggiunge numeri mai visti prima. Il primo ventennio del nuovo millennio si conclude poi con un evento sconvolgente: un virus sconosciuto causa milioni di morti e costringe l'intera umanità a lunghi periodi di isolamento: è la **pandemia da COVID-19**. La ripresa da questo shock è faticosa e quando sembra che la vita sia di nuovo tornata alla normalità, due conflitti coinvolgono in maniera diretta i governi di Europa e USA: lo scoppio della **guerra russo-ucraina** e gli sviluppi terribili degli **scontri tra Hamas e Israele** nella Striscia di Gaza.

● *Le rivoluzioni tecnologiche*

Come abbiamo visto nel capitolo precedente, negli anni Novanta del Novecento arriva **Internet**, ma è solo nel Nuovo Millennio che la **rivoluzione tecnologica** cambia per sempre abitudini e comportamenti in tutto il mondo: l'arrivo dei *social media* trasforma il modo di comunicare sia tra individui, sia sul piano delle comunicazioni di massa. Chiunque può raccontare e raccontarsi raggiungendo milioni di persone, chiunque può esprimere un'opinione pubblicamente, senza filtri, in totale libertà. Da una parte questo permette di dare visibilità a chi prima non aveva modo di farsi ascoltare, ma porta anche a una grande diffusione di *fake news* e un carico crescente di pressioni emotive su chi è più sensibile al giudizio degli altri. Accanto al **Web**, si sviluppa il **Dark web**, dove l'illegalità può agire incontrollata; accanto all'intelligenza umana, emerge l'**Intelligenza Artificiale** (detta anche IA, o AI in inglese) con tutte le sue promesse ma anche i rischi che porta con sé. Enormi trasformazioni sociali, economiche e culturali sono sotto i vostri occhi, proprio mentre state leggendo queste parole.

NOTE

instabilità variazione continua per mancanza di equilibrio

migratoria che riguarda le persone che lasciano il proprio Paese

isolamento impossibilità di uscire di casa e di avere contatti con l'ambiente esterno

senza filtri in modo diretto, senza mediazioni

PER CAPIRE

1. Completa le frasi con l'opzione giusta.

   a. ☐ L'anno 2001 è caratterizzato dagli attacchi di un'organizzazione terroristica…

   b. ☐ Nel 2008 si diffonde una gravissima crisi economica…

   c. ☐ Il nuovo millennio vede l'aumento della crisi climatica e della crisi migratoria…

   d. ☐ Il 2020 è l'anno della pandemia…

   1. …che raggiungono una situazione di gravità mai registrata prima.
   2. …che costringe la popolazione mondiale a lunghi periodi di reclusione nelle proprie case.
   3. …che causa migliaia di morti e feriti negli Stati Uniti.
   4. …che colpisce i sistemi finanziari di tutto il mondo.

LETTERATURA in TRASFORMAZIONE

NOTE

parametri valori di riferimento

brand il marchio di un prodotto (quindi una persona diventa più simile a un prodotto)

esposizione mediatica l'essere continuamente in mostra su tutti i mezzi di comunicazione

attaccata criticata in modo violento

anticonformiste che vanno contro la superficialità del senso comune

esplicita dichiarata, evidente

saga racconto attraverso un lungo periodo di tempo delle vicende di una o più famiglie

Le nuove leggi del mercato letterario

Con lo sviluppo del **mercato letterario**, l'industria dei libri cambia **parametri**: scrittori e scrittrici spesso dipendono dalle leggi **della domanda e dell'offerta** e diventano in un certo senso *brand* di sé stessi con nuove modalità di promozione e diffusione dei propri libri. Rispetto a questa dinamica abbiamo due esempi interessanti, in cui l'**esposizione mediatica** è stata usata come strumento per diffondere le proprie idee e combattere le proprie battaglie civili. Da un lato **Michela Murgia**, che è diventata famosa, e spesso è stata **attaccata** per le sue idee **anticonformiste**; dall'altro **Elena Ferrante**, personaggio misterioso che non ha mai rivelato nulla della sua persona, scegliendo di non comparire mai in pubblico, eppure diffondendo con forza la propria voce su temi come la scrittura femminile e la condizione delle donne.

Dal Postmoderno all'Ipermoderno

Un'altra caratteristica della letteratura contemporanea, definita ipermoderna, è la presenza sempre più stabile di **linguaggi diversi**: i fumetti, la fotografia, la musica, i videogiochi, il cinema e la televisione influenzano stile e contenuti. L'attenzione di chi scrive sembra **concentrarsi sulle storie** più che sui modi in cui raccontarle, il ritmo della narrazione è molto più **veloce**. È nata in questo scenario anche la cosiddetta **letteratura** *pulp* su modello soprattutto americano, in cui sesso e violenza sono mostrati in maniera **esplicita**, cruda e spesso **provocatoria**. Tutta questa nuova letteratura inizia a svilupparsi già negli anni Novanta e porta alla nascita di **romanzi** come quelli di **Niccolò Ammaniti**, che sono rappresentativi di un'intera tendenza e diventano spesso film e serie di successo. Un'altra caratteristica di molte opere contemporanee è quella di basarsi su un **genere preciso**: giallo, storico, **saga**, thriller, avventura, fantascienza, fantasy ecc.

Un esempio sono i **romanzi gialli** con protagonista il commissario Montalbano scritti da **Andrea Camilleri**, che raggiungono una popolarità così vasta da ispirare una serie tv amata in tutto il mondo.

E poi ci sono due nuovi generi letterari che caratterizzano il Nuovo Millennio. Uno è il cosiddetto **romanzo d'inchiesta** che imita il linguaggio giornalistico e racconta senza filtri la realtà più cruda: l'esempio più celebre è *Gomorra* di **Roberto Saviano** che diventa, anche in questo caso, una serie televisiva esportata in tutto il mondo. Il secondo genere interessante è quello dell'**autofiction**: chi scrive è protagonista del proprio romanzo, ma inserisce anche elementi inventati. L'autore più importante è **Walter Siti**, critico letterario e saggista che con la sua trilogia, iniziata negli anni Novanta e conclusa nei primi anni Duemila, mescola continuamente verità e finzione.

• *La revisione del canone*

In questa nuova **era** c'è anche un altro importante fattore: si mette in discussione il canone dei **modelli letterari**, in cui emergono alcune **importanti lacune**. Una di queste è la cosiddetta **letteratura della migrazione**. La presenza di scrittori e scrittrici in lingua italiana che arrivano da altre culture porta alla luce una serie di opere in cui si esplorano concetti come l'interculturalità, il **razzismo**, la **nostalgia** e l'**identità**.

Tra i tanti romanzi interessanti di questo genere c'è per esempio *La mia casa è dove sono* della scrittrice italiana **Igiaba Scego**, in cui l'autrice racconta le sue **origini somale**, la sua **vita a Roma** e la storia di **migrazione** della sua famiglia. Un'altra mancanza del canone ufficiale è quella di numerose autrici del passato che, in quanto donne, non hanno avuto da parte della critica letteraria la stessa considerazione dei loro colleghi uomini. In questo senso appare urgente a studiose e studiosi ridefinire il **canone letterario** riportando all'attenzione collettiva opere passate di **scrittrici e** poetesse **fondamentali**.

La questione di genere è infatti diventata oggi un argomento molto discusso, anche se spesso la Rete mostra su questo tema atteggiamenti aggressivi e poco democratici. Per fortuna ci sono anche intellettuali che se ne occupano con cura e competenza, nonostante posizioni a volte molto distanti tra loro. Tra queste persone ricordiamo per esempio **Vera Gheno, Cecilia Robustelli** e **Giuseppe Antonelli** per la **linguistica**, i membri dell'associazione GiULia - *GIornaliste Unite LIbere Autonome* per il giornalismo, ma soprattutto **Elena Ferrante** e **Michela Murgia** per la **letteratura**. Queste due autrici hanno anche lavorato moltissimo per diffondere l'importanza della questione di genere, evidenziando la persistenza nel Nuovo Millennio di molte dinamiche **patriarcali**.

NOTE

trilogia serie di tre opere collegate tra loro

canone lista di opere considerate fondamentali dai letterati e dalla collettività

lacune mancanze, assenze

interculturalità la conoscenza e lo scambio tra culture diverse

critica letteraria l'insieme di studiose e studiosi di letteratura che valutano le opere del passato e del presente

ridefinire definire di nuovo e in maniera diversa

poetesse si sta diffondendo anche l'alternativa (le) poete - al singolare (la) poeta

questione di genere discussione attorno al ruolo della donna nella società, evidenziando pregiudizi e discriminazioni

persistenza una presenza che resiste nonostante i cambiamenti

PER CAPIRE

2. Completa le frasi.

a. ☐ L'autofiction
b. ☐ Autrici e autori di origine straniera
c. ☐ I prodotti di narrativa
d. ☐ La creatività
e. ☐ L'assenza di numerose autrici
f. ☐ La letteratura di fine secolo
g. ☐ Il romanzo d'inchiesta
h. ☐ L'esposizione mediatica

1. utilizza spesso il linguaggio tipico dei giornali per descrivere crimini e ambienti illegali realmente esistenti.
2. sono sempre più legati a un particolare genere letterario, come il giallo, il thriller, il fantasy ecc.
3. è anche un'opportunità per diffondere le proprie idee su temi attuali importanti.
4. è un fenomeno finalmente riconosciuto nello studio della letteratura italiana dalle origini ai giorni nostri.
5. inizia ad accogliere linguaggi di altri mondi, come quello dei fumetti, della musica pop, dei videogiochi ecc.
6. è un genere in cui il protagonista è chi scrive, anche se gli eventi e le informazioni contenuti mescolano verità e finzione.
7. è spesso influenzata dalle leggi del mercato.
8. sono finalmente considerati dalla critica letteraria.

La PROSA

I PRINCIPALI GENERI LETTERARI

Come sempre, ma ancora di più in questo capitolo, proponiamo qui solo una piccola selezione di romanzi interessanti del nuovo millennio, che alcuni chiamano "ultra-contemporanei". La maggior parte sono diventati film e serie televisive di grande successo.

- ## Il romanzo contemporaneo

La serie poliziesca • ANDREA CAMILLERI

Questo autore siciliano è diventato un personaggio pubblico molto amato e ha scritto tanto anche per il teatro, il cinema e la televisione. Ma le opere per cui è diventato famoso in tutto il mondo sono i suoi romanzi – e i racconti – che hanno come protagonista un commissario, ambientati in un paesino immaginario della **Sicilia**. Il primo romanzo che inaugura la serie è *La forma dell'acqua* (1994). Il **commissario Montalbano** è un uomo carismatico, amante dei libri e della buona cucina. Attorno a lui ruotano **vari personaggi** molto amati dal pubblico. La lingua è vivace e immediata: un **misto tra italiano e dialetto siciliano**, studiato con cura dall'autore per essere da un lato il più possibile realistico, e dall'altro comprensibile anche a chi non è siciliano.

Io non ho paura • NICCOLÒ AMMANITI

Autore romano amatissimo dal pubblico e dalla critica, ha segnato insieme ad altri autori l'arrivo alla fine del Novecento di una nuova generazione di scrittori e scrittrici, influenzati dai linguaggi extraletterari, dalla cultura pop e da un universo sempre più multimediale. In questo romanzo del 2001, ambientato in **Puglia** durante la caldissima estate del **1978**, il bambino **protagonista** vive in un piccolo **paesino isolato**. Un giorno, mentre sta giocando con un gruppo di amici nelle campagne attorno a casa sua, scopre in una buca profonda **un bambino** della sua età. Da qui parte una storia cupa e inquietante che coinvolge anche la sua famiglia e che lo porterà ad abbandonare per sempre l'innocenza della propria infanzia. La **lingua** dell'autore è **chiara e precisa**, le immagini arrivano immediate, il **ritmo** della lettura è velocissimo e ricco di momenti di *suspence*.

> **NOTE**
>
> **pop** dall'inglese *popular*, cioè per il popolo, per la massa
>
> **multimediale** che usa diversi tipi di media contemporaneamente

> **NOTE**
>
> **nodi** gli aspetti più complessi e problematici
>
> **insolito** inusuale, strano
>
> **distaccato** lontano, non coinvolto
>
> **accaduti** successi, avvenuti
>
> **fittizio** falso e senza sostanza
>
> **borgate** periferie povere di una grande città
>
> **Strega** prestigioso concorso letterario nazionale che si tiene ogni anno dal 1947
>
> **di formazione** che racconta il passaggio all'età adulta attraverso ostacoli e prove da superare

Caos calmo • SANDRO VERONESI

Questo autore e giornalista toscano ha scritto romanzi e racconti in cui al centro c'è sempre la **potenza delle storie** come strumento per esplorare i nodi dell'esistenza umana. In questo romanzo del 2005 il protagonista è un uomo di successo che deve affrontare **una tragedia improvvisa**. Il suo modo di reagire al dolore è insolito e porta con sé una **strana calma**: abbandona la sua bella casa e **va a vivere nella sua macchina** parcheggiata davanti alla scuola della figlia. Da qui inizia a **osservare il mondo** e le persone attorno a lui con uno sguardo nuovo, distaccato e profondo. Tutti hanno bisogno di condividere con lui le loro storie personali: altre voci che raccontano, ognuna con il suo stile, dolori, speranze e colpe. La **lingua** è **molto curata** e risente da un lato delle **espressioni letterarie** tipiche del **toscano** e dall'altro dell'eredità dei **grandi scrittori del Novecento**.

Troppi paradisi • WALTER SITI

L'autore è considerato uno degli scrittori italiani contemporanei più importanti. Ha cominciato a scrivere romanzi negli anni Novanta con *Scuola di nudo*, la prima opera della **trilogia di autofiction** continuata poi con *Un dolore normale* e poi conclusa con quest'ultimo romanzo, del 2006. In questa "autobiografia di fatti non accaduti" come la definisce lo stesso autore, il **protagonista** è appunto **Walter Siti**, uno scrittore e professore universitario di sessant'anni, omosessuale. La sua vita sembra senza sorprese quando un giorno incontra Marcello, un ragazzo di periferia superficiale, egoista e tossicodipendente. Questa **relazione** trascina Walter sempre più in basso, finché in questo **universo crudele e** fittizio non trova anche lui un nuovo equilibrio. La lingua di Siti è lo specchio del mondo che racconta: accoglie e riporta con estrema sapienza tutti i **linguaggi del reale**, compreso il gergo romano delle borgate.

La solitudine dei numeri primi • PAOLO GIORDANO

Con questa sua **opera prima** pubblicata nel 2008 l'autore vince giovanissimo il più importante premio letterario italiano: lo Strega.
I protagonisti di questo **romanzo di formazione**, Alice e Mattia, condividono un **grande dolore** vissuto durante la loro **infanzia** e per questo, quando si conoscono da adolescenti, nasce tra loro **un'intesa profonda**. I due si separano e si ritrovano in vari momenti della vita, senza mai riuscire a rendere stabile il proprio legame. L'**isolamento**, la **sofferenza** e l'**incomunicabilità** di una generazione sono raccontati qui con una **lingua pulita**, sapiente e piena di **attenzione ai dettagli**.

La mia casa è dove sono • IGIABA SCEGO

In questa **autobiografia** l'autrice racconta in modo divertente e vivace la sua esperienza tra **due luoghi**, **due culture** e **due lingue**: quella italiana in cui è nata e quella somala a cui appartiene la sua famiglia. In questo viaggio nella complessità della propria identità, scopriamo dal suo sguardo che cosa significa abbandonare la propria terra distrutta dalla guerra e trovare una vita diversa in un altro Paese. Restano forti le radici, ma ne nascono anche di nuove, che si intrecciano con quelle delle origini. La sua lingua accoglie molti **termini somali**, riportando così l'essenza duplice della cultura dell'autrice.

L'amica geniale • ELENA FERRANTE

Questa autrice, la cui vera identità resta un mistero, diventa un fenomeno letterario internazionale grazie a questo romanzo, il primo di una **quadrilogia ambientata per lo più a Napoli**. È la **storia di un'amicizia** tra due personalità opposte, che seguiamo dalla loro infanzia negli anni Cinquanta fino al 2010. La voce narrante è quella di una delle due donne, **Elena**, che racconta la sua storia, partendo dai suoi ricordi di bambina quando incontra Raffaella, per tutti **Lila**, anima inquieta, intelligentissima e inafferrabile. Tra le due nasce un **legame profondo**, ma anche pieno di ombre, nella cruda realtà del loro quartiere alla periferia di Napoli, tra **povertà**, **ignoranza** e **criminalità**. Attorno a loro ruotano molti altri **personaggi** fondamentali per la loro crescita.

Tre ciotole • MICHELA MURGIA

È l'ultima opera pubblicata in vita da questa autrice e attivista sarda, morta nel 2023 a soli 51 anni, punto di riferimento sociale e culturale nella lotta per l'affermazione dei diritti civili e di quelli di tutte le identità di genere. Come specifica lei stessa, questo è un **romanzo**, nonostante si tratti di **dodici storie diverse**. Infatti i racconti si incastrano tra loro e ruotano tutti attorno a una svolta di vita delle persone protagoniste: una **malattia**, un **abbandono**, una **gravidanza**… I racconti sono dodici, come i mesi dell'anno, in ricordo del lungo **2020**, anno della **pandemia mondiale**, che fa da sfondo a tutte le storie. È un'opera che parla di **collettività**, raccontando la singolarità. E infatti nessuno dei personaggi ha un nome. Il titolo è legato a uno dei racconti, in cui la protagonista decide di nutrirsi durante la giornata con tre sole ciotole di cibo: quelle necessarie per vivere, nulla di più e nulla di meno. "Una metafora della sottrazione alla forzatura delle regole", come ha dichiarato la stessa autrice, in particolare in una cultura, come quella italiana, in cui il cibo è molto importante anche nelle relazioni e nelle convenzioni sociali.

NOTE

somala della Somalia

radici legami originari e profondi

duplice fatta di due parti diverse e distinte

voce narrante chi racconta la storia

identità di genere percezione che ogni persona ha di sé indipendentemente dal sesso anatomico. L'identità di genere è diversa dall'orientamento sessuale

svolta cambiamento decisivo

sfondo ambientazione

ciotole larghe tazze senza manico, di legno o di terracotta

sottrazione in questo caso è la volontà di abbandonare una situazione

La POESIA

I PRINCIPALI GENERI LETTERARI

Come abbiamo già detto, l'interesse per la poesia dalla fine del Novecento in poi sembra spegnersi sotto la pressione del consumismo letterario, sopravvivendo solo per un pubblico ristretto, fatto soprattutto di intellettuali e aspiranti poeti e poetesse. Tuttavia, dal 2023 il premio Strega ha deciso di aprire anche una sezione dedicata alla poesia contemporanea e questo è senza dubbio un buon segno.

• La poesia contemporanea

L'amore da vecchia • VIVIAN LAMARQUE

L'autrice, che è anche una scrittrice per l'infanzia, scrive poesie già dagli anni Ottanta e con questa raccolta del 2022 conferma la forza della sua **voce** che sa sempre essere **leggera e profondissima** allo stesso tempo. Scrivendo di **piccole cose** questa poetessa parla all'essere umano universale della **morte**, degli **amori** reali e immaginari, della forza delle **domande**, della bellezza della **natura** e del potere senza fine della **poesia**. Il titolo richiama alla natura **autobiografica** di questa raccolta divisa in nove sezioni dedicate al **sentimento dell'amore nelle sue diverse forme** e declinazioni: per le persone della sua vita, per se stessa, per gli animali e le piante, per la sua famiglia, per la scrittura, per i treni e per il cinema… Tutto raccontato con **ironia** e **curiosità**.

PER CAPIRE

3 • Molto spesso scegliamo un libro in base alle sue recensioni, cioè le valutazioni dell'opera fatte soprattutto dai media. Leggi queste brevi recensioni delle opere descritte in questo capitolo e indica il titolo corrispondente.

a. ☐ *La forma dell'acqua* di Andrea Camilleri
b. ☐ *Io non ho paura* di Niccolò Ammaniti
c. ☐ *Caos calmo* di Sandro Veronesi
d. ☐ *Troppi paradisi* di Walter Siti
e. ☐ *La solitudine dei numeri primi* di Paolo Giordano
f. ☐ *La mia casa è dove sono* di Igiaba Scego
g. ☐ *L'amica geniale* di Elena Ferrante
h. ☐ *Tre ciotole. Rituali per un anno di crisi* di Michela Murgia
i. ☐ *L'amore da vecchia* di Vivian Lamarque

1. Una vita che si spezza improvvisamente, un uomo che cambia il suo sguardo sul mondo. E così, attraverso i suoi occhi cupi e lontani, capiamo quanto siano fragili e piccole le nostre esistenze di fronte all'universalità del dolore.

2. In una delle estati più calde della storia, un bambino scopre un terribile segreto... La sua infanzia finisce in quel preciso momento. Da questo romanzo avventuroso e brutale, ambientato negli anni di piombo, non ci si stacca un minuto, fino alla fine.

3. Il primo romanzo che ha inaugurato la serie del commissario più amato d'Italia. Un'opera appassionante e piena di colpi di scena!

4. Un'opera prima magistrale, che ci lega fin da subito ai due protagonisti e alle loro vite parallele, legate in profondità da un dolore comune. Ma il loro desiderio di unione resterà irrealizzabile, come due binari in una stazione abbandonata.

5. La saga italiana più famosa al mondo inizia con questo romanzo. Negli anni Cinquanta, in un quartiere alla periferia di Napoli due bambine si incontrano. Sono molto diverse, ma un legame oscuro e profondo le lega e le segnerà per sempre.

6. Un romanzo fatto di dodici racconti legati tra loro da fili sottilissimi, ambientati in un anno particolare: il 2020. In ogni storia un personaggio deve affrontare un momento cruciale della propria vita e per farlo dovrà esplorare un nuovo modo di guardare la vita e di esistere.

7. In questo ultimo romanzo della trilogia, l'autore continua a raccontarsi, tra verità e invenzione. Una nuova relazione, irresistibile e brutale, lo porterà giù negli abissi dove però troverà anche la sua personale versione di salvezza.

8. Come in un film, scorrono le scene del presente e del passato, del reale e dell'immaginato. Un viaggio ironico e divertente nelle profondità dell'esistenza e del suo tramonto, attraverso le piccole cose della vita. Uno sguardo pieno di domande ci mostra così le mille facce dell'amore.

9. Come sono fatte le radici di chi nasce e cresce in un paese, ma è figlio di una cultura lontana? L'autrice si racconta con saggezza e ironia, mostrandoci il dolore e la nostalgia, ma anche la ricchezza e la forza della sua duplice identità.

L'AMICA GENIALE
di Elena Ferrante

GUIDA ALLA LETTURA

1. *L'amica geniale* è il primo romanzo della quadrilogia. Seguono *Storia di un nuovo cognome, Storia di chi fugge e di chi resta, Storia della bambina perduta*. Leggi le parti della sinossi del primo romanzo e prova a metterle in ordine, come nell'esempio.

   a. ☐ Inizia così a ricordare l'inizio della loro grande amicizia nonostante abbiano due caratteri completamente diversi: Elena è introversa e rispettosa, Lila invece è una bambina ribelle e intelligentissima, diversa da tutti.

   b. ☐ La vita nel rione dove sono nate e cresciute è violenta e difficile, soprattutto per le donne. Scopriamo così tanti personaggi importanti per la storia, tutti legati tra loro da sentimenti di odio, amore, amicizia o rivalità.

   c. ☐ 1 Nuovo Millennio. Elena riceve una telefonata: la sua amica d'infanzia Lila non si trova più.

   d. ☐ E così le loro strade si dividono. Una lascia il rione e completa con successo l'università, mentre l'altra si sposa giovanissima con il figlio del criminale più potente del quartiere.

   e. ☐ Dopo le scuole elementari, Elena continua a studiare, mentre Lila è obbligata dalla sua famiglia ad andare a lavorare nella bottega del padre che fa le scarpe.

2. Leggi il testo e poi prova a mettere in ordine i disegni che descrivono alcune scene (<u>sottolineate</u> nel testo).

La volta che Lila e io decidemmo di salire per le scale buie che portavano, gradino dietro gradino, **rampa**[1] dietro rampa, fino alla porta dell'appartamento di **don**[2] Achille, cominciò la nostra amicizia.

Mi ricordo la luce **violacea**[3] del cortile, gli odori di una serata tiepida di primavera. Le mamme stavano preparando la cena, era ora di rientrare, ma noi **ci attardavamo**[4] sottoponendoci per sfida, senza mai rivolgerci la parola, a prove di coraggio. Da qualche tempo, dentro e fuori scuola, **non facevamo che quello**[5]. Lila infilava la mano e tutto il braccio nella bocca nera di un tombino ☐, e io lo facevo subito dopo a mia volta, **col batticuore**[6], sperando che gli **scarafaggi**[7] non mi corressero su per la pelle e i topi non mi mordessero.

Lila s'arrampicava fino alla finestra al pianterreno della signora Spagnuolo, s'appendeva alla sbarra di ferro dove passava il filo per stendere i panni, si dondolava, quindi si lasciava andare giù sul marciapiede, e io lo facevo subito dopo **a mia volta**[8], pur temendo di cadere e farmi male. Lila s'infilava sotto pelle la rugginosa spilla francese che aveva trovato per strada non so quando ma che conservava in tasca come il regalo di una fata ☐; e io osservavo la punta di metallo che le scavava un tunnel biancastro nel palmo, e poi quando lei **l'estraeva**[9] e me la tendeva, facevo lo stesso.

A un certo punto mi lanciò uno sguardo dei suoi, fermo, con gli occhi stretti, e si diresse verso la palazzina dove abitava don Achille ☐. **Mi gelai**[10] di paura. Don Achille era l'**orco**[11] delle favole, avevo il divieto assoluto di avvicinarlo, parlargli, guardarlo, spiarlo, bisognava fare come se non esistessero né lui né la sua famiglia. C'erano nei suoi confronti, in casa mia ma non solo, un timore e un odio che non sapevo da dove nascessero. Mio padre ne parlava in un modo che me l'ero immaginato grosso, pieno di **bolle**[12] violacee, furioso **malgrado**[13] il "don", che a me suggeriva un'autorità calma. Era un essere fatto di non so quale materiale, ferro, vetro, **ortica**[14], ma vivo, vivo col respiro caldissimo che gli usciva dal naso e dalla bocca. Credevo che se solo l'avessi visto da lontano mi avrebbe cacciato negli occhi qualcosa di **acuminato**[15] e bruciante. Se poi avessi fatto la pazzia di avvicinarmi alla porta di casa sua mi avrebbe uccisa.

segue ▶

NOTE

1 in un palazzo, la parte di scale tra un piano e l'altro

2 dal latino *dominus*, si usa oggi soprattutto nel Sud per le persone più importanti e rispettate di una comunità

3 che tende al colore viola

4 restavamo lì nonostante fosse tardi

5 facevamo solo quello

6 con un'emozione fortissima

7 grossi insetti dal corpo duro e lucido

8 anche io

9 la tirava fuori

10 rimasi bloccata, come congelata

11 mostro cattivo che mangia i bambini

12 piccole ferite tonde e gonfie che spuntano dalla pelle

13 nonostante

14 pianta che se toccata irrita molto la pelle

15 che ha una punta

Aspettai un po' per vedere se Lila ci ripensava e tornava indietro. Sapevo cosa voleva fare, avevo inutilmente sperato che se ne dimenticasse, e invece no. I lampioni non si erano ancora accesi e nemmeno le luci delle scale. Dalle case arrivavano voci nervose. Per seguirla dovevo lasciare l'**azzurrognolo**[16] del cortile ed entrare nel nero del portone. Quando finalmente mi decisi, all'inizio non vidi niente, sentii solo un odore di roba vecchia e **DDT**[17]. Poi mi abituai allo scuro e scoprii Lila seduta sul primo gradino della prima rampa ☐. Si alzò e cominciammo a salire.

Avanzammo[18] tenendoci dal lato della parete, lei due gradini avanti, io due gradini indietro ☐ e combattuta tra **accorciare**[19] la distanza o lasciare che aumentasse. M'è rimasta l'impressione della spalla che strisciava contro il muro scrostato e l'idea che gli scalini fossero molto alti, più di quelli della palazzina dove abitavo. Tremavo. Ogni rumore di passi, ogni voce era don Achille che ci arrivava alle spalle o **ci veniva incontro**[20] con un lungo coltello, di quelli per aprire il petto alle galline. Si sentiva un odore d'aglio fritto. Maria, la moglie di don Achille, mi avrebbe messo nella padella con l'olio bollente, i figli mi avrebbero mangiato, lui mi avrebbe succhiato la testa come faceva mio padre con le **triglie**[21].

Ci fermammo spesso, e tutte le volte sperai che Lila decidesse di tornare indietro. Ero molto sudata, lei non so. Ogni tanto guardava in alto, ma non capivo cosa, si vedeva solo **il grigiore**[22] dei finestroni a ogni rampa. Le luci si accesero all'improvviso, ma **tenui**[23], **polverose**[24], lasciando ampie zone d'ombra piene di pericoli. Aspettammo per capire se era stato don Achille a **girare l'interruttore**[25] ma non sentimmo niente, né passi né una porta che si apriva o si chiudeva. Poi Lila proseguì. E io dietro.

Lei riteneva di fare una cosa giusta e necessaria, io mi ero dimenticata ogni buona ragione e di sicuro ero lì solo perché c'era lei. Salivamo lentamente verso il più grande dei nostri terrori di allora, andavamo a **esporci**[26] alla paura e a interrogarla.

Alla quarta rampa Lila si comportò in modo **inatteso**[27]. Si fermò ad aspettarmi e quando la raggiunsi mi diede la mano ☐. Quel gesto cambiò tutto tra noi per sempre.

NOTE

16 la luce azzurra

17 veleno molto usato in passato per uccidere gli insetti

18 andammo avanti

19 rendere più corta

20 veniva verso di noi

21 tipo di pesce

22 il colore grigio

23 deboli

24 piene di polvere

25 accendere la luce

26 mostrarci

27 che sorprende perché non previsto

3. E tu? Hai un legame profondo che è nato durante la tua infanzia? Se sì, riesci a ricordare il momento in cui è si è formato? Prova a scrivere un testo in cui racconti la nascita di questa amicizia, oppure inventa una storia in cui sei una bambina o un bambino e conosci la persona che diventerà la tua migliore amica o il tuo migliore amico.

Lo sapevi?

Elena Ferrante

- Si fa conoscere negli anni Novanta con *L'amore molesto*, un thriller psicologico che diventa poi un film di successo di Mario Martone. Con questo romanzo inizia il grande viaggio dell'autrice all'interno della psiche femminile, un'esplorazione della condizione della donna, della sua capacità di affrontare il dolore e le trappole culturali con una forza e un'intelligenza ataviche.

- La sua identità resta ancora oggi un mistero. In uno dei suoi saggi dedicati alla scrittura, *La frantumaglia*, spiega il motivo di questa sua scelta: "autoconservarsi", proteggere la propria vita privata ed evitare il più possibile la costruzione falsata del personaggio pubblico dello scrittore / della scrittrice, così tanto voluta dell'industria letteraria.

- La scelta del suo nome potrebbe essere un omaggio a Elsa Morante. In particolare, il primo romanzo di Morante *Menzogna e Sortilegio* del 1948 sembra avere varie connessioni con la sua quadrilogia. Come accade oggi per Ferrante, anche nel caso di Morante l'élite intellettuale dell'epoca l'aveva sottovalutata, considerandola semplicemente una scrittrice di romanzi d'appendice.

Napoli e le sue vie del centro storico fanno da sfondo alla quadrilogia di Elena Ferrante.

TRE CIOTOLE. RITUALI PER UN ANNO DI CRISI
di Michela Murgia

GUIDA ALLA LETTURA

4. I titoli dei 12 racconti sono combinazioni di parole che formano espressioni di diverso tipo. Tutte hanno un significato immediato, ma anche un senso più profondo che rimanda al cuore del racconto (e che capirai solo leggendo il libro). Abbina i titoli mancanti al loro significato più immediato.

   a. Cartone animato • b. Ricalcolo percorso • c. Volto non riconosciuto
   d. Rapporti familiari • e. Espressione intraducibile • f. Il senso della nausea

1. _____	insieme di parole che non possono essere riportate esattamente in un'altra lingua.	
2. _____	la sensazione di dover vomitare.	
3. _____	espressione usata dal navigatore satellitare quando si prende una via diversa da quella suggerita per arrivare a una destinazione stabilita.	
4. Grazie dei fiori	titolo di una famosa canzone degli anni Cinquanta cantata da Nilla Pizzi.	
5. Utero in affido	gravidanza concordata al posto di una persona che non può avere figli.	
6. _____	espressione usata dall'intelligenza artificiale quando il viso di un utente non corrisponde ai parametri impostati per l'identificazione.	
7. Stato di servizio	documento burocratico di un ufficiale dell'esercito che descrive la sua situazione economica e professionale.	
8. Finché morte	prima parte della formula conclusiva di un accordo di matrimonio ufficializzato in chiesa.	
9. _____	disegno realizzato per la produzione di un'opera audiovisiva.	
10. Fossa comune	buca destinata ai corpi senza vita che non avranno una sepoltura ufficiale.	
11. _____	relazioni determinate dall'appartenenza allo stesso sangue.	
12. Cambio di stagione	nuova organizzazione del proprio abbigliamento nell'armadio in base alla stagione che sta per arrivare.	

5 • Ora leggi il brano tratto da uno dei racconti. A quale dei dodici titoli corrisponde secondo te? Poi prova ad associare una parola ad ogni paragrafo.

a. La cura • **b.** L'abito • **c.** La notizia • **d.** La causa • **e.** La complessità • **f.** Il disegno

☐

«Lei ha una nuova formazione di cellule sul **rene**[1].»
Il medico parlava con tono così **lieve**[2] che per un istante lei pensò che l'annuncio fosse qualcosa di cui rallegrarsi. A causa della **mascherina**[3] bianca, di quell'uomo gentile **sulla sessantina**[4] vedeva solo metà del **volto**[5] e nei primi minuti della visita aveva creduto che fosse la metà giusta. Ora non ne era più così sicura.
Oltre il **paravento**[6] di plexiglas che sulla scrivania offriva a entrambi ulteriore protezione dal **virus onnipresente**[7], gli occhi del dottore la sfuggivano al punto che non riusciva a dirne con certezza il colore. Per **ripicca**[8] cercò a sua volta di rendere il viso illeggibile. Dalle finestre ampie dell'ospedale di Monteverde entrava una luce **galvanica**[9] che nel pieno del giorno splende con quella forza solo su Roma. Era convinta che a emanarla fossero le **braci**[10] segrete dell'**impero**[11], quello vero, ancora **covanti**[12] sotto alle rovine di tre civiltà troppo più deboli per spegnerle del tutto. In quella luce si sorrisero **cauti**[13] e il medico, forse illuso di essere stato capito, continuò.
«In termini tecnici si chiama neoplasia perché vuol dire proprio "nuova formazione di cellule".»

☐

Il gruppo sillabico 암 si illuminò nella mente di lei come un lampo e il sorriso **perse smalto**[14]. Non conosceva l'etimologia, ma cos'era una neoplasia lo sapeva persino in coreano. Si sistemò nervosamente intorno al corpo le pieghe del cappotto di **couture**[15], in un istintivo gesto di protezione. Per quella visita si era vestita in modo progettuale, solo stilisti di prima fascia, ma sobria, non come a un appuntamento galante, piuttosto come andasse a impressionare una donna ricca da tre generazioni, a negoziare un contratto prestigioso **dando a intendere**[16] che non ne avesse bisogno, a farsi rispettare.

segue ▶

NOTE

[1] organo interno che ha il compito di depurare il corpo
[2] leggero
[3] protezione per la bocca usata spesso dai medici e obbligatoria per tutti durante la pandemia
[4] che ha più o meno sessant'anni
[5] faccia
[6] pannello per creare una divisione
[7] il Covid-19
[8] piccola vendetta
[9] dorata
[10] resti di un fuoco
[11] l'Impero Romano
[12] che covano, che sono pronte a tornare
[13] attenti e con misura
[14] perse il suo bianco, divenne più cupo
[15] di ottima qualità e alla moda
[16] facendo credere

Aveva un armadio costruito per quello scopo, un deposito di armi di buon taglio e firma evidente, una per ogni guerra da cui non si sarebbe potuta permettere di uscire perdente. Qualunque cosa avesse quest'uomo **in camice**[17] da dirle, voleva che fosse consapevole sin da subito che lei non era una persona qualunque e dunque quella neoplasia non poteva essere routine nemmeno per lui, perché non era **sorta**[18] su un corpo a caso.

☐

L'oncologo non sembrava però molto impressionato. Pur avendo davanti la sua cartella clinica, non accennò ad aprirla. Si avvicinò invece al petto un blocco note che aveva in un angolo il logo di un **colosso**[19] farmaceutico, ne strappò un foglio e lo voltò. Con una penna disegnò un **groviglio**[20] e da lì fece diramare delle linee ondulate che confluivano tutte nella stessa direzione, qualche centimetro più in là. Continuava a parlare con lentezza, senza staccare gli occhi dal foglio, misurando ogni parola sul tracciato della penna.
Lei ebbe l'impressione che non fosse la prima volta che faceva quello schema e le sue ambizioni di essere una paziente speciale **si disfecero**[21]. Quanti altri corpi erano stati quelle linee? Quante esistenze quel groviglio?
«Come tutte le cose vive nascenti, la sua formazione nuova ha bisogno di risorse e se le è andate a cercare nel polmone sinistro. Noi le chiamiamo metastasi, ma lei se le deve immaginare come pozzi di petrolio in Iraq.»
"Noi le chiamiamo", aveva detto. Noi chi, pensò lei, immaginandosi un'assemblea permanente di saggi che da qualche parte nel Grande Castello dell'**Oncologia**[22] stabiliva la **nomenclatura**[23] dei disastri che succedevano nel corpo degli esseri umani di tutto il mondo.
Il medico fermò la traccia dell'ultima linea all'altezza delle altre e le **cauterizzò**[24] tutte con un piccolo asterisco. Il gesto le fece un male quasi fisico, ma cercò di non darlo a vedere. Per qualche ragione che le sfuggiva, avvertiva l'istinto di dover essere lei a rassicurare lui.

segue ▶

NOTE

17 con la divisa da medico

18 nata

19 in questo caso significa: enorme multinazionale

20 insieme di elementi tutti stretti e legati tra loro in modo confuso

21 svanirono

22 ramo della medicina dedicato allo studio e alla cura del tumore

23 l'elenco dei nomi

24 bruciò medicalmente

Una breve risata nervosa le sembrò adatta a incoraggiare la sua spiegazione geopolitica. La mano dell'oncologo, **cinta**[25] da un **polsino**[26] di buon cotone azzurro che sbucava dal **candore**[27] del camice, era pallida ma ferma dall'altro lato del plexiglas. Durante la prima parte della visita l'aveva sentita calda a contatto della pelle e così le sembrava che fosse ancora sulla penna, mentre la vedeva tracciare sulla carta i segni a cornice del bozzetto rudimentale dei suoi organi interni **compromessi**[28].

☐

«Il primo dei farmaci che prenderà è quotidiano, due compresse mattina e sera, e serve a chiudere questi pozzi: senza risorse si diventa deboli... lei capisce.»
Il medico staccò lo sguardo dalla carta e stavolta la guardò dritta negli occhi. Lei capiva.
«Il secondo farmaco è una **flebo endovena**[29] che dovrà fare ogni ventun giorni e che ha la funzione di risvegliare il suo sistema immunitario affinché reagisca verso le cellule della nuova formazione, impedendo che continuino a svilupparsi.»
«È una **chemio**[30]?»
«Non perderà i capelli, se è quello che la preoccupa.» No, non era quello che la preoccupava. La sillaba 암 e il suo suono – AM – continuavano a pulsarle nella mente come l'insegna al neon di un kebabbaro.
«Lei farà un'immunoterapia a base di biofarmaci. Come le ho mostrato, non è direttamente rivolta alla neoplasia. Serve a **suscitare**[31] la risposta naturale del suo organismo. Se il rene non ci **dà noia**[32], non c'è ragione di dargliene noi.»
Noi chi, pensò di nuovo lei, immaginando stavolta loro due a condividere la stessa neoplasia, asserragliati in quella stanza mentre tutte le linee di quel groviglio disegnato sul foglio cercavano di farsi strada **tentacolari**[33] sotto la porta e nelle fessure degli infissi per raggiungerli e succhiare le loro risorse. Suo malgrado, l'immagine la fece sorridere, ma l'effetto dovette essere quello di un animale che mostra i denti a un avversario, perché il medico non ricambiò. Gli fece la domanda più ovvia, quella stupida.

segue ▶

NOTE

25 circondata

26 parte finale della manica di una camicia

27 bianco perfetto

28 danneggiati per sempre

29 introduzione di un liquido direttamente in vena

30 una terapia di cura del tumore molto faticosa e dolorosa per il corpo

31 stimolare, causare

32 disturba

33 pieni di tentacoli, come un polpo

☐

«Dove ho sbagliato?»
Era vegetariana. Non fumava, esclusa **l'erba**[34] in rara compagnia.
Beveva roba talmente selezionata che il signor Bernabei la salutava
giulivo[35] dalla soglia dell'enoteca anche quando non entrava.
I vizi che aveva erano parecchi, ma nessuno nel corpo, facilmente
bonificabile con la privazione. La colpa si nascondeva da qualche
altra parte, se non nelle opere almeno in pensieri, parole e omissioni.
Il medico rimase silenzioso per qualche secondo, spiazzato da quella
richiesta di giudizio. Quando posò la penna lei **scambiò**[36] il gesto per
una **resa**[37].

☐

«Siamo esseri complessi, signora... non credo si possa definire la
questione in termini di sbagli suoi. Gli organismi sofisticati sono più
soggetti a[38] fare errori. È il sistema che ogni tanto si ingarbuglia, la
volontà non c'entra.»
Lei chiuse gli occhi. Non voleva che le leggesse in faccia il
bisogno di **dar la colpa**[39] a sé stessa o a qualcosa, a qualcuno, a un
comportamento estremo, un cibo spazzatura, una brutta abitudine
durata troppo a lungo, un trauma irrisolto, l'inquinamento da
traffico della città, un'industria vicina, la maledizione di un nemico,
tutto e tutti tranne l'ipotesi insopportabile dell'incidente statistico.
In qualche modo però il medico sembrò capirlo.
«Mi ha detto che scrive romanzi, un bellissimo lavoro, ma è molto
complicato. Nessuna specie in natura lo sa fare, solo gli esseri umani.
Conosce altre lingue oltre l'italiano?»
«L'inglese, il francese, più o meno lo spagnolo... Sto studiando il
coreano.»
«Preferirebbe non saper fare nessuna di queste cose a patto di non
ammalarsi mai? Gli organismi unicellulari non sviluppano neoplasie,
ma non imparano lingue. Le amebe non scrivono romanzi.»

NOTE

34 modo informale per chiamare la marjuana

35 contento

36 interpretò

37 l'azione di arrendersi al nemico

38 portati a

39 incolpare

6. Michela Murgia, in una delle sue ultime interviste ha dichiarato: "Voglio arrivare viva alla morte". Che cosa significa secondo te questa sua affermazione?
Prova a spiegarlo in un breve testo e poi confrontati con un gruppo di compagni e compagne.

Lo sapevi?

Michela Murgia

Cabras 1972 – Roma 2023

- Intellettuale, attivista e scrittrice, è tradotta in oltre venticinque Paesi, in tre continenti, e ha ricevuto numerosi premi, tra cui il Campiello, il SuperMondello e il Cavalierato delle Arti e delle Lettere del ministero della cultura francese.

- Ha esordito nel 2006 con *Il mondo deve sapere*, che ha ispirato il film di Paolo Virzì *Tutta la vita davanti*. Da quel momento scrive molti libri di successo, tra cui *Accabadora* (2009), *Ave Mary* (2011), *Chirú* (2015), *Istruzioni per diventare fascisti* (2018), *Stai zitta* (2021) e *God Save the Queer* (2022).

- Nel 2023 dichiara pubblicamente di avere pochi mesi di vita, ma continua a scrivere fino alla fine: nel 2023 esce *Tre ciotole. Rituali per un anno di crisi*, mentre *Dare la vita* (2024) è pubblicato dopo la sua morte.

- La sua voce ha ispirato, e continua a influenzare, il dibattito su temi cruciali del presente e del futuro, attraverso programmi radiofonici e televisivi, discorsi in piazza e in libreria, innumerevoli interventi sui giornali, nelle riviste e nei social media.

Connessioni

Per avere un'idea del mondo attuale ci sono due film molto diversi tra loro, ma entrambi specchio di realtà legate al culto delle apparenze che condiziona la cultura contemporanea. Il primo è tutta la **Tutta la vita davanti** di **Paolo Virzì** (2008), liberamente ispirato come abbiamo detto a un romanzo di Michela Murgia: racconta il cinismo e lo sfruttamento nel mondo del lavoro attraverso lo sguardo della protagonista, che dopo una laurea a pieni voti in filosofia finisce a lavorare in un call center.
Il secondo film è **La grande bellezza** di **Paolo Sorrentino** (2013) che ha avuto un enorme successo internazionale. Il protagonista è un vecchio giornalista e critico teatrale che, dopo un romanzo di successo scritto in gioventù, non riesce più a ritrovare l'ispirazione e così cede al vuoto della mondanità, mostrandoci una Roma brutale e magnifica, piena di personaggi cinici, oppure sconfitti dalla vita.

Parole in viaggio

(società) liquida La **società contemporanea** è definita così dal sociologo polacco **Zygmunt Bauman** in opposizione alla società solida entrata in crisi alla fine dello scorso secolo. La liquidità della modernità porta con sé una **profonda incertezza** nel programmare il futuro e nel vivere il presente. Nulla è più sicuro: **tutto è mobile** e **scorre veloce**, il **consumismo** e la **globalizzazione** guidano ogni aspetto della nostra vita, e ciò che è giusto o sbagliato è sempre discutibile.

femminicidio con questa parola si definiscono nel Nuovo Millennio **tutti gli omicidi di donne** eliminate **in quanto donne**, in una società in cui la cultura maschilista è ancora molto presente, nonostante le lotte sociali e culturali da parte di personaggi pubblici, associazioni e alcuni organi di informazione. Le cose stanno cambiando, ma c'è ancora molto lavoro da fare.

'ALMA.tv

Se vuoi conoscere meglio alcuni dei maggiori scrittori e scrittrici della letteratura italiana contemporanea, vai alla rubrica **10 domande a**.

> "Gli uomini da sempre si appassionano ai nostri corpi, ci amano, ci mettono al centro della loro arte e della loro letteratura, ma solo per suonarsela e cantarsela da soli, stabilendo loro canoni, fissando loro gerarchie. Noi siamo stimoli: suscitiamo piacere, amore, grandi opere. Nel migliore dei casi ci chiamano muse, con tanto di aggettivo possessivo: la mia musa."
>
> **Elena Ferrante** in un'intervista con Daria Bignardi del 28 settembre 2020 su Vanity Fair

La Questione della LINGUA

La lingua italiana è sessista?

Nel 1987 la linguista e attivista **Alma Sabatini** pubblica per il Ministero italiano delle Pari Opportunità tra uomo e donna un libro dal titolo *Il Sessismo nella lingua italiana* - ancora oggi disponibile gratuitamente in rete - in cui compare anche un vademecum pratico intitolato *Raccomandazioni per un uso non sessista della lingua italiana*. La domanda a cui si cerca di rispondere è: come usare la lingua italiana in modo più rispettoso della **parità di genere**? Le proposte di Sabatini sono varie, alcune non sono mai state applicate; altre invece solo recentemente hanno trovato un nuovo terreno di discussione, come per esempio l'**uso al femminile** di **professioni** tradizionalmente appartenute solo a uomini e che oggi sono rappresentate anche da molte donne: architetta, sindaca, medica, ministra sono nomi grammaticalmente corretti, anche se non sono ancora completamente accettati, per questioni di abitudine, pregiudizio o ignoranza. In aggiunta a questo aspetto, negli ultimi anni è emersa anche la volontà di rispettare linguisticamente **identità di genere non binarie**, cioè che non si riconoscono né nel genere femminile, né nel genere maschile. Sono state proposte alcune soluzioni per sostituire le vocali nei termini femminili e maschili: la "u", l'asterisco (*), oppure, più recentemente, lo schwa (ə). Ma la lingua italiana è complessa e il **processo di trasformazione** non è così semplice: il dibattito è ancora aperto e spesso popola la rete con posizioni in forte contrasto tra loro.

SOLUZIONI DEGLI ESERCIZI

Capitolo 1 · Dalle origini al Duecento

PER CAPIRE 1 a/4, b/3, c/1, d/2; 2 V: b, c, e, g; F: a, d, f; 3 a/1, b/3, c/1, d/1-2-3, e/3, f/4, g/5, h/5; 4 a/gli avvenimenti, b/gli insegnamenti, c/la vita; **GUIDA ALLA LETTURA** 1 *risposta libera*; 2 a, c, e, g, l, n; 3 luna, stelle, vento, (acqua, molto simile a *aqua*); 4 a/4, b/8, c/5, d/1, e/7, f/2, g/6, h/3

Capitolo 2 · Il Trecento

PER CAPIRE 1 1/d-f, 2/b-c, 3/a-e; 2 prosimetro, poesie, prosa, bambino, cresce, tappe, non finisce, dello spirito; 3 *risposta libera*; 4 *risposta libera*; 5 V: a, d, e, g, l; F: b, c, f, h, i; 6 *La cornice*: a/Firenze, peste; b/giornate, ore, storie; *La struttura narrativa*: d/introduzione, campagna; e/novelle, fine; f/personaggio, storia; *I temi delle novelle*: g/libero; h/fine; i/ingegno; l/amori; m/innamorati; n/salvarsi; o/scherzi; p/scherzo; q/tema; r/genere; **GUIDA ALLA LETTURA** 1 *risposta libera*; 2 *risposta libera*; 3 a/Tanto distinta…, b/Lei prosegue…, c/Si mostra…, d/ e sembra…; 4 1/a, 2/f, 3/h, 4/c, 5/b, 6/d, 7/g; 8/i, 9/e; 5 1.nei momenti di tristezza, 2. l'origine, 3. per divertimento, 4. per più volte, 5. della bocca sorridente, 6. mi baciò; 6 *risposta libera*; 7 b; 8 b; 9 *risposta libera*; 10 *risposta libera*; 11 *risposta libera* (la coppia di versi è: "chi vuol esser lieto, sia")

Capitolo 3 · Il Quattrocento

PER CAPIRE 1 V: b, e, f; F: a, c, d, g; 2 1/b, 2/d, 3/e, 4/c, 5/a; 3 *dall'alto in basso*: b, d, c, a; 4 a/1, b/4, c/3, d/2; 5 ORLANDO INNAMORATO: 2,3; MORGANTE: 1, 4; **GUIDA ALLA LETTURA** 1 Bacco c/2, Arianna a/5, Satiri g/1, Ninfe d/4, Sileno e/6, Mida b/3, disegno in più: f; 2 *i versi hanno 8 sillabe*; 3 La ripresa è: Chi vuol esser lieto, sia / di doman non c'è certezza; 4 *risposta libera*

Capitolo 4 · Il Cinquecento

PER CAPIRE 1 a. Carlo V, Inghilterra e Olanda, invasioni in Italia; b. movimenti anticlericali, Chiesa corrotta, Tribunale dell'Inquisizione; c. nuova scienza, nativi americani, condanne pubbliche; 2 a. Germania, b. libro, c. Concilio di Trento, d. donne, e. cortigiana, f. compagnia dei Gesuiti, g. classici antichi, h. Poetica di Aristotele; 3 a/Galateo; b/Dialoghi, c/Prose della volgar lingua, d/Il principe; 4 Poesia lirica b-c; Poesia narrativa: a-d; 5 V: b, e, f; F: a, c, d; **GUIDA ALLA LETTURA** 1 a/1, b/1, c/2, d/2; 2 a/5, b/2, c/4, d/1, e/3; 3 *risposta libera*; 4 Orlando/d, Agramante/e, Angelica/b, Bradamante/f, Ruggero/a, Medoro/c; 5 a/parafrasi 3, b/parafrasi 4, c/parafrasi 2, d/parafrasi 1; 6 *esercizio libero*; 7 1/c, 3/d, 6/a, 8/b; 8 1/b, 2/e, 3/a, 4/d, 5/c; 9 *risposta libera*

Capitolo 5 · Il Seicento

PER CAPIRE 1 b, d, e, h, i; 2 a/7, b/4, c/5, d/1, e/2, f/6; 3 1/b, 2/a; 4 1. breve, 2. sentimenti, 3. realtà, 4. lungo, 5. eroiche, 6. popolo, 7. parodia, 8. linguaggio, 9. nobili; 5 CA: a, d, f; M: b, c, e; **GUIDA ALLA LETTURA** 1 c, d, a, b; 2 *risposta libera*; 3 c, f, a, e, d, b; 6 *risposta libera*

Capitolo 6 · Il Settecento

PER CAPIRE 1 1a: 1/b, 2/d, 3/c, 4 frase in più, 5/e, 6/a; 1b: 1/c, 2 frase in più, 3/a, 4/b, 5/e, 6/f, 7/d; 2 1/b, 3/f, 4/g, 5/a, 7/d, 8/h, 9/c, 10/e, 12/i; 3 a/3, b/2, c/1; 4 a/FM, b/GP; 5 a/Mirandolina, b/ Mirra, c/Mirandolina, d/Mirra, e/Mirra, f/Mirandolina; **GUIDA ALLA LETTURA** 1 b; 2 1/c, 2/d, 3/e, 4/b, 5/a; 3 *la frase è*: perché tale è, secondo le leggi, un uomo i cui delitti non sono provati; 4 ATTO PRIMO: a/4, b/1, c/3, d/2; ATTO SECONDO: a/4, b/3, c/1, d/2; ATTO TERZO: a/3, b/2, c/4, d/1; 5 atto PRIMO

Capitolo 7 · Il primo Ottocento

PER CAPIRE 1 a/7, b/6, c/5, d/3, e/4, f/8, g/1, h/2; 2 V: a, d, f; F: b, c, e; 3 a. il contenuto, le lettere; b. monologhi; c. l'ambientazione, eventi; d. due fidanzati, classe sociale; e. successo, Novecento; f. un giornale, una frequenza; 4 d, a, c, b; 5 T: b, c, f; M: a, c, d, e; GUIDA ALLA LETTURA 1 1/b, 3/d, 5/a, 7/c; 2 1/b, 3/c, 4/d, 5/a; 3 risposta libera; 4 Sempre caro mi fu quest'ermo colle, / E questa siepe, che da tanta parte / Dell'ultimo orizzonte il guardo esclude. / Ma sedendo e mirando, interminati / Spazi di là da quella, e sovrumani / Silenzi, e profondissima quiete / Io nel pensier mi fingo; ove per poco / Il cor non si spaura. E come il vento / Odo stormir tra queste piante, io quello / Infinito silenzio a questa voce / Vo comparando: e mi sovvien l'eterno, / E le morte stagioni, e la presente / E viva, e il suon di lei. Così tra questa / Immensità s'annega il pensier mio: / E il naufragar m'è dolce in questo mare

Capitolo 8 · Il secondo Ottocento

PER CAPIRE 1 a/4, b/1, c/2, d/5, e/3; 2 Positivismo/d, Teoria dell'evoluzione/b, Scapigliatura/e, Verismo/a, Carducci/c; 3 I Malavoglia/d, I Viceré/e, Il ventre di Napoli/a, Cuore/c, Pinocchio/b; 4 M: d, e; C: a, c; MC: b, f; GUIDA ALLA LETTURA 1 2, 3, 1; 2 c, d, a, b; 3 risposta libera; 4 b; 5 Quartieri: 2, 5, 7, 8; Persone: 1, 3, 4, 6; 6 risposta libera

Capitolo 9 · Tra Ottocento e Novecento

PER CAPIRE 1 a. nazionalismo, b. espansione, c. coscienza, d. politica, e. analfabetismo; 2 D: b, f; A: c, e; DA: a, d; 3 Il piacere/c, Piccolo mondo antico/a, Canne al vento/b; 4 La pioggia nel pineto/b, Temporale/a, La signora Felicita, ovvero la Felicità/d, La Chimera/c; 5 F: b, c, f, g, i; D: a, d, e, h; GUIDA ALLA LETTURA 1 Versi: 3, Schema metrico: 2, Strofe: 2; 2 risposta libera; 3 risposta libera; 4 D: b, c, e; V: a, d; 5 V: b, c, f; F: a, d, e

Capitolo 10 · Il Novecento delle due guerre

PER CAPIRE 1 a. Belle Époque, b. Grande Guerra, guerra lampo, c. Russia, Stati Uniti, ottimismo, d. accordi, crisi, e. concentramento, Novecento, f. Italia, Gran Bretagna; 2 a. Letterati/e interventisti/e, b. Crisi d'identità, c. Visione ironica, d. Linguaggio criptico, e. Struttura metrica; 3 1/c, 2/d, 3/a, 4/b; 4 a/4, b/1, c/3, d/2; 5 1. Il Padre e la Madre, 2. la Figliastra, la Bambina e il Giovinetto, 3. la Figliastra, 4. Il Padre e la Figliastra, 5. il Padre, 6. il Figlio, 7. Bambina, 8. il Giovinetto; GUIDA ALLA LETTURA 1 1/c, 2/d, 3/b, 4/a, 5/g, 6/f, 7/e; 2 il brano è tratto dal paragrafo d; 3 risposta libera; 4 Il fumo/d, Matrimonio/b, Moglie e amante/a, Psico-analisi/c; 5 1/d, 2/c, 3/a, 4/b; 6 risposta libera; 7 a/1, b/2, c/1, d/2, e/1, f/2; 8 a. strofe, alternata, b. assonanza, c. liberi, sillabe; 9 risposta libera

Capitolo 11 · Il secondo Novecento

PER CAPIRE 1 A: 2, 3; B: 1, 4, 6; C: 5, 7; 2 a/4, b/6, c/2, d/5, e/1, f/3; 3 1/c, 2/d, 3/a, 4/b; 4 a/2, b/1, c/3, d/8, e/4, f/6, g/9, h/7, i/10; 5 Z: a, d; M: b, c; GUIDA ALLA LETTURA 1 1/c, 2/e, 3/a, 4/d, frase in più: b; 2 fece/disse, mormorò/disse a bassa voce, Si udì/Si sentì, si affacciò/si mostrò, urtò/andò contro, restò/rimase; 3 risposta libera; 4 risposta libera; 5 seduto/b, sdraiato/a, raggomitolato/c, a testa in giù/d, in piedi/f, in arcioni/e; 6 risposta libera; 7 1/b, 2/c, 3/e, 4/d, 5/a, 6/f; 8 risposta libera; 9 risposta libera

Capitolo 12 · Il nuovo millennio

PER CAPIRE 1 a/3, b/4, c/1, d/2; 2 a/6, b/8, c/2, d/7 e/4, f/5, g/1, h/3; 3 a/3, b/2, c/1, d/7, e/4, f/9, g/5, h/6, i/8; GUIDA ALLA LETTURA 1 1/c, 2/a, 3/b, 4/e, 5/d; 2 le scene illustrate nell'ordine: 6, 4, 2, 5, 1, 3; 3 risposta libera; 4 a/9, b/3, c/6, d/11, e/1, f/2

Appunti